粤港澳大湾区公民与品德研究院创新团队资助项目
广东省珠海市教育局“珠海市重点资助马克思主义学院”资助项目

哲学与人生

主　审　胡海建
主　编　严　玥
副主编　孔丽丽　张　艳

华中师范大学出版社

新出图证（鄂）字 10 号

图书在版编目（CIP）数据

哲学与人生/严玥主编．—武汉：华中师范大学出版社，2021.6
ISBN 978-7-5622-9434-4

Ⅰ．①哲…　Ⅱ．①严…　Ⅲ．①哲学—高等学校—教材　Ⅳ．B

中国版本图书馆 CIP 数据核字（2021）第 089598 号

哲 学 与 人 生

©严　玥　主　编

责任编辑：	刘满元	**责任校对：**	童　雯	**封面设计：**	罗明波
编 辑 室：	高等教育分社	**电　　话：**	027-67867364		
出版发行：	华中师范大学出版社有限责任公司				
社　　址：	湖北省武汉市洪山区珞喻路 152 号	**邮　　编：**	430079		
销售电话：	027-67861549				
网　　址：	http://press.ccnu.edu.cn	**电子邮箱：**	press@mail.ccnu.edu.cn		
印　　刷：	武汉兴和彩色印务有限公司	**督　　印：**	刘　敏		
开　　本：	710mm×1000mm　1/16	**印　　张：**	13.5		
字　　数：	225 千字				
版　　次：	2021 年 8 月第 1 版	**印　　次：**	2021 年 8 月第 1 次印刷		
印　　数：	1—3000	**定　　价：**	35.00 元		

欢迎上网查询、购书

前　言

选择是人生发展的第一推动力。法国哲学家萨特曾说："人有选择的自由，但是没有不选择的自由。"这告诉我们：人生处处有选择。只有选择，人生才有主题；只有选择，人生的坎坷才会被踏平；只有选择，人生才能冲破世俗的藩篱；只有选择，人生才能演奏出生命的华彩乐章。人生有非常多的选择在等待我们，而要做出正确的选择，就需要有哲学的指引和科学的指导，这正是本书所要传达给读者的。

人是哲学的主题，也是教育的主体。为贯彻落实人才培育的现实要求，引导青年学生成长成才，积极投入新时代中国特色社会主义的建设，在实现中华民族伟大复兴的进程中实现个人梦想，我们尽可能搜集国内外有关哲学研究与发展的最新成果，努力汲取前人研究的营养并力求创新，努力寻求符合青年学生德育教育教学实际需要的素材，以满足德育教育的需要。

本书既是德育课教材，也是为青年学生编写的特殊的哲学教材。哲学是智者之学，是开启人生智慧的学问。在日常生活中，如何看待生与死、善与恶、福与祸、成与败、荣与辱等等，这都需要哲学的指引，而且哲学的视野不同于科学的视野，它可以引领我们从个别中看到一般、从对立中看到统一、从矛盾中看到共赢、从肯定中看到否定、从有限中看到无限，可以倡导我们以一种反思的精神、批判的态度和超越的情怀理解生活、把握机遇、正视人生。这对于青年学生来说是非常重要的。哲学可以引领我们形成科学的世界观、健康的人生观、积极的价值观，拥有正确的方法论和面向社会、面向未来的智慧与勇气。

哲学理论博大精深，人生发展精彩各异。我们将理论与实践结合在一起，按照理论精、实践多、现实指导强的原则对本书内容进行了精心编排。编写过程也是学习过程，通过编写本书，我们对哲学理论的深刻内涵有了更多的理解与认识，对人生发展实践有了更深层次的审视。

本书作者分工如下：

严玥（广东科学技术职业学院），负责全书的大纲设计、组织编写、各章节的编写设计和统稿，并编写了第一章至第五章；

孔丽丽（广东科学技术职业学院），负责审稿与校对，并编写了第八章、第九章；

张艳（广东科学技术职业学院），编写了第六章、第七章。

本书由广东科学技术职业学院马克思主义学院院长胡海建教授担任主审，是众多作者精诚合作的结果。本书在编写中得到了众多朋友的大力帮助，内容参考了国内一流专家学者关于哲学与人生等方面的研究成果，在此诚恳致谢。本书得到了粤港澳大湾区公民与品德研究院创新团队项目的资助和 2018 年 12 月广东省珠海市教育局“珠海市重点资助马克思主义学院”项目（项目编号：ZH2018ZDMY-2）的资助。

由于编者能力有限，本书难免有不足之处，恳请专家和读者批评指正。

编　者

2021 年 4 月

目　　录

第一讲　哲学概述

什么是哲学？仁者见仁，智者见智，不同时代，不同派别的哲学家的回答各不相同。对一般人而言，“哲学”是一个既抽象又空洞的词语。有些人笑称，所谓的哲学家，就是整天在一间漆黑的屋子里寻找一只黑猫的人。亦即，他所说的一切全凭个人想象，而无法证明到底有没有这样的一只猫。也有人抱怨，哲学是把简单的东西说得很复杂，把你原本懂的事情说成你不懂。然而，事实真是如此吗？在开宗明义的第一讲中要特别说明，这种观念是不正确的。

到图书馆查看资料，会发现目录编号为“0”的代表总类，也就是辞典、百科全书之类的工具书，编号为“1”的则是哲学类图书。为什么哲学会被排在第一类呢？这是因为，在西方的学术传统里，早就界定了哲学的作用，认为哲学兼具基础性与整合性，既能为一切知识奠基，又能统合所有的知识。

人类的经验是多样而分散的，然而，人的生命是完整的，我们总是希望对任何事物都有一个整体的了解和认识，以便可以做出正确的抉择。这种对事物整体的了解和认识的过程，最后所抵达的就是哲学层次的境界。

那么，我们就要进一步思考：到底什么是哲学？学了哲学之后对人生有什么帮助？

一、哲学的基本内涵

就词义而言，“哲学”（philosophy）一词起源于古希腊，原意是“爱智慧”，而在汉语中，“哲”通常解释为“聪慧”“贤达”。因此，人们往往将哲学视为给人智慧、使人聪明的学问。马克思主义认为哲学就是系统化、理论化的世界观，是世界观和方法论的统一。

哲学是具体科学的概括和总结。哲学作为一门学科，它和各门具体科学的关系是一般与个别的关系，两者既有区别，又有联系。就其对象和内容来说，哲学研究的是关于整个世界，包括自然社会和人类思维领域的普遍本质与普遍规律。各门具体科学研究的是世界的某一方面、某一领域的特殊规律，例如：力学研究物体机械运动的规律，心理学研究人的心理活动规律，政治经济学研究生产关系发展规律等。这说明它们是相互区别的，不能互相代替。同时它们又密切联系，不能割裂。一方面，哲学以各门具体科学提供的材料为基础，是自然知识、社会知识和思维知识的概括和总结，哲学的产生和发展离不开各门具体科学，它需要从各门具体科学中汲取丰富的营养；另一方面，哲学又给各门具体科学提供了世界观和方法论，对各门具体科学有着普遍的指导意义。

（一）哲学是系统化、理论化的世界观

哲学是世界观。世界观是人们对整个世界的根本看法和总的观点。人类为了生存和发展，需要每时每刻同周边环境和事物打交道，在这一过程中，便形成了对各种事物的具体看法，所涉及的不仅仅是世界的某一方面或某一局部的问题，而是有关整个世界最普遍的问题。例如：世界的本原是什么？世界上一切事物是不是运动、变化、发展的？……

世界观的内容非常丰富，它与人生观和价值观相互影响。当人们用一定的世界观去看待和支配人生时，就体现出人们对人生目的和意义的根本看法与态度，这就转化为人生观了。由此可见，每个人的理想信念以及生死观、幸福观、恋爱观、苦乐观等人生观无一不受一定世界观的制约，反过来，人生观又直接影响着一个人的世界观。

世界观人人都有，但不能说人人都有哲学观念。因为一般人的世界观大多处于自发、零散和杂乱无章的状态，缺乏理论高度，尚不能形成理论体系，所以不能称之为哲学。而哲学是由哲学家、思想家经过加工提炼概括而成的，它不仅具有严密的体系，而且具有严谨的逻辑性，并经过反复证明。

（二）哲学是方法论，是世界观和方法论的统一

哲学还是方法论，方法论是人们认识世界和改造世界所遵循的最一般方法。

世界观是人们自发形成的，因此往往是零散的、朴素的，缺乏理论的高度。人们把世界观形成一套体系，用某种理论形式表现出来，于是就形成了哲学。哲学是关于世界观的学说。当人们以一定的世界观观察现象、处理问题时，世界观也就有了方法论意义。世界观决定方法论，方法论是世界观的

体现。

第一，哲学既是世界观又是方法论，是世界观和方法论的统一。打个比方，世界观好比是态度，方法论好比是做法，你对问题持什么态度，你就会怎么去做，同样，你怎么去做，也表明了你对问题的态度。

第二，世界观和方法论是同一问题的两个方面。人们对于世界的总的看法、总的观点是世界观，用这种观点作指导去认识世界和改造世界，就形成了方法论。哲学既是世界观，又是方法论，所以说哲学是世界观和方法论的统一。

第三，世界观决定方法论，方法论体现着世界观。有什么样的世界观就有什么样的方法论，不存在脱离世界观的方法论，也不存在脱离方法论的世界观。

从总体上说，世界观和方法论是既对立又统一的。世界观就是怎么去“想”，方法论就是怎么去“做”，两者是不同的。但人们的行动受世界观支配，有什么样的世界观就有什么样的方法论，世界观决定方法论，因此二者又是统一的。综上所述，世界观与方法论，二者相辅相成，相互促进，是辩证统一的。

（三）科学的世界观和方法论会帮助我们形成科学的思维方法

哲学是世界观和方法论的统一，学好哲学可以帮助我们形成科学的思维方法，从而促进我们的学习和工作。

第一，科学的思维方法可以帮助人们自觉地掌握正确的思维方法和工作方法，尤其可以帮助人们养成良好的思考习惯，学会和掌握正确的思维方法。我们知道，在现代科学研究活动中，精密的仪器和先进的实验手段有着重要的作用，但是，我们必须承认，在科学研究工作中最重要的工具无疑是人的大脑。人们花费了大量的时间和精力，通过学习和教育来训练和武装自已的头脑，然而，对于如何充分利用头脑，在技术细节上却往往没有注意。我们在自己的实际工作中也深深体会到，尽管科学的思维方法未必会使我们取得成功，但是，毫无疑问，科学的思维方法肯定比拙劣的方法更能促使我们取得成功，并且可以使我们少走弯路。在某些现象较为复杂、谬误来源极多的学科中，运用科学的思维方法就显得更加重要了。

第二，科学思维方法论不仅可以帮助人们提高科学素养，不断增长才干，提高科学的鉴别能力，从而认识当今科学发展的主流和趋势，而且可以指导我们怎样运用自己的智慧，去进行创造性的研究工作。我们知道，做任何一件事情，如果能够切合实际地提出问题，而且又有了解决这个问题的正确方法，那么，这个问题基本上已经解决了一半或一大半。此外，在研究工作中，面对纷繁复杂的客观世界，新情况、新问题层出不穷。使人眼花缭乱的不同假说的取舍，课题的选择，各种线索的鉴别等，都要求研究工作者不仅要有渊博的学识，还要有高超的鉴别能力和判断力。所有这些，又都与人们掌握科学的思维方法关系密切。

第三，科学的思维方法可以帮助青少年较快地健康成长，促使他们早出成果，多出成果。我们知道，具有研究天赋的科学工作者是有的，但却凤毛麟角。绝大多数人并非天才，对于这些人，如果给以系统的思维方法的指导，比听任他们凭借个人的经验漫无边际地去摸索，无疑会更有助于他们的成长，促进他们早出成果。英国剑桥大学动物病理学教授贝弗里奇（William I. B. Beveridge）指出："人们普遍认为，大多数人的创造能力很早就开始衰退了。对于一个科学家来说，姑且假定他迟早会懂得怎样进行研究工作最佳，但如果完全靠自己摸索，到他学会这种方法时，他最富有创造力的年华或许已经逝去。因此，如果在实践中有可能通过研究方法的指导来缩短科学工作者不出成果的学习阶段，那么，不仅可以节省训练的时间，而且科学家做出的成果也会比一个用较慢方法培养出的科学家所能做的要多。这只是一种推测，但其可能具有的重要意义是值得考虑的。另一种考虑是：为未来的研究工作者所必需的正规教育量日益增长，这就有可能会缩短最富创造性的年华。也许这两种不良后果都可能因我们所建议的指导方法而有所缓解。"

二、哲学的基本功能

哲学可以用三句话来描述：哲学就是培养智慧；哲学就是发现真理；哲学就是印证价值。"智慧""真理"与"价值"是令人向往的，但更重要的是，必须真正了解它们的内涵。

（一）培养智慧

诗人艾略特（Thomas S. Eliot，1888—1965）在一首诗中写道："我们在信息里面失去的知识，到哪里去了？我们在知识里面失去的智慧，到哪里去了？"信息是现代人每天都会接触到的，譬如人们常常上网去搜寻一些信息，借此可以认识许多东西。举个例子来说，四川汶川大地震的时候，有些人是从打电话回来的外省亲友那里得知地震几级、震中在什么地方等。这是因为在外省的人看到媒体的报道，知道汶川地震的信息，相反，在震区的人反而因为停电，通信中断，一时之间无法得到任何讯息。这是在一个很特别的情况下出现的特殊现象，这个时候人们对信息的需求尤为重要、迫切。

当然，信息也有不重要的地方，因为它实在太多了，并且随时都在改变，最后变得和垃圾没有两样。正因为如此，人类需要知识。知识的特点是针对某一个专门领域所做的研究，譬如地理学专门研究地理，物理学专门研究物理。同样的道理，其他的学科也各有自身专门的研究领域。知识是一种专业的、对部分细分领域的深入了解，因此也造就了社会上的许多专家。所谓专家，就是指对某种知识做过专门的研究，精通某一领域的专业人才。

然而，专家难免是比较狭隘的，所以爱因斯坦（Albert Einstein，1879—1955）说过一句话："专家只是训练有素的狗。"这句话的用意并不是在骂人，而是提醒我们，不要只满足于做一个专家，还要设法通过自己的努力进一步体验到智慧。

那么，究竟什么是智慧？又该如何培养智慧？

我们日常生活中对事物的直接了解主要是依靠感官感知，譬如：看到什么、听到什么、感觉如何等，然而，感觉是不可靠的。举例来说，如果把筷子放到水中，看起来筷子是弯的，但事实上它是直的；注视铁轨的时候，会觉得铁轨在远处相交，但事实上铁轨并没有相交。由此可知，感觉与理智是有差距的，有时候人们所看到的，实际上与用理性去了解及勘查的结果大不相同。

由此看来，人们所有的感觉其实都是相对的。就以冷热来说，同样一个温度，如果你是从北极来的话，会觉得很热；相反，如果是从赤道来的话，可能就觉得已经够冷了。正由于感觉是相对的、不可靠的，并且容易产生错误，所以人活在世界上不能只靠感觉生活。一个人如果只凭感觉生活，那么他的生活就没有可靠的保障，随时充满着变化的危险。

知识能够让我们对某些方面有明确的了解。古时候的人缺乏知识，所以看到打雷闪电就去拜神，发生了旱灾就宰牲祭祀，希望上天能够赐雨。如果进行到用第三头牲畜祭祀的时候，正好开始下雨，那么从此以后只要是遇到旱灾就要用三头牲畜祭祀。之所以会有这种行为，就是因为缺乏知识。我们如果有知识，就会通过知识来认识周遭的生活环境，让自己的心灵不至于陷入盲目的猜疑之中。

“智慧”有两个特点：“完整”与“根本”。

1. 完整

许多人觉得高考没考好，或是填志愿的时候选错了专业，就好像一辈子都没有希望了。事实上，这种“一试定终身”的想法是不对的，如果我们把某一阶段的成败作为整个生命的成败，那不过是一种借口而已。许多高考失败的人到最后还是成功了，也有人一辈子没经历过高考，只念到小学或初中毕业，照样取得了成功。生命是完整的，我们在一个地方失败，正好在另一个地方有了反省的机会，借此能够有所改变；相反，一个人如果从小到大都一帆风顺，反而可能没有太多反省的机会。

所谓完整，代表把生命视为一个整体。因此对任何事情成败得失的判断，都不能只看某一点，而要考虑整体。如此一来，才能够在面临挫折的时候，很快地重新振作、重新出发，并且在得意的时候知道有所收敛，保持清醒的头脑。

2. 根本

人活在世界上，有些问题只是表面的小问题，而有些问题则是属于根本的大问题。生死就是最根本的大问题，所以哲学家常常会思考生死的问题。

除了生死的问题以外，还有一些其他的问题也属于根本问题，譬如：人为什么有不一样的命运及不一样的遭遇？为什么有些人做坏事却没有遭受惩罚？为什么有些人生下来就必须受苦受难？这些都属于根本的问题，而这些问题通常在生活里都不会有明确的答案，所以需要以开放的心态和智慧去应对。

总的来说，培养智慧代表要超越感性的限制，慢慢在理性的范围里面奠定基础。有了基础之后就要进一步达到完整而根本的境界，而这个境界与个人主体的觉悟和体验有关。

（二）发现真理

希腊文中的“真理”叫作 alétheia，其意为“发现”，即英文中的 discover（cover 代表遮盖，而 dis 则有揭开之意。alétheia 亦同，希腊文中的 létheia 有遮盖的意思，前面加上 a 则代表否定，因此 alétheia 即为揭开之意）。由此可知，真理就是“揭开”“发现”。

既然是揭开，那就代表原先是被遮蔽的。究竟被什么所遮蔽？事实上，每个人从小到大都会接受一些固定的观念或成见，譬如居住地区的风俗习惯等，这些观念会让我们对事物的判断有一定的定式。举例来说，缅甸有个民族认为女孩子的脖子越长就越美，所以女孩子从小开始脖子上就会套上很多铜环。一般人看到可能会吓一跳，一点都不觉得那样有什么美，但是他们那一族的人因为从小受到特定的风俗习惯的影响，就会觉得很美。

“楚王好细腰，宫中多饿死”，说的也是类似的情况。由于楚灵王喜欢细腰的女孩子，因此宫中很多美女为了讨楚王的欢心，拼命地勒腰、节食，最后甚至饿死。这其实是古代的一个悲剧，说明女性因为没有受教育的机会，而无法发现环境、风俗给自己的制约，因此才会为了讨好男性而这样虐待自己。

这里要强调的是，我们往往被小时候所灌输的观念，被信息时代的广告宣传所遮蔽。唯有把这些遮蔽去掉，才能够发现真相。哲学的目的就在于发现真理。

尼采曾说：“哲学家是文化的医生。”文化也会生病，所以需要医生，而能够看出文化病因的，就是哲学家。这是因为哲学家爱好智慧，能够从整体及根本的角度来观察一个时代、一个社会在特定情况下的某些表现，借由这种方式，能够发现问题所在，并进一步加以修正。这就是所谓的发现真理。

发现和发明不同，没有人能够发明真理。爱因斯坦研究相对论，最后提出了公式 $E=mc^2$。我们不能说这个公式是爱因斯坦发明的，因为这个公式本来就存在，只能说是爱因斯坦发现了它。这就是为什么在科学上常讲“发现”的原因。当然，也有人会讲“发明”，譬如发明了一项新产品。其实，人类没有一样发明是从无变成有的，而是发现了某些东西组合在一起可以产生什么新的作用或功能，如此而已。

人生的问题，更是以发现为主。举例来说，有时候我们会觉得别人讲的话没什么道理，事实上这是因为我们被个人的成见所遮蔽。如果能够撇开成见，听听别人怎么说，然后试图了解其中的道理，或许会发现，其实别人的说法也是可以站得住脚的。所谓“道并行而不相悖”，通往目标的道路并不是只有一条，也是这个意思。

（三）印证价值

自然界是有规律的，凡是有规律之物就是必然的，它不可能离开固定的轨道。所谓自然就是必然。举例来说，一个人手上拿了一张纸，当这个人把手放开时，这张纸“自然”就会往下掉。因此可以说，当这个人放开这张纸时，这张纸“必然”会往下掉，这其实是一样的意思。

如果自然界“脱轨”而行会如何呢?

西方有一篇所谓的“最短的科幻小说”，这篇小说只有十一个字，即“那天早晨太阳从西边升起”。为什么这叫作科幻小说？因为它充满了无穷的想象空间。如果太阳真的从西边升起，那可能地球的整个生态都会发生巨变：日夜颠倒，气候失常……这篇科幻小说的震撼力怎可谓不大?

人也是自然的一部分，但生命的特点却和其他动物不同，亦即人有自由。有自由代表需要选择，而通过选择，就能够使某些价值呈现出来。由此可知，人生的问题需要靠自己去印证。有些人说：“能够关怀别人，稍微牺牲一下自己的享受，那是一种高尚的行为。”如果有一天你在载满人的公交车上遇到一个老太太上车，这时候你正好有个座位，坐得很舒服，你的心里开始挣扎：“到底要不要让座呢?”你有两个选择：选择不让座，那就无从印证这句话的真假；选择让座，那就是选择了“印证价值”——也许当你站起来把座位让给老太太的时候，忽然觉得心情豁然开朗，觉得自己展现了人的爱心和尊严。从此以后你就相信，原来帮助别人真的是快乐的，然后这个道理就变成了你的“真理”，因为它的价值已经得到了证明。

人生是需要体验的。如果光是叙述各种道理与格言，而自己没有去体验的话，到了最后还是只能在知识的迷雾中打转。相反，如果一个人真的能够借由体验去印证价值，那么随着生命的成长，他的经验将越来越丰富，并且对人生的体验及对价值的掌握，也会越来越深刻而准确。

三、哲学与人生有什么关系

“离开人生，哲学是枯燥乏味的；离开哲学，人生是茫然无助的。”哲学与人生融会贯通，指引我们在通往知识的海洋中奋勇前行。只有将哲学与人生的关系理解透彻，才能对其有觉解。

（一）人人都需要哲学

有人说，人生就像在求学，要努力修行，最后可以得到解脱，否则人生的辛苦有什么必要呢？举例来说，人为什么要念书？念书的目的难道是为了念更多的书吗？当然不是！念书的目的是要让我们的人生减少各种不必要的困扰。

案例 《吕氏春秋》记载，有一个叫作宁越的人，他十几岁时开始替别人做工，每天从早做到晚，也仅能维持温饱。他觉得一生这样下去未免太单调乏味，于是请教一位朋友，怎么做才能摆脱这种苦闷的状态。这位朋友告诉他，如果愿意念书，三十年之后就可以发生改变。宁越听了，从此每天夜以继日地念书，十五年之后变得很有学问，周威公拜他为师，他的人生就此改变。

思考 宁越为何能摆脱他觉得单调乏味的生活？

（二）人人都有哲学倾向

上面这个故事当然是一个特例，因为大多数人随着日子一天天过去，早就忘了自己曾经立过什么志向。然而，这也说明了，一个人如果有高度的自制能力，就可以摆脱身体的惰性与软弱，让心灵更为自由。人的本质在于心灵，因为身体会老化，无论如何努力都无法避免。如果依靠身体，只会一步步走向坟墓，一点希望都没有。相反，如果了解人的本质在于心灵，那么不管身体如何变化，心灵都有另外一个可以翱翔的天空。

如此说来，哲学对于每个人而言都是必需的，因为人类天性之中就有一种哲学的倾向——每个人内心都希望自由，能够做自己，能够摆脱各种限制与压力，感受到作为一个人的喜悦。那么如何才能达到这种境界呢？要爱好智慧。爱好智慧就是运用哲学思维去思考，哲学就像人生的启明灯，让我们知道该往哪里走。

四、如何提升哲学素养

哲学是一门需要生活经验来配合的学问，正所谓“离开人生，哲学是空洞的；离开哲学，人生是盲目的”。为了提升哲学素养，我们提出四个基本观点：培养思考习惯、掌握整体观点、确立价值取向、力求知行合一。

（一）培养思考习惯

一般人通常没有思考的习惯，因此发生事情时都凭着本能的感觉立即反应，并且很容易受到别人的影响。正因为如此，这些反应往往缺乏一致性与连贯性，譬如，有些人的心情受天气影响，天气好的时候心情也好，看什么事情都觉得没有问题，相反，如果天气不好，心情就差了，不管任何人遇到他都要倒霉。如此一来，这个人对自己生命的主宰性就丧失了。有些人则是受到个人情绪的左右，你一看他的脸色就知道他心情好不好，这是因为他无法控制自己的情绪，喜怒哀乐都充分表现在脸上。这些都是缺乏理性的表现。

若是养成思考的习惯，遇到任何事情，都会先冷静下来，想清楚到底发生了什么事，这是怎么一回事。这一点非常重要。至于别人对这件事如何反应则是另一回事，因为同样一件事情，不同的人会有不同的反应，而这件事情与你有什么关系，在别人看起来，可能也会和你自己的看法不尽相同。

那么如何培养思考习惯呢？就是“要在不疑处有疑”——在没有任何怀疑的地方产生怀疑。举例来说，牛顿（Isaac Newton，1643—1727）坐在苹果树下，一个苹果掉下来砸在他的头上，于是他开始思考：“为什么苹果是往下掉，而不是往上飞？”最后发现了万有引力定律。

看到这里不妨想一想：“如果是我坐在苹果树下，一个苹果掉下来砸在我的头上，我会怎么样？”或许我们会想：“啊！上天赐给我一个苹果，那么我就把它吃掉吧！”我们之所以无法成为牛顿，原因就在于我们没有思考的习惯。牛顿喜欢思考，因此他会在别人没有怀疑的地方怀疑：“为什么是这样而不是那样？”然后发现了新的规律。

念书时也应该有这种态度，读到一段话时，不要立刻信以为真。如果把很多事情视为理所当然，就无法养成思考的习惯。如果对任何状况都能够加以思考，就会发现，虽然有很多事情现在如此，但它没有必要一定是如此，也有可能是别的样子。这样一来，就可以在很多看似理所当然的事情中，找到新的可能性。

（二）掌握整体观点

柏拉图的代表作是《对话录》。书中有两个人在交谈，你说你看到的，我说我看到的，我们看到的东西虽然一样，但是观点与角度却不同，由此产生不同的结果。彼此在交谈的过程中互相沟通，最后能够增加双方的见识和理解。

对任何事情的看法，有正方就会有反方。我们平常和别人交谈时，不喜欢听到反面的意见，比如开会时，某人提议某种方案，如果有人与某人意见相左，某人就会觉得他人是故意找麻烦，而忽略了他人可能看到某些自己所忽略的部分。

所谓掌握整体观点，就是对任何事情都要从不同的角度思考，久而久之，就可以超越自己的成见，思想也将更为圆融。当然，我们年轻的时候未必喜欢圆融，甚至觉得那样好像没有什么个性，说任何话都四平八稳，想要面面俱到。然而，年龄与经验增长之后会发现，人生很多问题的确应该从各方面综合考虑，才不至于钻牛角尖。

（三）确立价值取向

“取向”的英文是 orientation，这个词有两个意思：一是“定位”，二是“方向”。在这个世界上，虽然每个人都有自己的个性或为人处世的风格，不过，经由学习与成长，我们可以进行修正及调整（定位），然后选择自己要成为什么样的人（方向），这就叫作价值取向（value orientation）。举例来说，柏拉图年轻的时候是一位“文艺青年”，喜欢作诗，并且写过希腊悲剧，他二十岁时遇到苏格拉底，听了苏格拉底的一席话之后，回家第一件事就是把自己所写的诗和剧本全部烧掉，因为他发现了自己应该走的路，并选择终身奉献于哲学思考的世界。

这种抉择的例子在中国古代也有。有一个叫曹交的人，资质不太好，他觉得孟子讲话很有道理，因此问孟子：“周文王身高十尺，商汤身高九尺，我曹交身高九尺四寸，介于他们两人之间，但是为何他们两人都当了帝王，我却只会吃饭，要怎样做才行呢？”（原文：“交闻文王十尺，汤九尺，今交九尺四寸以长，食粟而已，如何则可？”《孟子·告子下》）孟子回答他：“如果你穿上尧穿的衣服，说尧说的话，做尧做的事，那么久而久之就会变成尧了。”（原文：“子服尧之服，诵尧之言，行尧之行，是尧而已矣。”《孟子·告子下》）反之，则会学习桀而变成桀。尧与桀是古代两位代表人物，尧代表善人，桀则代表恶人，因此，如果一个人穿上桀穿的衣服，说桀说的话，做桀做的事，久而久之也就变成桀了。这说明我们要为自己的人生做出选择，这就涉及所谓价值取向的问题。

每个人都必须做选择，那是对自己人生的期许。不过，许多年轻人只是希望自己能够跟偶像交换生命，相信如果自己是某某人，就会死而无憾。这种想法有很大的问题。

一个人的表现无论如何杰出，都不能忘记人性终究是脆弱的。

西方有一句话：“仆人眼中没有圣人。”当然，我们也可以说“司机眼中没有大人物”。如果你是总统的司机，就不会觉得总统特别了不起，因为你看到了他平凡的一面，甚至是许多不为人知的一面。久而久之，当你看到总统受到万人欢呼时，心里可能会偷笑：“总统也没什么了不起嘛!”的确，总统本来就没什么了不起，他只不过是被现实社会的价值观塑造成很了不起的样子。事实上，真正了不起的人不是让别人欢呼，而是让自己满意。

所以，每个人必须了解自己对人生的期许，找到自己的价值取向，而非一味地把他人的价值观加到自己身上。

既然人生是一个不断做选择的过程，那么在选择的过程中要往哪里走?开始的时候也许需要设定一个偶像。很多人觉得青少年崇拜偶像并非好事，其实未必如此。一个人会崇拜什么样的偶像，是有一定的道理的，这反映出他内心的一种需求。思考社会上各种事情时，不能光看表面，还必须自己衡量、判断，应试着从其中的某个角度，把握背后隐藏的某些原因。借由这种方式，可以进行自我训练。

价值取向既然是一种选择，就一定要有所取舍，亦即如果选择了某些价值，那么势必要放弃另外一些。由此可知，选择价值时是需要勇气的，人不可能什么都要，也不可能讨好每一个人。

有一次子贡请教孔子：“一个人在乡里，好人喜欢他，坏人也喜欢他，那这个人应该不错吧?”孔子回答：“不对。应该是好人喜欢他，坏人讨厌他。”这里所强调的就是一种价值取向。相反，如果是坏人喜欢你，好人讨厌你，那就大有问题了，因为这代表你属于坏人这一边。然而，好与坏都还算是价值取向，最怕的就是有些人认为“喜欢自己的就是好人，讨厌自己的就是坏人”，这样一来就无法谈任何问题了。

人生经由不断的抉择，而塑造出自己的风格。风格是指一个人的言谈和行为有一定的原则，并且知道为什么要这样做、这样说，不会轻易受到外在环境的影响。

知道自己言行背后的道理，就能够坚持下去，即使需要付出一些代价，也无怨无悔。这是因为内心深深相信，自己的价值观是正确的，即使为它牺牲生命也在所不惜。相反，如果要他放弃自己的价值观而活着，则是不可能的事情。这就是价值取向的真义。

（四）力求知行合一

“知行合一”说起来很容易，做起来却不简单。事实上，知行合一是人一生都要努力去追求的。

当然，我们不必给自己太大的压力，因为如果每个人都能做到所有他听说过的德行，那岂不是满大街都是圣人了吗？人都会犯错，因此只能努力追求知行合一，选择一种价值之后不断地印证，让自己对自己越来越满意。

人生就是不断寻求让自己对自己满意的过程，然而，怎样才会对自己满意？这种要求是由内而发的，如果你的标准是由别人定的话，则很难达到自己满意的程度。

“知行合一”的“知”，其实指的是一个广大的世界。庄子说过：“吾生也有涯，而知也无涯，以有涯随无涯，殆已。”（《庄子·养生主》）知识是无限的，但生命却是有限的，想要用有限的生命去追求无限的知识，实在是一点希望都没有。

知识宛若一片汪洋大海，人一生所能学到的只是其中很少的一部分。如果你学了一些知识，却不能在日常生活中应用，那么就算学得再多又有什么意义呢？因此，我们学习知识之后，要懂得消化并融会贯通，这才是“知”“行”合一。

西方哲学家怀特海说：“一定要等到你课本都丢了，笔记都烧了，为了准备考试而记在心中的各种细目全部忘记时，剩下的东西，才是你所学到的。”

希望每个人都能够养成一种习惯，多去学习与思考，掌握整体的观点，建立自己的价值取向，再努力把心得印证于生活之中。

综上所述，哲学是一门给人智慧、使人聪明的学问。哲学的用意，在于寻根探源，发现什么是“真实”；也在于旁通统贯，把宇宙与人生联结为一个整体，由此确定自己的安身立命之道。

本章小结

哲学是什么？古希腊人认为哲学就是爱智慧。当时从事哲学的人，一般是有智慧的、聪明的、在理解力或某种技能方面超越于常人的人，他们被称为“智者”。这无形中在哲学和普通人之间构筑起一道难以跨越的屏障，使哲学成为一门玄虚高妙的学问，从而与大众越来越远。其实哲学并不神秘，也不高深莫测，它就在我们的生活当中，与我们的生活和生命密切相关。

“人生就是一次无法重来的选择”，这句简单的话充满了深刻的哲理，是对复杂的人生问题简单而又智慧的回答。哲学就是一种对待人生的态度，是一种人生的智慧。人生好比走路，哲学好比老人。一个人一生就是走一条路。往回看，自己走了一条什么路；往前看，将要走什么路。每一个人都在人生之路的一个点上，人生这条路，每个人都要勇敢地往前走。可前方是什么，你在往哪儿走，会有什么样的结果，并不是事先都能预料和知晓的。人生没有第二次，走错了就走错了，无法重来，只有接着向前走。要走好人生路，就需要哲学这个老人，在我们遇到困难、感到迷茫的时候，为我们指点迷津。苏格拉底说过："没有经过反省的人生，是不值得活的。"这句话是在说，人不能只是莽撞地往前走，还需要思考、反省，即反思，也就是需要哲学。人生缺少哲学，将是盲目的。如此看来，哲学距离我们并不遥远，日常生活中的问题时时处处都蕴含着深刻的哲理。

经典名言

1. 水火有气而无生，草木有生而无知，禽兽有知而无义，人有气、有生、有知，亦且有义，故最为天下贵。——荀子

2. 我想有志气的孩子总该往吃苦路上走。天下事业无所谓大小，只要在自己的责任内，尽自己的力量去做，便是第一等人物。——梁启超

3. 图难于其易，为大于其细。天下难事，必作于易；天下大事，必作于细。是以圣人终不为大，故能成其大。——老子

学习思考

1. 什么是哲学？
2. 哲学对人生有什么意义？
3. 如何培养哲学思维？

第二讲 客观实际与人生选择

人生的路有千万条。我们每个人应该选择一条什么样的人生道路？怎样才能走好自己的人生路？对于这些问题，不同的哲学做出了不同的回答。马克思主义哲学认为，人生不仅需要理想、激情，更要面对客观实际，脚踏实地，需要把积极的行动与尊重客观规律结合起来。只有坚持从客观实际出发，充分发挥自觉能动性，按照客观规律积极行动，自强不息，才能走好自己的人生路。

一、选择适合自己人生之路的重要性

（一）现实生活中的人生选择类型

案例 阎海和阎峰是工艺美术专业的学生。毕业后，他们选择在北京创业，设计个性化的皮包。北京的流动人口多，市场前景好，但房租很贵，经营成本太高，对于刚刚创业的他们来说，有些承受不了。经过分析，他们决定在离北京不远的石家庄做同样的生意。但是新的问题又出现了，半年下来，虽然房租便宜，经营成本降低，但是个性皮包的市场狭窄，看的人多，买的人少，业务得不到发展。最后，在权衡利弊的基础上，他们再次做出新的选择，决定到上海创业，在上海绍兴路上租房，做个性皮包设计生意。绍兴路有许多旧书店，来往的学生及外籍人士较多，他们很喜欢这家充满个性的小店。不到一个月，小店的生意就红火起来了。

思考? 结合个人实际，谈谈人生道路不是只有一种选择。

人生选择具有多种可能性，因而具有多样性。阎海和阎峰对创业地点的不同选择给我们启示：现实生活中的选择存在多种可能性。正如康德所说："我的一生就是要穷尽一切可能性。"在人生发展的道路上，青年学生更应该积极去探索更多的机会，从而不断实现个人的梦想和价值。

自从有了人，就有了人生，人生是一道十分古老深奥的难题，古今中外，众说纷纭。乐观者说人生是一支壮丽的歌，悲观者说人生是一把辛酸的泪，有人把人生看成一杯苦涩的酒，有人则把人生比作一首动人的诗。但这些看法，都没有揭示人生的本质。

由于人生的困惑不同，所以不同的人就有不同的人生态度。在现实生活中，每个人都有各自不同的人生经历。有的人庸庸碌碌，一生无为；有的人不断进取，功成名就；有的人苟且偷生，遗臭万年；有的人献身正义，流芳百世。正是这各种各样的人生经历，构成了五彩缤纷、纷繁复杂的人生画卷。千百年来，无数哲人对人生的经历进行过探讨，有的人歌颂人生的美好，有的人感叹人生的渺茫，有的人赞美人生的价值。这些关于人生的理论不乏真知灼见，有的甚至闪烁着真理的光芒，但却没有人得出科学完整的结论。只有马克思主义的创始人，运用辩证唯物主义和历史唯物主义的立场、观点和方法，在社会实践的基础上，科学地揭示出了人生的本质。

马克思主义人生观认为，人生就是人的生命活动和生命历程，它是人的生存和发展的客观过程，涉及人的工作、学习、恋爱、友谊等广泛的生活领域，包含着欢乐与痛苦、幸福与悲伤、光明与黑暗、顺利与曲折、友善与敌意、美好与丑恶等丰富而具体的内容。

现实物质世界发展的多样性和人生未来的不确定性，为人生道路选择提供了多种可能性。上大学是一种选择，不上大学也是一种选择；就业是一种选择，创业也是一种选择。有的人嗓子好，可以选择唱歌；有的人身体协调性好，可以选择体育运动；有的人逻辑思维好，可以选择科学研究工作；等等。无论哪种选择，都有可能实现自己的人生理想，都有可能创造出自己的幸福生活。

每个人都要面临上学、就业、恋爱、结婚等各种各样不同的选择，在每个问题的选择上都存在着多种不同的可能性。同是一所学校一个班级的学生，毕业后可能从事不同的职业，形成不同的人生。同样的，在一个人的不同发展阶段，由于条件的变化，也会有不同的选择。

在多种可能性面前，人生道路不只一条，这就要求我们必须做出选择。但是，并非所有的人生发展的可能性，都能转变为现实。这就要求我们必须根据客观实际，在多种可能性中，选择适合自己的人生路。

（二）人生选择的志向决定思想高度

案例 1947 年，刚刚 36 岁的中国科学家钱学森，被美国麻省理工学院聘为终身教授。然而，当钱学森得知中华人民共和国成立的消息后，他毅然选择了回到中国，为自己选择了一条新的人生道路。虽然为此他放弃了在美国的优厚待遇，放弃了对个人发展更为有利的条件，但在他看来，自己是中国人，根在中国，自己可以放弃在美国的一切，但不能放弃祖国，在祖国最需要人才之际，自己应该早日回到祖国去，为建设新中国贡献自己的全部力量！经过不懈努力，1955 年 8 月，钱学森突破重重阻力，终于回到了中国。

思考 说一说你对钱学森放弃终身教授的职位选择回国这一决定的看法，结合故事谈谈大学生该如何选择自己的人生。

案例 1987 年 7 月，21 岁的王传福从中南工业大学冶金物理化学系毕业进入北京有色金属研究院。仅过了 5 年的时间，他就被破格委以研究院 301 室副主任的重任。1993 年，研究院在深圳成立比格电池有限公司，由于和王传福的研究领域密切相关，王传福成为公司总经理。

在有了一定的企业经营和电池生产的实际经验后，王传福认为，在电池行业里，自己对技术的了解已不是什么问题，只要能够上规模，就能干出大事业。于是，他做了一个大胆的决定——自己单干，探索规模上的突破。

1995 年 2 月，王传福从做投资管理的表哥那里借了 250 万元，注册成立了比亚迪科技有限公司，领着 20 多个人在深圳莲塘的旧车间里扬帆起航了。

在当时，日本充电电池一统天下，国内的厂家多是买电芯搞组装，利润少，几乎没有竞争力。如何打开局面？经过认真思考，王传福决定依靠自身的技术研究优势，从一开始就把目光投向技术含量最高、利润最丰厚的充电电池核心部件——电芯的生产。

那时，日本的一条镍镉电池生产线需要几千万元投资，再加上日本禁止出口，王传福买不起也根本买不到这样的生产线。王传福根据企业的实际特点，利用中国人力资源成本低的优势，决定自己动手制造关键设备，然后把生产线分解成一个个可以人工完成的工序，结果只花了 100

多万元，就建成了一条日产4000个镍镉电池的生产线。

比亚迪利用比日本对手低40%的总体成本优势，很快打开了低端市场。为进驻高端市场，争取到大的行业用户和大额订单，他们不断优化生产工艺、引进人才，并购进大批先进设备，集中精力搞研发，使电池品质稳步提升。王传福还经常出国参加国际电池展会，直接与摩托罗拉等大客户接触，获得了客户的认可后，公司的订单源源不断。

在镍镉电池领域站稳脚跟后，不甘于现状的他逐步开发新品种，并把目光投向了欧美和日本市场。1998—2000年，比亚迪欧洲分公司、美国分公司先后成立，在公司大客户名单上出现了松下、索尼、GE、AT&T和TTI等著名企业。

短短几年时间，比亚迪便发展成为中国第一、全球第二的充电电池制造商。王传福知道，电池市场空间不可能无限扩大，必须开拓新的领域，他果断选择了新能源汽车。如今，比亚迪已成为国内“绿色汽车”的领跑者，顺应了科技、环保、创新、新能源的全球发展趋势。

思考？ 做一件事情要想达到预期的目的，首先要具备什么条件？

人的一生就是不断选择的一生，客观实际是人生选择的基础和前提。因此大学生要立足实际，正确选择适合自己发展的人生道路，积极发挥自己的优势和潜能，阔步前进。

1. 不同的选择决定了不同的人生

人生发展具有阶段性，不同的发展阶段面临着不同的选择，选择方向不同，人生自然也会不同。在人生过程中，每个人都会经历一个由童年到少年，到青年、中年，再到老年的发展过程，这是由人生发展的客观规律所决定的。人生发展的不同阶段，各有其特点，所面临的主要问题也会不同。因此，不同人生阶段的选择，就要符合不同人生阶段的特点。

案例 渤海口有一只小鱼，它下定决心要一路游到山顶，于是它逆向而行。这只小鱼泳技精湛，一会儿冲过浅滩，一会儿划过激流，穿过了层层渔网，躲过了水鸟的追踪。它好不容易游到了山顶，可还来不及喘口气，刹那间就被冻成了冰！一万年后，一群登山队员在山顶上的冰封中发现了它，立刻有人认出了这是条产于渤海口的鱼。一位年轻人赞道：“真是一条勇敢的鱼啊，穿越千山万水来到一个截然不同的环境，了不起！”

一位老者却说："不！它只有伟大的精神，却没有正确的方向，所以只换来了死亡。"

思考 为什么这只勇敢的小鱼最后换来的却是死亡？

成功，除了"努力"以外，更需要"方向"，如果走错，甚至走反了方向，不但到不了目的地，反而会离理想与抱负越来越远，甚至一败涂地。有时方向比努力更重要。

2. 人生之路靠自己把握

案例 有一位年轻人，因为幼年时患了一场大病，命虽保住了，但下肢却瘫痪了。他的父亲在邮局工作，在他中学毕业后设法在邮局给他安排了一份可以坐着不动的工作，工资及各种福利待遇都与常人无别。在这个岗位上，他干了三年。按说，一个重残的人，能有一份这样安稳有保障的工作，应该十分满足了。他的许多身体健康的同学，还在为谋一份工作而四处奔波求人时，他却辞职了。因为他在人们的眼光中不但看到了同情，更看到了怜悯和不屑。他的自尊心在这种目光中一次次被刺伤，所以纵是父亲的耳光和母亲的哭求都没能阻止他。

辞职后，他先是开了一间小书店，但不到半年便因城市改造而不得不关门。之后，他又与人合办了一家小印刷厂，仅仅维持了一年多，便因合伙人背信弃义而倒闭。两次经商，都没成功，而且还债台高筑，这时他的父母和朋友们又来劝他，说你一个残疾人，就别瞎折腾了，多少好手好脚的人还碰得头破血流，何况你！父亲劝他还是老老实实回邮局上班算了，但他没有回头，而是选择了开饭店。这次他吸取了前两次的教训，一年下来，小饭店竟赢利两万多元，于是他又开了两家连锁饭店。十年之后，他的连锁饭店不但在他居住的城市生根开花，而且还不断在周边的大小城市一间间开张。当有人问他成功的经验时，他说了很多，但他说最重要的，就是千万不要同情自己。别人同情你不要紧，若自己同情自己，就会成为懦夫，失去奋斗的动力，成功也就绝不可能。在现实生活中，不单是身有残疾和病患的人，就是健康的人，在遭遇挫折和失败的打击时，也会生出悲观失望、自怜自卑的情绪。在这种情绪的笼罩下，人往往不是寄希望于他人的援手，就是一蹶不振，失去重新尝试的勇气。不同情你自己，对自己进行鞭策和批判，反省和检讨失败的原因，才会走出懦弱心理的陷阱。

事业的成功，往往取决于能否战胜自己的软弱，不给自己倒在地上爬行的理由！

思考 说一说你对故事的理解和感悟，结合自身谈谈你对人生选择的理解。

人生之路是自己选择的结果，每个成功人士也都是做出了正确的选择而走上成功之路的。能不能做出正确的人生选择，是影响人一生事业能否成功、生活是否幸福的关键。只有选择符合客观实际，符合自身发展的、科学的、客观的、正确的人生道路，才能走好人生的每一步。

二、正确选择人生道路

（一）坚持一切从实际出发

所谓从实际出发，就是根据客观存在的实际情况，按照事物的本来面目去认识事物，找出事物和现象之间的固有联系，从而决定我们的主观思想和行动。

一切从实际出发，也就是实事求是。所谓实事求是，就是从客观实际出发，找出事物发展的规律，按规律办事。

毛泽东同志解释实事求是时说，“实事”就是客观存在着的一切事物，“是”就是客观事物的内部联系，即规律性，“求”就是我们去研究。

案例 少年皮尔从小就喜欢舞蹈，他的理想是当一名出色的舞蹈演员。可是，因为家境贫寒，维持基本生活都非常艰难的父母，根本拿不出多余的钱来送皮尔上舞蹈学校。皮尔的父母不得不将他送到一家缝纫店当学徒工，希望他学一门手艺后能帮助家里减轻点儿负担。

每天要在缝纫店工作十多个小时的皮尔，厌恶极了这份工作，不仅仅因为繁重的工作所得的报酬还不够他的生活费和学徒费，更重要的是，他觉得自己是在虚度光阴，他苦闷于自己的理想无法实现。他认为，与其这样痛苦地活着，还不如早早结束自己的生命。

就在皮尔准备跳河自杀的当晚，他突然想起了自己从小就崇拜的有着“芭蕾音乐之父”美誉的布德里，皮尔觉得只有布德里才能明白他这种为艺术献身的精神。他决定给布德里写一封信，希望布德里能收下他这个学生。在信的最后，他写道，如果布德里在一个星期内不回他的信，不肯收他这个学生，他便只好为艺术献身跳河自尽了。

很快，年少轻狂的皮尔收到了布德里的回信，布德里并没提及收他做学生的事，也没有被他对艺术的献身精神所感动，而是讲了他自己的人生经历。布德里说，他小时候很想当科学家，因为家境贫穷父母无法送他上学，他只得跟一个街头艺人过起了卖唱的日子……最后，他说，人生在世，现实与理想总是有一定的距离，在理想与现实生活中，人首先要选择生存，只有好好地活下来，才能让理想之星闪闪发光。一个连自己的生命都不珍惜的人，是不配谈艺术的。

布德里的回信让皮尔猛然醒悟。后来，他努力学习缝纫技术，从23岁那年起，他在巴黎开始了自己的时装事业。很快，他便建立了自己的公司和服装品牌，他，就是皮尔·卡丹。

思考 结合故事谈谈自己的理想，说一说如何实现自己的理想。

案例 浙江省一厂家曾生产了一种质地和造型均不错的烟灰缸，大量出口到美国、加拿大、西班牙，然而，一段时间后，产品渐渐受到冷落。原来，这些国家寓所里普遍安装了电扇，电扇一开，烟灰就飞起来，很不卫生。他们马上试制了一种口小、肚大、底深的新式烟灰缸，果然又受到市场的欢迎。但好景不长，销量再次下降，原来情况又发生了变化，有些国家的居民室内安装了空调，主妇们嫌口小的烟灰缸不好清洗。为此，厂家又设计出一种口大而底深的新样式，再度占领了市场。

思考 浙江这家厂的烟灰缸重新占领市场，说明了什么？

1. 从实际出发，是以解决实际问题为起点，坚持实践性

一切事物都是不停地变化发展的。因此，坚持从实际出发、实事求是，就要反对思想僵化、因循守旧，要用运动、变化、发展的观点看待事物、处理问题。这就是坚持辩证法。坚持从实际出发、实事求是，就是要求在看待事物时把唯物主义和辩证法结合起来。

2. 从实际出发，是以遵循客观规律为原则，坚持科学性

要坚持唯物论与辩证法的统一。坚持从实际出发、实事求是，就是要求我们在任何情况下都要按照事物的本来面貌去认识事物，做任何事情都必须努力使主观符合客观，使思想符合实际。根据客观实际决定我们的行动，这就是坚持唯物论。

3. 从实际出发，是以把握人生发展为目标，坚持方向性

要做到一切从实际出发、实事求是，就必须从调查研究入手。具体要做到以下几点：

①要深入实际，到群众中去做调查，掌握大量的、真实的第一手材料。

②材料一定要多，个别材料不足以反映全面的情况。

③材料一定要真实，因为虚假的材料不仅不能反映实际情况，而且会掩盖事实，使认识脱离实际。

④要第一手材料，因为第一手材料是从实际中直接得来的，同实际最贴近。

⑤对于搜集得来的材料还要认真地研究，以进一步确定材料的真伪和价值，并从材料中引出路线、方针、政策、计划、方案和办法来，以便指导人们的实践，实现对世界的改造。

（二）客观实际是人生选择的前提和基础

人生选择不是主观随意的，要走好自己的人生路，一定要从客观实际出发做出正确的判断，客观实际是人生选择的前提和基础。人生选择的客观实际包括人生的自然环境条件、社会历史条件、家庭条件以及个人的主观条件。

案例 肖斌的父亲是个足球迷，一心想把儿子培养成未来的足球明星，为此，他把儿子送进一家有名的足球学校。

经过几年的刻苦训练，肖斌的球踢得有模有样了，但在一场校内的训练比赛中，他不幸被同伴踢伤，伤势非常严重。医生告诉他的父母：别再让孩子踢球了，孩子的身体条件已不再适合大运动量的体育活动，再练会对孩子的身体造成难以估量的伤害。肖斌的母亲想让儿子退出足球学校，但父亲认为，很多足球明星都曾受过重伤，不是也有人靠顽强的意志恢复了身体，又重返赛场吗？于是，父亲决定让肖斌休养一段时间再回学校踢球。不幸的是，肖斌在比赛中又一次受伤，伤的是同一部位。这一次，肖斌再也没能站起来。

思考 上述事例对大学生正确作出人生选择有什么启示？

自然条件，首先是指人们赖以存在和发展所处的自然环境。自然环境的地理位置和资源状况，决定着人们的生产生活方式，决定着人生活动的对象和手段，因而也制约着人生道路的选择。其次，人们的性别，特别是人的生理机体的健康状况对人生道路的选择也具有不可忽视的作用。

社会历史条件包括历史文化传统、现实的社会制度，以及一定社会制度下物质文明、政治文明、精神文明的发展水平等。不同的国家、不同的民族具有不同的文化传统、不同的社会文明，因此，人们的生产方式、生活方式、价值观念和思维方式也是很不相同的，这就造成了人们对人生道路选择存在或大或小的差异。即使同一个国家和民族，由于人们的社会地位不同，生活理念相异，也会在人生目标的选择方面表现出异常复杂的情况。

家庭条件包括家庭的生产和生活条件、社会地位和经济状况、文化素质和思想道德素质等。家庭条件对每个人都有潜移默化的影响，因而它也是人生选择中不可忽视的因素。个人主观条件包括思想政治素质、伦理道德素质、内在心理素质、科学文化素质等。个人的主观条件提供了人生发展的知识技能基础和前进动力，决定着人生发展的方向，因而对人生道路的选择具有极为重要的作用。

案例　郭明义是鞍钢矿业公司齐大山铁矿生产技术室采场公路管理员。作为企业的一名普通员工，他每天提前 2 小时上班，15 年中累计 15000 多小时，相当于多干了 5 年的工作。16 年间他为失学儿童、受灾群众捐款 12 万元，20 年的时间曾多次无偿献血，累计献血量达 6 万多毫升，相当于自身总血量的 10 多倍，挽救了数十人的生命。面对人们“你这么做到底图什么”的提问，郭明义总是很淡定地回答：“其实，我什么都不图。每个人都有不同的人生追求、人生选择。从入党那天起，我就选择了跟党走，多为别人奉献的人生道路。所以说，我所做的一切，都是一名党员最基本的责任和义务，都是我应该做的事。”郭明义的义举善行赢得了社会的肯定，也获得了党和政府的奖励，他先后获得了“全国五一劳动奖章”“全国优秀共产党员”“全国红十字志愿者之星”“全国优秀志愿者”“全国无偿献血奉献奖金奖”和 2010 年“感动中国人物”等荣誉称号。

思考?　郭明义的事迹对大学生正确进行人生选择有什么启示?

选择成功只是一种追求，要把这种追求变为现实，就必须付出艰辛的行动。英雄模范人物之所以能创造出辉煌的人生，就是因为他们从青少年时期就有远大的理想和对真理的不懈追求，有坚忍不拔的意志和吃苦耐劳的品质。从现在起，只要我们按照社会发展的规律，树立正确的世界观、人生观和价值观，努力学习，勇于实践，就一定能创造出属于自己的辉煌人生。

（三）人生选择的多样性和可能性

世界上的事物是丰富多彩的，从身边的自然景物到遥远的宇宙太空，从纷繁复杂的人类社会到人类自身，都是这个物质世界的组成部分。我们就生活在这样一个多姿多彩的世界中。物质世界的多样性也为人生发展提供了多种可能性，只有坚持一切从实际出发、实事求是，才能选择适合自己的人生道路，才能创造出属于自己的美丽人生。

1. 物质世界的统一性与多样性为人生选择提供了多种可能性

（1）世界的物质统一性

世界的统一性问题就是关于世界万事万物的本原问题。无限的物质世界，充满了各式各样的事物和现象，可谓千差万别、千姿百态。仔细观察就会发现，它们之中没有两个完全相同的事物和现象。大自然的树叶中，我们找不到两片完全相同的树叶；芸芸众生之中，找不出两个一模一样的人，即使是孪生双胞胎，也存在差异。在纷繁复杂的事物和现象背后，有没有共同的本原呢？如果有，这个本原是什么？这就是哲学上所说的世界的统一性问题。古今中外的哲学家对世界的统一性问题有两种不同回答：

其一认为，世界统一于物质。如中国古代的“五行学说”认为，世界万物都是由金、木、水、火、土五种元素构成的，古希腊的德谟克利特则认为，宇宙万物是由不可分割的原子构成的。这些看法，企图唯物地解释物质，基本倾向是正确的，但它们把物质同物体的某些具体形态混为一谈，无法解释客观事物的无限性和多样性。

近代形而上学唯物主义者依据当时具体科学的发展成果，提出了分子论观点，虽然这种看法较古代朴素唯物主义物质观是一种进步，但仍不够科学。列宁继承了以往唯物主义关于物质范畴的合理思想，在总结自然科学成果的基础上，运用辩证思维方法，给物质下了一个最科学的定义：“物质是标志客观实在的哲学范畴，这种客观实在是人通过感觉感知的，它不依赖于我们的感觉而存在，为我们的感觉所复写、摄影、反映。”这一定义首先高度概括出物质的唯一特性是客观实在性，揭示了物质不依赖于人的意识而独立存在，提出物质对于意识的根源性，而意识仅仅是由物质所派生的，从根本上坚持了唯物主义原则立场。其次，这一定义是从客观存在着的事物和现象的综合中概括出来的，体现了个别与一般、特殊与普遍、相对与绝对、多样性与统一性的对立统一，克服了以往旧唯物主义的片面性和局限性。再次，这一定义肯定了物质是人通过感觉感知的，“为我们的感觉所复写、摄影、反映”，具有可知性。

其二认为，世界统一于观念。如我国宋代理学家朱熹认为：“未有天地之先，毕竟也只是理，有此理便有此天地，若无此理，便亦无天地，无人无物。”古希腊的柏拉图也持此观点，这显然是唯心主义观点。

只有马克思主义哲学才是彻底的唯物主义一元论，马克思主张物质是世界的真正本原。恩格斯一针见血地指出：“世界的真正统一性在于它的物质性，而这种物质性不是由魔术师三两句话所证明的，而是由哲学和自然科学的长期的和持续的发展所证明的。”这说明世界统一于物质这一原理完全建立在科学发展的基础上。现代科学早已证明，无论是宏观的天体还是微观的粒子，无一不是物质。达尔文的进化论告诉我们：社会也是物质世界长期发展的产物。精神、意识是自然界的最高“花朵”，虽然是非物质的，但它是高度发达的人脑的机能，是人对物质世界的反映。离开了人脑，精神、意识便成了无源之水、无本之木，所以，精神、意识的本质和根源同样归于物质。综上所述，世界统一于物质，这是颠扑不破的真理。

世界的物质统一性首先体现在，意识统一于物质。从意识的起源来看，意识是物质世界长期发展的产物，是物质世界中的一种特殊存在；从意识的本质来看，意识是人脑这种特殊的物质器官的机能，是客观存在的主观映像；从意识的作用来看，意识能动性的发挥必须以尊重物质世界的客观规律为前提。因此，意识统一于物质，在统一的物质世界之外，没有任何非物质的存在或非物质的活动。

世界的物质统一性还体现在，人类社会也统一于物质。人类社会是否具有物质性，是在马克思主义产生之前长期没有得到正确解决的问题。马克思主义以前的旧唯物主义在自然观上是唯物主义的，但在社会历史领域中，旧唯物主义不理解人的实践活动本身是一种客观存在，不理解物质生产实践在社会生活中的地位和作用，而是把历史过程看成是人的主观意志的产物，因而得出社会意识决定社会存在的错误结论，成了不彻底的“半截子”唯物主义。马克思主义将唯物主义真正贯彻到社会历史领域，认为物质资料生产方式是人类社会存在和发展的基础，实践性是社会生活的本质，人类社会统一于物质。人类社会的物质性主要表现在：

第一，人类社会是物质世界的组成部分。人是物质世界发展到一定阶段的产物，人从自然界分化出来，并不意味着脱离了物质世界。人的生命形态和生命活动仍然是物质的，人赖以生存的全部生活资料也只能取之于物质世界，离开了一定的物质自然环境，人类社会就不可能存在和发展。

第二，人类获取生活资料的活动是物质性的活动。人类获取物质生活资料的实践活动虽然有意识作指导，但仍然是以物质力量改造物质力量的活动，如果仅仅停留在意识或思想的范围，人类是无法获取物质生活资料的。

第三，人类社会存在和发展的基础是物质资料的生产方式。生产方式是生产力和生产关系的总和。生产力是人类改造自然的物质力量，生产关系是在物质生产过程中形成的不以人的意志为转移的物质关系。物质资料的生产方式构成了人类社会存在和发展的基础，集中体现着人类社会的物质性。

世界的物质统一性原理是马克思主义的基石，有助于我们树立唯物主义世界观，为我们进一步确立正确的人生观和价值观奠定坚实的基础；同时，也有助于我们确立正确的思想路线和思想方法，在认识世界和改造世界的过程中，坚持实事求是，一切从实际出发。一切从实际出发，是世界的物质统一性原理在现实生活中和实际工作中的生动体现，是在坚持和发展中国特色社会主义伟大实践中想问题、办事情的根本立足点。特别是在推进新时代中国特色社会主义事业的过程中，我们要从我国仍处于社会主义初级阶段这一最大国情出发，既看到我国仍处于并将长期处于社会主义初级阶段的基本国情没有变，也要看到我国社会的主要矛盾发生了变化，已经转化为人民日益增长的美好生活需要和不平衡不充分的发展之间的矛盾，从而使社会主义初级阶段的长过程中又呈现出更加具体的阶段性特征。

（2）世界具有无限多样性

人的活动与物质世界的关系，可以概括为改造与被改造和认识与被认识的关系。人通过自己的活动与物质世界发生改造和认识关系。一方面，人通过自己的实践活动对客观世界进行改造，使客观世界发生合乎自己目的的变化；另一方面，人在实践活动的基础上对客观世界进行认识活动，以求对客观世界的基本规律有所认识和把握，从而指导对客观世界的改造。人的活动要受到客观世界的制约，而客观世界的统一性和多样性也为人生道路的选择提供了多种可能性。

世界是一个多样性的物质统一体。世界上的各种具体事物都有不同的运动形式、不同的特殊矛盾，都有不同于其他事物的个性。

首先，物质世界的结构层次是无限多样化的。现代科学把整个宇宙划分为三个基本层次：微观世界、宏观世界和宇观世界。其中，微观世界由分子水平以下的各种微观客体组成，包括分子、原子、原子核、基本粒子等，微观客体的运动服从量子力学规律；宏观世界由从多分子化合物到太阳系之内的天体系统这样的宏观客体组成，宏观客体的运动主要服从牛顿经典力学的规律；宇观世界由宇观客体组成，包括星系、星系团、总星系等，宇观客体的运动主要服从广义相对论的规律。物质世界的这三个基本层次各自又都包含若干层次，并且每一基本层次又有着特定的运动规律。

其次，物质世界又是不同形态的物质统一体。从现代科学所达到的认识水平来看，最基本的物质形态是实物和场。所谓实物，是指具有静止质量的物质形态，如电子、质子、中子以及由它们所组成的原子等；所谓场，是指不具有静止质量，而只具有以其量子能量为转移的运动质量的物质形态，如光子。古希腊德谟克利特的原子论把世界看作是由有质量的原子和没有质量的虚空组成的，认为只有有质量的原子才是物质。这样，他就把世界想象为物质和虚空的统一，没有完全理解世界的物质性。这种观点被近代的牛顿力学所接受并加以发展，牛顿认为物质是由不连续的实物粒子（原子）所组成的，虚空则是一无所有的连续的绝对真空。现代科学证明，这种绝对空虚的“真空”是没有的。具有连续性的“真空”虽然没有静止质量，却充斥着各种“场”，如电磁场、引力场等。场和实物是两种完全平等的物质形态，两者都是不依赖于人的意识的客观实在。

再次，物质世界还包括许多不同的领域。它们可以归并为两大基本领域，这就是自然界和人类社会。自然界包括原始自然与人工自然（人化自然），它们都是物质性的存在。人类社会既是物质进化的产物，同时其本身也是物质性的存在。

随着人类实践的不断发展，新的物质层次、新的物质形态还会不断地被发现，但在无限多样的物质世界中内在地包含着统一性，具有共同的本质，即物质的客观实在性。

世界的物质统一性原理是辩证唯物主义的基石，是整个理论大厦的基础，马克思主义哲学的一系列原理、原则都是以这一原理为基础、为中心的。因此，世界的物质统一性原理也是我们从事一切实践工作的立足点和出发点。

马克思主义哲学告诉我们，世界统一于物质，物质世界具有客观性，一切事物和现象都最终根源于物质。因此，我们无论在任何时候、任何地方、任何条件下，都必须从实际出发，即从客观出发，按照事物的本来面貌去认识事物，而不能从原则和本本出发，更不能从主观想象出发。

2. 人生发展的可能性与现实性

人的一生就是不断选择的一生，不同的选择对人生所起的作用不同。正确的选择是成就美好人生的开端，错误的选择有可能使人跌入痛苦的深渊，甚至让人万劫不复。

不同的选择对人生所起的作用不同。学生时代是人生的立志阶段，是决定一个人一生成就高低的关键时期。可以说，一个人，在其学生时代有什么样的抱负，其一生就有与此相应的成就和作为。那么，是什么左右着人生选择的方向呢？马克思主义哲学认为，一切从实际出发，实事求是，是认识一切事物、指导人们一切实践活动的出发点和立足点。人生选择也不例外，也要从客观存在的实际出发。

人生就是一连串选择的过程，谁拥有了选择的力量，谁就掌握了人生的命运。当一些重大的选择摆在我们面前时，需要我们采取谨慎的态度，做对的选择比把事情做对更重要。

物质世界是丰富多彩的，从茫茫宇宙到微观粒子，从美丽的自然界到人类社会，无不存在着千姿百态的现象和事物。物质世界的这种多样性为人生选择提供了现实性和可能性。我们经常听到这样一句话“条条大道通罗马”，就是讲人生选择的现实性和可能性。

案例 秦玥飞，耶鲁大学毕业。2011 年，他到衡山县贺家乡任大学生村官，为当地改善水利灌溉系统，改造道路，安装路灯，修建现代化敬老院，为乡村师生配备平板电脑开展信息化教学……2013 年他被央视评为“最美村官”，立一等功一次。2014 年服务期满，秦玥飞认为“输血”并非是可持续的乡村发展模式，他放弃提拔机会，转至白云村续任大学生村官，用“造血”建设乡村。他带领村民创办农民专业合作社，发展山茶油产业，通过创业创新为当地创造可持续发展动力。为吸引更多优秀人才服务乡村，秦玥飞与同学一道发起了“黑土麦田公益”项目，招募优秀毕业生到国家级贫困县从事精准扶贫和创业创新工作。2017 年，近 30 名来自清华、北大、复旦、人大、中国社会科学院大学等院校的“乡村创客”在 15 个村庄开展产业扶贫与创业创新，得到当地政府与村民的好评。

思考？ 秦玥飞毕业后，有哪些人生道路可供选择？他为什么选择了回到老家就任大学生村官？

人生选择的现实性和可能性，为人生选择提供了机遇，同时又提出了挑战。因此，要从实际出发把握机遇，勇于迎接挑战。客观实际是人生选择的前提和基础，它既包括对象的实际，也包括人自身条件的实际。

所谓对象的实际，即可供主体选择方面的情况，根据选择对象不同要了解的内容也不同。比如：要去一个地方，你就要了解这个地方在哪个方向、路程有多远、有哪些交通路线、乘坐什么交通工具能够到达等；要交一个朋友，你就要知道对方的性格特点、兴趣爱好、人生经历、交友范围等；要选择工作，你就要清楚被选择企业在什么地方、规模大小、是什么性质的企业、生产什么产品、企业环境及企业文化、工资待遇、企业需求以及发展趋势等。总之，当我们面临人生选择的时候，一定要清醒地认识我们所处的环境，知道我们在选择什么，知道我们选择对象的各方面实际情况，只有这样才有可能保证我们的选择是正确的。否则，我们将是盲目的，盲目的选择会将我们引向失败的深渊。

案例　胡玮炜，摩拜单车创始人，从浙江大学城市学院新闻系毕业后，一直在汽车行业做记者。有一天，她和一些设计师坐在一起聊天，说起自己的单车情结：想要一辆随时随地可以骑的自行车。大家各抒己见、谈笑风生，突然有一个声音击中了她——共享出行项目，扫码可以骑自行车！当时和她一起想要投资的人在分析利弊后都退出了，只有她意志最坚定，决心试一试。经过不懈的努力，胡玮炜成为摩拜单车的创始人。她说："这个想法跟以前的经历和想法有很大关系。我也不想给自己贴上创业者的标签，就是觉得这个事情不做不行。"蔚来汽车董事长李斌决定投资共享出行项目后，他们仅花了10个月的时间，就让这种自行车出现在北京街头，随骑随停，手机一刷就能用，需要付出的，仅是一点点租金。胡玮炜用这样一句话定义它："不仅仅是一辆自行车，而是解决0到5千米最后出行的新物种。"因为这种大家共享的单车，胡玮炜成了总理座谈会的座上宾。2017年的《政府工作报告》里写着这样29个字：支持和引导分享经济发展，提高社会资源利用效率，便利人民群众生活。

思考？　胡玮炜创立摩拜单车，是大学生创业创新的成功典范，李克强总理提出"大众创业、万众创新"对大学生的启示和要求是什么？

所谓人自身条件的实际，就是选择主体自身的实际情况，包括自身体魄、品德、知识和能力等。只有正确认识自己，才能在现实生活中找准自己的位置，进而做出正确的认识和选择。不了解自己，过高估计自己或一味自卑都将不利于自己的人生选择。

3. 总有一条适合你的人生道路

案例 张立勇出身于江西一个贫困的农民家庭，高二时辍学离家，到广东打工。1996年，张立勇进入清华大学食堂做洗菜工、厨师。其间，他先后通过了大学英语四、六级考试，托福成绩630分，并通过自学拿到了北京大学对外经济与国际贸易专业的本科文凭。张立勇每天早上4点多起床，先跑步锻炼身体，然后再学习英语，用他的话说，跑步可以锻炼人的耐力和毅力，还可以边跑边思考人生。张立勇一直坚持着自己的学习计划，每天都能坚持自学七八个小时，有时候学到凌晨一两点钟。2004年，张立勇获得团中央颁发的首届"中国青年自学成才奖"，在"感动江西人物"评选中榜上有名。2004年，他写的《英语神厨》一书，被教育部、团中央、国家新闻出版总署评为"全国青少年喜爱的图书"，并获得"冰心文学奖"。

思考 结合张立勇选择人生道路的事例，说明人生总有一条道路适合自己。

在现实生活中，我们每个人都要根据客观实际，在人生发展的多种可能性中选择适合自己的人生道路。因此，要善于选择，在选择中学会正确地取舍。人生道路的选择，关系到一个人的前途命运。有位哲人说过：如果你不能成为大道，那就当一条小路；如果你不能成为太阳，那就当一颗星星。成败取决于你所选择的道路是否符合自己的客观实际，再好的选择，与自己的实际情况不符，也不能算是正确的选择。

案例 小毛是某职业学校物流专业的学生。他的家在外地，家里开着一家床上用品商店。初中毕业时，由于妹妹年纪小，小毛没有上高中，而是在家帮助父母料理了两年生意。在妹妹稍大一些时，小毛来到某大城市选择一所职业学校学习。通过学习，小毛了解了物流在商品流通中的作用，特别是这个城市正在修建第二机场，物流会有比较大的发展前景。在寒暑假时，小毛没有像其他同学一样在超市打工，而是选择了一家物流公司，跟车进行省际货物运输。虽然比较辛苦，但小毛越来越熟悉物流这个行业，喜欢上了这个行业。临近毕业时，小毛的家人希望他回来帮助料理生意，将来继承这份家业。小毛却想，物流行业虽然已经有了一段时间的发展，但是市场还有许多空白点，正是年轻人创业的大好时机，如果做得好，会有很好的发展。小毛和家人商量，家业留给妹妹，而自己靠家里资助，加上银行贷款，创办物流公司。经过审时度势，小毛的父母同意了他的想法。过了两年，小毛和他的几名同学创办的物流公司红红火火地发展起来了。

思考 面对继承家业和自己创业的选择，小毛做了怎样的取舍？这对我们人生选择有什么启示？

我们要学会从客观情况和条件出发，对可能性向现实性的转化进行详细的分析，积极创造条件，使人生发展当中的最好的可能性转化为人生发展的现实。

案例 李林军是职业学校的优秀学生，毕业后在一家国有企业工作，很快成为业务骨干。正当他准备大显身手时，企业倒闭，自己下岗失业了。这期间他摆过地摊，做过服装生意和水果生意，结果都不尽如人意。在做了一番分析后，李林军决定到深圳学习美容美发，在社区开一家理发店。经过半年的学习和筹备，社区里的小小理发店开张了。李林军早来晚走，每天十几个小时都待在理发店里。在一次理发时，他发现一名顾客情绪低落，经了解发现，原来这名顾客没有工作，李林军毅然把这名顾客招进店里，解决了她的工作问题。在平时和节假日，李林军还上门为老人和残疾人提供服务，按时为他们理发。李林军热心周到的服务受到顾客赞扬，有些顾客专门坐好几站车来找李林军理发。

思考 李林军的人生选择对我们有哪些启示？

在对人生发展可能性的选择中，还要从自身的客观实际出发，做出力所能及的选择。人各有所长，要根据自己的能力去进行选择。有些选择，看上去很好，但是，受到自身能力的限制，这种选择并不一定能实现。只有选择了适合自己的人生道路，才能充分发挥出自己的优势，创造出精彩的人生。

孔子年轻的时候就以建立以“仁”治国的完美社会为志，但是，周游列国之后，他的政治抱负没有实现，却成了一个很好的老师。孔子的弟子遍及天下，他也最终成为我国伟大的思想家、教育家。我国著名数学家陈景润从小喜爱数学，在大学期间选择了数学专业。大学毕业后，他曾经在中学任数学教师，但因口齿不清，学校不让他上讲台授课，只能批改作业。之后，陈景润又调回厦门大学任资料员，这期间他对数论中的一系列问题的出色研究受到华罗庚的重视，被调到中国科学院数学研究所工作。这之后，陈景润以惊人的毅力，在数学领域艰苦卓绝地跋涉。1965 年，陈景润终于在“哥德巴赫猜想”的证明上取得了重大突破，轰动了世界。由此可见，只有找到适合自己的发展道路，才能更好地实现自己的人生价值。

事物发展的可能性是蕴藏在事物的不断运动变化之中的，只要事物存在和发展，就会有各种可能性，人生就会有各种发展的可能性。因此，无论是什么样的客观条件，只要我们自己不放弃，就总会找到发展的可能。只要我们坚持从客观实际出发，充分发挥自己的能动性，就能找到适合自己的人生发展道路。

习近平总书记在党的十九大报告的结束语中，对广大青少年说了一段语重心长的话，对当代中国青年寄予了无限厚望。他说：“青年兴则国家兴，青年强则国家强。青年一代有理想、有本领、有担当，国家就有前途，民族就有希望。中国梦是历史的、现实的，也是未来的；是我们这一代的，更是青年一代的。中华民族伟大复兴的中国梦终将在一代代青年的接力奋斗中变为现实。全党要关心和爱护青年，为他们实现人生出彩搭建舞台。广大青年要坚定理想信念，志存高远，脚踏实地，勇做时代的弄潮儿，在实现中国梦的生动实践中放飞青春梦想，在为人民利益的不懈奋斗中书写人生华章!”习近平总书记在党的十九大报告中专门对青年深情寄语，其寓意令人深思。

现在十几岁的年轻人，在未来三十多年中，正是为中华民族伟大复兴大展才华的时代。中华民族上百年奋斗的理想将要在当代中国青年的接力奋斗中变为现实，这也意味着新时代给每一个中国青年提供了人生发展的广阔舞台，为青年的人生发展提供了多种可能性。每一个当代中国青年，要把自己的人生目标和中华民族的复兴伟业紧密结合，既志存高远，又脚踏实地，从实际出发，就一定能在新时代找到适合自己的人生道路，放飞青春梦想，书写人生华章。

（四）从实际出发，选择适合自己发展的人生道路

案例 有这样一个人，他冷酷无情，嗜酒如命，且毒瘾很深，一次在酒吧里因看一个酒保不顺眼而犯下了杀人罪，被判终身监禁。他有两个儿子，年龄相差才一岁，其中一个同样毒瘾很重，靠偷窃和勒索为生，后来也因杀人而坐牢。另一个却既不喝酒也不吸毒，不仅有美满的婚姻，

还担任一家大企业分公司的经理。在一次访问中，问起造成他们现状的原因，二人的答案竟然相同：“有这样的父亲，我还能有什么办法?”

思考 为什么在同样的成长背景下，两个人的人生却如此不同呢?

即使具有相同的人生遭遇，同处人生的低谷，也因个人的态度、行为等不同而拥有完全不同的人生。

如何从实际出发，选择适合自己的人生之路呢?可从以下几点思考：

1. 扬长避短

条条大路通罗马，但最适合自己的路只有一条。在人生前进的道路上，如果只是一个劲地埋头赶路，不去抬头看一看前方的路是否适合自己，也许永远都到达不了成功的终点。

俗话说：“人贵有自知之明。”意思是说既不高估自己也不看低自己，而是恰当且准确地认识、接受和评价自己，找准自己的位置，给自己一个准确的定位。

案例 《伊索寓言》中有这样一个故事：有一天，森林里百兽聚会，大家争相表演。一只猴子登台跳舞，深受欢迎，赢得大家的称赞，个个为之喝彩。骆驼十分嫉妒，它也想大家为它喝彩。于是，它站了起来自我得意地展示自己的舞技，结果，那怪模怪样的舞姿，洋相百出，不但没有获得掌声，反而使动物们大为扫兴，它们用棍棒打它，把它赶出了会场。可见，充分认识自己，选择能够发挥自己特长的事情，才会使自己接近成功。

案例 有一只狐狸，得意地欣赏着自己在晨曦中高大的身影，说：“今天，我要用一只骆驼来做午餐!”于是，整个上午，狐狸都在奔波着寻找骆驼。当正午的太阳照在头顶的时候，狐狸不经意间瞥见了自己矮小的身影，就眯着两眼说：“唉！一只老鼠也就够了。”

这只狐狸不能正确地认识自己，早上过于狂妄自大，中午又不免妄自菲薄。

思考 你在选择自己的人生奋斗目标时是不是也会犯同样的错误?

认识自己即知己。在给自己定位时既要对自己的优势进行分析，了解自己曾经做过什么，有什么样的人生经历和体验，又要明确自己所学专业，清楚在学校学到了什么，将来能干什么，自己的职业方向如何。

同时，还要对自己的劣势进行分析，知道自己的弱点。比如：沟通能力弱，会较难与他人默契合作，而优柔寡断，则很难担当企业管理者的重任。

人各有所长，要根据自己的实际情况进行选择。人生道路的选择，关键是要正确认识自我，了解自己的性格、能力、兴趣、人生观、价值观等。有些选择看上去很美好，但是，受自身条件的限制，这些美好的选择并不一定就能实现，因此，要学会选择，善于选择，在选择中学会正确地取舍。只有选择了适合自己的人生道路，才能充分发挥出自己的优势，创造出精彩的人生。

2. 适者生存

早在千年之前，古人就以“南辕北辙”的故事向我们讲明了走对路子的重要性：路子走对了，做事轻而易举；路子走错了，停下来也是进步。

案例 有一天，以色列驻美大使受以色列总理之命向爱因斯坦打来电话，试探性地问：“教授先生，我想请问一下，如果提名您当总统候选人，您愿意接受吗？”爱因斯坦从容地答道：“哦，大使先生，我这样的人，怎么配当总统呢？关于自然，我算是了解一点，可关于人，我几乎一点也不了解！”接着爱因斯坦央求道：“请您向报社解释一下，帮我解解围。您可知道，这些日子我这里太不安宁了。”

“教授先生，已故总统魏茨曼是您的老朋友，他也是教授啊。我想您完全能够胜任。”“不，魏茨曼同我不一样。”爱因斯坦语气坚定地说，“他能胜任，而我不能！”

“教授先生，每一个以色列公民，不，全世界每一个犹太人，都在期待着您呢！”

“那我怎么办呢？”稍停片刻，他叹息着说，“唉，看来我要使他们失望了”。

过了几天，大使亲自驱车前往爱因斯坦寓所，他带来了以色列总理的亲笔信。当爱因斯坦看到信上说他已经正式被提名为总统候选人时，连连摇头说：“不，不，我早就说过，我当不了总统！”

尽管大使再三劝说，也始终没能改变爱因斯坦的主意。

思考 如何才能正确认识自己，走一条最适合自己的人生道路？

正视现实其实是在知己的同时也要知彼。爱因斯坦为我们树立了光辉的榜样。

青年学生毕业后选择继续升学还是直接工作，都应该从自身实际出发，选择适合自己的道路。此外，个人的兴趣、爱好、知识结构、价值观念和能力大小等因素在人生发展过程中的影响和制约不可小视。青年学生在选择人生之路时必须正视：人生之路既漫长又曲折，每个人都要根据客观实际，在人生发展的多种可能性中选择适合自己的人生道路，同时还要创造条件，使人生发展的最佳可能转变为人生发展的现实。

选择自己的人生道路还要正确理解和把握不能与不为的关系。现实生活中，有些人往往搞不清不能与不为的关系。不能与不为，归根结底是能否按规律办事，量力而行的问题。不能为而强行为，能为而不作为，都是违反规律的。同时我们还应注意，并不是不能之事永远不能做，随着客观条件的变化，现在不能做的事将来可能是可以做的，过去不能做的事现在可能是可以做的。例如："愚公移山"在过去只能是异想天开，现在随着科学的发展，移山填海是可以做到的；"嫦娥奔月"在过去是神话，今天已成为现实。在选择和设计人生道路时，我们必须做到一切从实际出发，实事求是，按规律办事，就能够达到既定目的，实现自己的人生理想。

怎样把职业选择与个人择业相结合，建议如下：

第一，只要干得了不必惜专业。专业对口当然是对的，但事实上进入社会时，未必能按自身的意愿发展。正确的做法是：应该先问这家单位需要什么人才，如果单位要的是自己所学的专业，那当然好；即使要的不是自己所学的专业，也不要马上打退堂鼓，可掂量自己是否能干好这一工作，并做出选择。这一大胆放弃自己专业的做法，将使自己从狭窄的视野中走出来，获得更广阔的发展机会。事实上，在学校里虽然分了专业，但同时也进行了相关综合技能的学习，除了一些特殊专业缺乏相通之外，绝大部分专业有相通之处，譬如政教专业与中文专业、中文专业与新闻专业……当我们将专业的外延扩大后，择业面会更广，机遇会更多。

第二，谈待遇要价莫太高。调查表明，高定位是一种错误。一个人对岗位的初步选择只是一个起点，如果你有真才实学，起点低又何妨，凭着出众的才华，照样可以取得成功。正如新希望集团老总刘永好所说："毕业生要想成功就业，首先要立足当工人，而不是当老板。"

第三，选单位不必分公私。随着近年来改革的不断深入，公私单位的差别已经大大缩小。这几年，国家加快了人事、住房、医疗、养老体制改革进程，而且随着人事制度改革的深化，在国有单位，端的已不再是"铁饭碗"。

一些私营企业采用引进人才的新机制，只要干得好，发展机遇都不差。

第四，选地域宜抓小放大。其实择业也应该找冷门，冷门成功的机会更多。投向小城市和不发达的地区，择业的优势更大，择业的机会也更多。相对于大城市、发达地区而言，这些地方的条件、待遇暂时差一些，但因为人才紧缺，单位能为你提供更好的舞台，更有利于自己的成才、成长。

可见，青年学生在选择人生道路时，一方面要对整个社会的大环境有清楚的认识和分析，清楚当前社会的政治经济发展趋势、社会热点、职业门类分布与需求状况，自己可能选择职业在当前和未来社会的地位情况，社会发展趋势对自己人生选择的影响等，另一方面要了解自己的人际关系及已有的社会关系。良好的人际关系和社会关系是人生选择及事业成功的助推器。

知己知彼，人生选择就有了成功的基础。只有走一条最适合自己的人生道路，我们的潜力才能得到充分发挥，也才更容易摘取到成功的果实。

总之，只有尊重客观实际的人生选择才是正确的。人生之路不会是一帆风顺的，因此，我们要正视现实，立足现实，准确把握人生发展方向，选择适合自己发展的人生道路。在做出人生抉择时必定会有各种阻碍，我们要有坚定的信念和持之以恒的决心，相信在人生发展中，通过自身努力能将最好的可能性转化为人生发展的现实。只要我们坚持从客观实际出发，充分发挥自己的主观能动性，就能找到适合自己的人生发展道路。

本章小结

马克思主义的世界观科学地揭示出，世界是物质的世界，物质是运动的，运动是有规律的。人和动物不同，动物只能本能地“活着”，而人能够通过实践认识世界、改造世界。人的这种主观能动性，是人区别于动物的根本特点。从实际出发、尊重客观规律是正确发挥主观能动性的前提和基础。青年学生应立足现实，积极发掘自身潜力，自强不息，敢于行动，善于行动，脚踏实地走好人生之路。

经典名言

1. 观念的东西不外是移入人的头脑并在人的头脑中改造过的物质的东西而已。——马克思

2. 相信有一个离开知觉主体而独立的外在世界，是一切自然科学的基

础。——爱因斯坦

3. “实事”就是客观存在着的一切事物，“是”就是客观事物的内部联系，即规律性，“求”就是我们去研究。我们要从国内外、省内外、县内外、区内外实际情况出发，从其中引出其固有的而不是臆造的规律性，即找出周围事变的内部联系，作为我们行动的向导。——毛泽东

4. 鱼，我所欲也；熊掌，亦我所欲也。二者不可得兼，舍鱼而取熊掌者也。生，亦我所欲也；义，亦我所欲也。二者不可得兼，舍生而取义者也。——孟子

学习思考

1. 桌上有半瓶酒，一个人高喊：“太好了，还有一半!”而另一个人则叹息：“糟糕，只剩下一半了。”面对同一客观事物，不同的人对其认识不同，请同学们结合事例谈谈客观与主观的关系。

2. 根据“世界统一于物质”的原理说明走自己的路，建设有中国特色社会主义的重要性。

3. 用人生观和价值观理论来说明正确选择人生道路的重要性。

4. 想问题、做事情的前提是什么?

5. 如何理解“使命呼唤担当，使命引领未来”这句话?

6. 如何看待现实中“许多人无事干”与“许多事无人干”这种现象?

第三讲　明辨现象本质
提高人生发展能力

在我们生活的这个现实社会中，我们每天都会看到不同的人、不同的生活状态与行为方式。有的人人云亦云，随波逐流；有的人勤于学习，勤奋努力；有的人懒懒散散，安于现状。有的人欣喜于万物之美；有的人视而不见。有的人遵从于自己的内心寻找自己所愿；有的人却随大流得过且过。有的人一生节俭，只为那些无力支付学费的孩子有学可上；有的人一掷千金，只为满足自己一时的虚荣和快感。有的人视金钱为全部生活目标；有的人却视金钱为粪土。社会现象丰富多彩，每种现象背后都隐藏着其本质。自然现象是自然规律的表现；社会现象是社会规律与人的本质的反映。现象和本质是事物普遍具有的两个方面。

案例　春秋时期，楚国有一个商人，专门卖珠宝。有一次他到齐国去兜售珠宝，为了招揽顾客，使珠宝能畅销起来，他特地用名贵的木料做成了许多小盒子，并把盒子雕刻装饰得非常精致美观，然后把珠宝装在盒子里面。名贵的木料做成的盒子会发出一种香味，非常吸引人。

有一个郑国人，看见装珠宝的盒子这么漂亮，问明了价钱后，就买了一个，打开盒子，把里面的宝物拿了出来，退还给珠宝商，自己把盒子抱走了。

思考　“买椟还珠”的故事告诉人们一个什么道理？

“买椟还珠”这个成语比喻有些人只看到事物的外部现象，而看不到其内在的本质。它告诫人们，不要只看华而不实的外表，而不注意内在真正的本质，做任何事情不要被表面的东西迷惑，要认清事物的真正价值，不要丢了西瓜捡芝麻！

一、透过事物的现象认识事物的本质

一支笔直的筷子，把它的半截插在水中，从外面看筷子好像是弯折的；

闪电和雷鸣是同时发生的，但我们却先看见闪电后听到雷鸣……人们不是常说“耳听为虚，眼见为实”吗？要认识事物不能凭道听途说，必须亲眼看一看吗？但是，由于人们看到的只是事物的现象，所以有时也会被假象所蒙蔽，因此，“眼见”也未必“为实”。

大千世界，各种现象丰富多彩，现象表现本质具有多样性与复杂性。这就需要我们掌握透过现象把握本质的方法，学会把现象作为认识入门的向导，识别假象，明辨是非，在揭示事物本质的过程中不断提高认识事物的能力。

案例 《吕氏春秋·任数》中记载了这样一个故事：孔子周游列国，绝粮于陈国到蔡国的途中，几天没吃到一口饭。弟子颜回讨了一些米给老师煮饭吃。饭快熟时，孔子看见颜回抓起一把往口中一塞，孔子心中不快，但装作没看见。到吃饭时，孔子突然站起来说想用这些饭祭奠先祖。颜回立即阻止：“这饭不干净，刚才还掉进了灰，因为丢掉可惜，我还把有灰的那点吃了呢。”听了这话以后，孔子发出了“所信者目也，而目犹不可信”的感叹。

思考 结合上述事例，说明认识事物不能停留在表面现象上。

“眼见为实”是我们经常说的一句话，但“眼见”未必“为实”。颜回抓饭吃是感官可以察觉到的，但他为什么要吃？动机何在？单凭感觉无法解决。这就要求我们进一步把当时的环境、颜回的表现乃至他的品行连贯起来加以思索，再进一步加以调查，才有可能得出可靠的结论来。这大概也是孔子发出慨叹的原因吧。

（一）现象和本质的含义

1. 现象的含义

现象是事物表现出来的，能被人感觉到的一切情况。现象是人能够看到、听到、嗅到、摸到的。按照是否有自然属性来分，现象可分为自然现象和社会现象。如月亮东升、刮风下雨、疾病生死，都是自然现象；如战争、犯罪、罢工、资本主义的产生与灭亡、国家的产生与灭亡、贫富分化、通货膨胀，都是社会现象。

以上现象都可以被人用眼、耳、鼻等感官感觉到，不需要思考。人用感官直接感觉不到，需要借助仪器才能感觉到的，也是现象。例如，人借助显微镜观察到细菌的形状，借助望远镜观察到天体的形状，也都是现象。

按照时间来分，现象又可分为历史现象、当前现象、未来现象。如王安石变法、恐龙灭绝都是历史现象。

2．本质的含义

本质是指事物本身所固有的属性、面貌和发展的根本性质。事物的本质是隐蔽的，是通过现象来表现的。感性的直观不能理解认识，必须透过现象（通过抽象）认识、掌握本质。

要确定一物、一过程的本质，只有把它放在与他事物、他过程的整体关系中来考察，才有可能。例如生物的本质是相对于非生物而言的，它必须以非生物为对象，与非生物作比较，才能确定。人的本质是相对于自然界的其他动物而言的，它必须以动物为对象，与动物作比较，才能确定。

例如，一束鲜花（现象），我们能凭感官直接感受到，而它所表达的意义（本质）只能靠抽象的思维才能把握。又如，我们看到苹果落地，怎么没看到万有引力？实际上，“苹果落地”是现象，可以通过我们的眼睛观察到。“万有引力”是本质，只能由人的理性思维去把握。

春夏秋冬四季更替、太阳东升西落是一种自然现象，只是简单地重复更替，是表面的、直观的，而不是本质的。归根到底这是由于地球自转与公转引起的，这才是背后的本质与规律。

3．现象与本质的区别

案例 在中国，“伯乐相马”是一个脍炙人口的故事，说的是春秋时代一个被称为伯乐的人，特别善于鉴马。有一次，伯乐受楚王的委派，寻找能日行千里的骏马。伯乐遍访各国无果，十分着急。一天，伯乐正在路边歇脚，只见过来一匹瘦马，骨瘦如柴，因是上坡，甚是吃力。但伯乐寻马心切，还是走近仔细查看，不料那马突然昂头，大声嘶鸣，伯乐从声音中听出，这是一匹难得的好马，当即买下，带回楚国。楚王见马瘦骨嶙峋，还以为伯乐是在愚弄自己，很是不悦，伯乐却说只要精心喂养，不出半月，这马就会恢复体力变成一匹骏马。楚王虽将信将疑，但凭着对伯乐的信任接受了他的主意。果然，经过一段时间的调养，那马变得膘肥体壮，后来为楚王驰骋沙场立下不少功劳。

思考 在现实生活中，你是怎样去判断现象和本质之间的区别的？

现象和本质之间的区别大致有以下几个方面：

（1）现象是外在的，本质是内在的。现象是暴露在事物表面的，如物体的大小、位置、形状、形象、软硬、轻重、色彩、特征等，可以被我们的感官所感知；而本质则是隐蔽的、深藏于事物内部的，不能为我们的感官直接感知，只有靠理性思维分析后才能把握。例如，“水往低处流”“苹果落地”等都是人们用眼睛看得见的自然现象，但它们反映的本质即万有引力规律是不能靠直观认识的，需要在感性认识的基础上，进行抽象思维才能把握。我们说本质是隐藏的，凭人的直观是感觉不到的，并不是说本质是不可认识的。人们通过抽象思维可以透过现象揭示、把握事物的本质。

（2）现象是多变的、易逝的，有较大的流动性，本质是相对平静的、稳定的。为什么本质是平静的、稳定的，现象却是多变的呢？这是因为，事物的本质是由事物的内部矛盾决定的，在内部矛盾未得到根本解决以前，该事物的本质不会发生根本变化，而现象是事物内部矛盾的显现。事物的内部矛盾总是在一定的外部条件下进行的，外部条件的多变性影响着现象的多变性。

（3）现象比本质丰富、生动，本质则比较深刻、全面。由于现象是事物外在的、多变的、个别的东西，本质是事物内在的、稳定的、一般的东西，因此，现象比本质要丰富得多。现象表现本质是多方面的，表现的形式也是多种多样的。有的现象曲折地表现本质，有的现象比较直接地表现本质；有的现象真实地表现本质，有的现象歪曲地表现本质。这些情况的出现是由于任何事物都不是孤立存在的，而是处在和周围不同事物的相互联系中，彼此之间相互作用、相互影响，造成了事物现象的多样性。

任何事物的本质都要通过一定的现象表现出来，任何现象又都从某一或某些特定的方面表现事物的本质。在现实生活中，没有一个脱离现象的纯粹的本质，也没有一个脱离本质的纯粹的现象。现象和本质是构成客观对象统一的不可分的两个方面。但是，现象毕竟只是个性化的表面的东西，只有本质才能揭示贯穿于各个现象背后的内在联系。认识事物不应该满足于仅仅认识事物的现象，还要透过现象去认识事物的本质。认识事物的本质是对事物认识的深化，只有认识了事物的本质，才能把不同事物区别开来，获得对事物的正确的认识。

认识事物本质是对事物认识的深化，人们对事物本质的认识也是个不断深化的过程。认识本质要从研究大量的现象着手，由于现象是多种多样的，有正常现象和反常现象，必然现象和偶然现象，真相和假象等，只有经过一定时间的观察并对大量现象材料进行分析和研究，加以去粗取精、去伪存真、由此及彼、由表及里的思索，才有可能正确地把握住事物的本质。

（二）现象和本质的辩证关系

天气的冷热、刮风下雨，这是气象；

万山红遍、层林尽染，蓝天白云，溪流淙淙，这是自然界的景象；

待人接物、举止仪表，这是人的表象；

……

气象、景象、表象等，就是客观世界呈现在我们面前的现象，这些现象后面都隐藏着事物的本质。气象表现了天气变化的本质和规律，自然界的景象是大自然本质规律的表现，人的表象反映了人的内在本质。

现象和本质是事物普遍具有的两个方面。大千世界，各种现象丰富多彩。世界上任何事物都有自己的现象和本质，是现象和本质的统一体。事物的现象和本质是对立统一的辩证关系。

1．事物的现象和本质是对立的

事物的本质是相对稳定的，事物的现象是易于变化的。客观事物在其过程结束之前本质是相对不变的，但它表现出来的现象则随着过程的展开不断地改变着具体形态。

从人的认识方面来看，事物的现象可以为人的感官直接感知；隐藏在事物内部的本质，由于它的间接性和抽象性，只有借助于理性思维才能把握。例如，我们每天可以看到太阳冉冉升起，也可以看到太阳落山晚霞满天的美丽景色，但背后导致这些现象产生的真正原因是引力的作用，需要通过系统抽象的思维才可以获得。又如，金玉其外，败絮其中，说的是外面像金像玉，里面却是破棉絮，虚有华美的外表，实质却一团糟。金玉比喻外表漂亮，败絮比喻烂棉花，内里破败。此成语用来表达贬义，现在常用来形容某些华而不实，外表光鲜美丽而无修养内涵的人。

在我们的身边，在现实生活中，类似的事例天天都在发生：有只注重装珠宝漂亮的盒子而舍弃珍贵珠宝的人，像买椟还珠的人；有舍小家为大家，面对灾难心系群众的好干部；有面对黑恶势力一身正气、铁面无私的女英雄；有面对危难，奋不顾身、见义勇为的当代革命军人；有心里只装着他人，在平凡的工作中彰显不平凡的当代活雷锋……生活中处处有真善美，也有假恶丑。

我们应该怎样面对呢？

现象和本质是对立的。现象是事物的表面特征和外部联系，是易逝多变、个别具体的，是能被我们的感官或借助仪器观察到的。本质是事物的根本性质和内部联系，是同类现象中一般的、共同的东西，只有靠抽象思维才能把握。

2. 事物的现象和本质是统一的

任何事物都有其现象，也有其本质。现象是本质的现象，本质是现象的本质。任何现象都从一定方面表现本质，任何本质都是通过现象表现出来的。现象尽管多种多样、纷繁复杂，但都是由本质决定的，都是本质的外在表现。它们既对立又统一。

春夏秋冬，气温变化；火炉烧水，水温升高；钻木取火，摩擦生热；等等，对这些现象知道得再多，也不等于知道了热的本质，更不能说把握了热力学定律。

市场上的商品千差万别，我们可以把商品现象描述得非常丰富生动，但不等于就知道了商品的本质，更不能说把握了价值规律。

事物的现象可以为我们的感觉器官感觉到，但是，如果把感知到的现象说成是本质，就会误导人的认识，甚至会闹出许多笑话。

案例 在瓦特的故乡——格林诺克的小镇子上，家家户户都是生火烧水做饭。对这种司空见惯的事，有谁留过心呢？瓦特就留了心。他在厨房里看祖母做饭，灶上烧着一壶水，开水在沸腾时，壶盖啪啪地作响，不停地往上跳动。瓦特观察了好半天，感到很奇怪，猜不透这是什么缘故。连续几天，每当做饭时，他就蹲在火炉旁边细心地观察。开始壶盖很安稳，隔了一会儿，水烧开了，发出哧哧的响声，壶里的水蒸气冒出来，推动壶盖跳动。水蒸气不住地往上冒，壶盖也不停地跳动着，好像里边藏着个魔术师，在变戏法似的。瓦特高兴极了，几乎叫出声来。他把壶盖揭开又盖上，盖上又揭开，反复实验，终于弄清楚原来是水蒸气在推动壶盖跳动。水蒸气推动壶盖跳动的物理现象，不正是瓦特发明蒸汽机的认识源泉吗？蒸汽机的应用具有划时代的意义，对人类社会的各个方面都产生了极其深远的影响。正如马克思所说，蒸汽机的发明与应用，在短时间内改变了整个世界的面貌。

思考? 通过瓦特发明蒸汽机的过程，怎样理解现象与本质的统一关系？

现象和本质互为事物的表里，它们是互相依存的。本质决定现象，是现象的根据，总要表现为一定的现象；现象是由本质规定的，总是从不同的侧面这样或那样地体现着事物的本质，它的存在和变化归根结底是从属于本质的。任何现象都是本质的现象，任何本质都是现象的本质。世界上既没有离开现象而单独存在的本质，也没有脱离本质的纯粹的现象。

我们说班里某个同学品质不错，往往是通过他的言谈举止和表现得出结论的。同样，一个同学的思想品质，肯定会通过他的政治观点、参加集体活动、待人接物、与人交往等方面表现出来。

一个人的每一言行都从不同方面不同程度上表现了他的思想品质，一种疾病的各种现象都从不同方面不同程度上表现了该疾病的本质，一种生物体在生长过程中表现出来的各种现象都从不同阶段和方面表现了该生物体生长过程的本质。

一个人的性格特征、道德品质，总是要通过他的语言、行动表现出来的。本质深刻单纯，而现象丰富多样。

案例 一个犹太家庭，父亲存钱存了很久，终于买了一辆向往已久的新车。新车开到家后，他珍爱有加，每天都要洗车打蜡。他5岁的儿子见父亲这么爱车，也常常乐此不疲地帮父亲一起洗车。有一天，这位父亲开车回到家后，累得一动也不想动。于是他决定破一次例，改天再洗车，尽管此时的爱车因淋了雨而显得脏乱不堪。这时，5岁的儿子见父亲这么累，就自告奋勇地要帮父亲洗车。父亲见他这么小的年纪就知道体谅自己，心里甚感欣慰，便放手让儿子去洗。儿子要动手洗车了，却找不到洗车用的毛巾。于是他走进厨房，想到母亲平常炒完菜洗锅时，都是用钢刷使劲刷才刷干净的，所以既然没有洗车毛巾，就用钢刷吧！他拿起钢刷用力地洗起车来，一遍又一遍，像刷锅一样刷车。他洗完之后，“哇”的一声大哭起来，车子怎么都花了？这下可闯大祸了……他急忙跑去找父亲，边哭边说：“爸爸，对不起，爸爸，你来看！”父亲疑惑地跟着儿子走到车旁，他也“哇”的一声惊叫：“我的车，我的车！”这位父亲怒气冲冲地走进房间，气急败坏地跪在地上祷告：“上帝呀，请你告诉我，我该怎么做？那是我新买的车，一个月不到，就变成这样，我该怎么处罚我的孩子？”他才祷告完，耳边似乎出现了一个声音：“世人都是看表面，而我却是看内心！”突然间，他彻悟了。他走出房门，儿子正害怕地流着泪，动也不敢动。父亲走上前去，把孩子紧紧地拥在怀里，亲切地说：“谢谢你帮爸爸洗车，爸爸对你的爱，远远胜过对那部车子。”

思考 爸爸为什么最后决定原谅儿子呢？

凡事要透过现象去看本质，当家人或朋友无意间做错了某件事时，我们要理智对待，不要只看事情的表面，而忽略他们内心真实的想法。学会用爱心去包容爱心，定会让你发现自己的周围时时洋溢着温暖的阳光。

总之，现象和本质既相互区别、相互对立，又相互联系、相互依存，是对立统一的辩证关系。现象比本质丰富、生动，本质比现象普遍、深刻；本质只能通过现象表现出来，现象只能是本质的表现，现象与本质统一在同类事物中。

3. 现象表现本质具有多样性和复杂性

现象包括真象和假象。真象是从正面直接表现本质的现象，假象是从反面歪曲地表现本质的现象。它们都是对事物本质的表现，都是客观的。不能把真象当作正确的来认识，也不能把假象当作错误的来认识。

案例 项庄舞剑，意在沛公。这个成语故事讲的是秦朝被推翻后，项羽在鸿门（今陕西临潼附近）设宴招待汉高祖。在宴会上，项羽的谋士——亚父范增几次示意项羽击杀汉高祖，但项羽因不忍而不予理会。于是，范增便让项庄以舞剑助兴为名，借机刺杀汉高祖。汉高祖的谋臣张良看到形势紧迫，就出去召唤樊哙说：“现在项庄拔剑舞，其意常常在沛公。”于是樊哙带剑拥盾进入宴会厅，指斥项羽不守信义，项羽被樊哙的气势所折服，汉高祖借机脱离险境。

思考 项庄舞剑的故事告诉人们一个什么样的道理？

项庄舞剑，意在沛公，比喻说话和行动的意图别有所指。正如我们所熟知的“声东击西”，“声东”是假象，“击西”是真象，其本质是迷惑敌人，保存自己。“欲擒故纵”“围魏救赵”“项庄舞剑”“明修栈道，暗度陈仓”等，亦同属此理。再如“不识庐山真面目，只缘身在此山中”，是说身在庐山之中，视野为庐山的峰峦所局限，看到的只是庐山的一峰一岭一丘一壑，局部而已，这必然会带有片面性。这启迪人们认识为人处世的一个哲理——由于人们所处的地位不同，看问题的出发点不同，对客观事物的认识难免有一定的片面性；要认识事物的真相与全貌，必须超越狭小的范围，摆脱主观成见。

大千世界，现象与本质的关系是非常复杂的，有相同的现象隐藏着不同的本质，有不同的现象却是同一本质的表现。现象还有真象与假象之分。本质是事物最根本的特性和关系的总和，在不同的客观条件下，事物本质的表现形式是不同的。一般说来，事物的本质多以肯定形式即一般现象表现出来。但由于事物的内在矛盾及其所处条件的复杂性，本质有时也以否定的、歪曲的形式即假象表现出来。假象客观地存在于自然界和人类社会中，假象的客观性根源于事物的本质自身以及复杂的外部条件，它同一般现象一样，也是以事物的本质为根据，由本质所产生、决定的，是本质自身的规定和环节，而不是游离于本质之外主观附加的东西。

真象是从正面表现本质的现象。假象也是本质的一种表现，但却是本质在一定条件下的一种反面的、歪曲的表现。例如，苹果落地的现象，是真象。月亮在晚上发光的现象，是假象，月亮本身不发光，但皓月当空时，人们感到它是个能发光的天体。一些犯罪分子往往施展各种伎俩，制造种种假象来掩盖犯罪事实，也就是以虚假的现象来表现其犯罪的本质。

假象与本质的对立是现象与本质对立统一关系的特殊形式。假象和一般现象一样，是认识事物本质所必不可少的。

（三）现象和本质关系原理的指导意义

“人间四月芳菲尽，山寺桃花始盛开”，当读到这句诗时，沈括的眉头拧成了一个结，为什么我们这里花都开败了，山上的桃花才开始盛开呢？为了解开这个谜团，沈括约了几个小伙伴上山实地考察。四月的山上，乍暖还寒，凉风袭来，冻得人瑟瑟发抖，沈括茅塞顿开，原来山上的温度比山下要低很多，因此花季才比山下来得晚呀。凭借着这种求索精神和实证方法，长大以后的沈括写出了《梦溪笔谈》。

案例 一个老天使和一个小天使到人间旅游，寄宿时遇上了两个不同的主人，一家很富有，但对人冷漠刻薄，放着宽敞舒适的卧室不让客人住，而是打发他俩住冰冷的地下室；一家很贫穷，但富有同情心，不但把自己的住室让出来，还把仅有的一点粮食拿出来款待客人。

归程时，小天使责问老天使：“为什么住地下室的时候你宁愿帮富人填补破墙洞，却不愿意拯救穷人家一头快要病死的奶牛？这是他家唯一的生活来源啊！凭你的能力，完全可以做到这一点。”

“孩子，有些事并不像你看上去的那样。”老天使语重心长地对小天使说，“在地下室过夜时，我从墙洞看到里面有个秘密的夹层，堆满了金块，因为那家主人利欲熏心，不愿赈济穷人，所以我把墙洞填上了，不让他发现这些财富。而昨天晚上，死亡之神来召唤农夫善良的妻子，是我用奶牛代替了她啊!”

小天使这才恍然大悟，转怒为喜。你看，即使是天使，也会被亲眼所见的表面现象所蒙蔽。

思考 阅读上述寓言，结合自己的经历，说明“有些事并不像你看上去的那样”体现的哲学道理。

现象和本质关系的原理，给我们提供了认识事物的科学方法，对于科学研究和实际工作具有重要的指导意义。只有通过对大量现象进行研究，我们对事物的本质才有科学的认识。现象与本质的对立，说明了科学研究的必要性，它告诉我们，对事物的认识不能停留在表面现象上，而是要通过事物的表面现象达到对事物本质的认识。现象与本质的统一的可能性，表明我们可以通过分析事物的现象达到对事物本质的认识。

在复杂的现实生活中，透过现象认识本质，提高人生发展的能力，需要深入实际，反复实践，全面把握事物的各种现象。现象是入门的先导，认识事物只能从认识它的现象开始，这就要求我们必须深入实际，认真进行调查研究。

1. 现象和本质的对立，说明了科学研究的必要性

科学研究的任务就是通过现象去认识本质。人们只有通过对大量现象的研究，才能发现事物的本质，达到科学的认识。如果二者只有对立而无统一，那么一切科学研究、科学认识都是徒劳无益、白费力气。这就告诉我们对事物的认识不能停留在表面现象上，认识了事物的现象不等于认识了事物的本质。

例如，太阳每天从东方升起，又从西方落下，这一现象似乎告诉人们太阳在绕着地球转。地球的公转方向是自西向东的，也就是说太阳相对于地球来说是静止的，但对于地球上的人们来说太阳是运动的，地球是静止的，所以我们看太阳的运动方向应该与地球的运动方向相反，应该是自东向西，就像坐车一样，窗外的参照物相对于地面静止，但车往前，参照物就往后。

2. 现象和本质的统一，说明了科学研究的可能性

现象和本质的统一，表明我们可以通过分析事物的现象达到对事物本质的认识。

案例 公元2世纪天文学家托勒密主张地心说，认为地球处于宇宙的

中心，静止不动，太阳、月亮以及其他天体，按照层次环绕地球做匀速圆周运动。现在看来，这种观点明显错在把现象当成本质。但这种错误的宇宙观在欧洲统治了 1000 多年，直到后来波兰天文学家哥白尼经过长期观测、研究，写出了《天体运行论》，才第一次透过现象，正确地揭示了太阳系行星运动的本质和规律。

思考 究竟什么时候太阳离我们近一些？是不是仅凭我们眼睛的观察就能得出结论呢？

要掌握透过现象把握本质的方法，就必须要掌握丰富的、合乎实际的现象，并对这些现象进行科学的分析和研究，才能得出正确的结论。

案例 有一天，法国生物学家居维叶在午夜时被吵醒，他看见一只怪兽正把有角的头及两只蹄子伸进窗口，嘴里发出阵阵怪叫，好像要一口吞下居维叶似的，居维叶看了一下怪兽，却满不在乎地继续睡觉。

这只怪兽原来是顽皮学生装扮的，想吓唬一下老师。当时居维叶并不知道这是学生的恶作剧，可他为什么丝毫不害怕呢？学生带着好奇心去请教老师。居维叶笑着回答了他们，学生们听了口服心服。

居维叶说："有角有蹄子的动物，都是只吃植物而不吃肉类的，所以我没有什么可怕的。"一般人见到怪兽都会害怕，而居维叶对动物有丰富的研究，他知道有角有蹄子的动物是不吃人的，所以照常安心睡觉。

思考 结合上述事例，说明透过现象认识本质，必须掌握丰富的知识，进行科学的分析。

在复杂的现实生活中，透过现象认识本质，提高人生发展的能力，需要充分发挥主观能动性，运用科学的思维方法，对大量的现象以及它们之间的相互关系进行科学的分析和研究，做到"去粗取精、去伪存真、由此及彼、由表及里"。

3. 在实践中要注意把现象作为入门的向导，通过现象去认识事物的本质

从现象进入本质是认识的深化，却不是认识的终止。由现象进入本质，在一定程度上认识了事物的规律性以后，还必须在这种认识的基础上，继续研究尚未研究过或尚未深入研究过的现象，以此补充、丰富和加深对于事物本质的认识。这是一个由现象到本质又由本质到现象的循环往复的认识过程。

4. 注意防止经验主义和理性主义（教条主义）的出现

哲学史上的经验主义和理性主义是自觉的思想体系，以割裂现象与本质为其立论的依据。经验主义否定感性认识到理性认识的转化，也就是否定现象到本质的转化；理性主义否定理性认识到感性认识的转化，也就是否定本质到现象的转化。实际生活中的经验主义和教条主义并无自觉的思想体系，它们只是表现为实际认识过程中的片面性，但其认识基础同样是割裂现象与本质的辩证统一。

二、识别假象，把握本质，明辨是非

（一）学会识别假象，不为假象所迷惑

案例 海市蜃楼是大气中的一种光学现象，是地球上的物体反射的光经大气折射而形成的虚像。在大海之滨瞭望，或在海面航行，有时在平静无风的条件下，会突然看到空中映现出船只、岛屿、楼台、城郭等奇异现象，当大风一起，这种景象就立刻消逝。这种现象不仅发生在海面，还可能发生在沙漠、戈壁等处的大气层中。

正如今天，网络丰富了我们的生活，方便了我们的工作，但是，网络上的信息真真假假、虚虚实实。虚假广告、虚假产品、虚假新闻……误导了网民，损害了网络媒体的公信力，败坏了社会风气，破坏了社会主义精神文明建设。

思考 举出一些生活中的假象，并说明识别假象对人们工作和生活的重要性。

自然界的有些现象真假难辨，月亮本身不发光，但常常能看到皓月当空。许多动物的保护色也是一种假象，如天蚕蛾翅膀上有巨大的眼睛图案，能够吓退天敌。至于社会现象就更加复杂了，我们平常所说的“大智若愚”“大奸若忠”说的就是这种情况。《红楼梦》里“假作真时真亦假，无为有时有还无”，就是对世事无常、真伪难辨的感慨。

医生给病人看病，必须识别病情表现出来的一些假象才能对症下药；公安人员侦破案件，必须识别案件现场表现出来的一些假象才能找到真正的犯罪嫌疑人；消费者购买商品，必须识别假冒伪劣商品才能购买到称心如意的

商品；应聘工作与用人单位签订劳动合同，必须识别合同中一些不合理甚至带有诈骗性质的条款才能维护自身的合法权益。总之，在生活中，无论面对什么事情，不管处理任何问题，都要学会识别假象，学会透过表面现象把握事物的本质。

（二）学会把握本质，不为假象所欺骗

相同的现象表现着不同的本质。如，三国时期的名医华佗给李延、倪寻两人治病，他们的症状基本相同，都是头痛发烧，可是华佗给李延开的药方是发散剂，给倪寻开的药方却是通导剂。从表面上看，好像有些奇怪，其实，这正是华佗的高明之处，因为他没有停留在患者具有相同的症状这一现象上，而是进行了更多的观察和询问，分析出李延的病是由外部感冒引起的，倪寻的病是由内部积食引起的，引起病症的本质不同，药方也就不同。

同一本质可以表现为不同的现象。如苹果落地、水往低处流等隐藏着一个共同的本质——万有引力。再如，锯条锯木，其温度在升高，火炉烧水，水温在升高……这些热现象中存在着一个共同的本质，即大量粒子的无规则运动。

案例 在印度的塔尔沙漠，矗立着一座高大的古堡。近百年来，这座古堡不断发生商人和马队遭难的事件。凶手是谁？法医验尸，竟找不到任何伤迹，人们“谈堡色变”。几年后，来了位叫比特利克的老人，他声称能破此案。他买了一个大铁箱，一只猴子，一张渔网。在一位商人遇难的大厅里，他给猴子注射了麻醉药，放进张开的渔网内，自己钻进了大铁箱，手里紧握渔网。午夜，一团黑影从堡顶飞下，扑向猴子，一声惨叫，令人毛骨悚然，比特利克却不慌不忙地收紧了渔网，说：“凶手在此！”网内竟是一种奇怪的红蝙蝠。原来，它长着像钢针一样的嘴，扎入人脑，致人死亡。

思考？ 这一位老人怎么如此神通广大？

原来这个比特利克是剑桥大学生物学教授汤恩·维尔特。他观察研究红蝙蝠已有 20 多年的历史，难怪他胸有成竹，一举揭开了古堡百年未解之谜。

现象表现本质具有多样性与复杂性。事物是复杂多样并且不断变化的，往往是真象和假象混杂，本质的东西和非本质的东西同在。

在不同的客观条件下，事物本质的表现形式是不同的。有的是相同的现象隐藏着不同的本质，有的是不同的现象却是同一本质的表现。

总之，现象包含着本质，本质通过现象表现出来。现象表现本质的形式是多种多样的，既有直接表现本质的，也有间接表现本质的，还有十分隐蔽地表现本质的；既有从正面表现本质的，也有从反面表现本质的。人们只有在掌握了大量现象包括事物假象的基础上，才能从正反两方面完整地、深刻地把握事物的本质。透过现象认识本质，不为假象所迷惑，这是认识一切事物的科学方法。这就要求我们必须掌握丰富的知识，开动思想机器，对掌握的大量的丰富的现象进行科学分析，进而揭示事物的本质和规律。

（三）学会明辨是非，不为假象而迷失

在我们的生活中，天天都发生着许许多多的事情：

有的人主动护送迷路的老人，有的人仗势欺人，欺负弱小。

有的人自觉捡起地上的垃圾扔进垃圾箱内，有的人随意践踏草坪，污损洁净的墙壁。

有的人为寻找丢失物品的失主在路边苦等，有的人顺手牵羊拿走本不属于自己的东西。

有的人为了国家的安宁，昼夜坚守在自己的岗位上，有的人为了自己的痛快，搅得四邻不安。

有的人为了百姓的生计废寝忘食，任劳任怨，有的人为了升官发财投机钻营，费尽心机。

有的人奉公守法，主动缴纳税款，有的人虽有千万家财，却偷税漏税。

……

社会生活中的尊老爱幼、拾金不昧、乐于助人、爱岗敬业、奉献社会等现象，符合人们对真善美的追求，对社会公共生活和个人生活带来积极影响；而社会生活中的以大欺小、以强凌弱、造假售假、坑蒙拐骗、偷税漏税、贪污受贿等假恶丑现象，对社会公共生活和个人生活带来消极影响。

面对社会生活中存在的真善美和假恶丑的现象，明辨是非是做人的基本条件。在复杂的社会中，是非善恶并没有黑白分明的标签，贴在每一个人每一件事上，这就需要我们理性分析，掌握透过现象认识本质的方法，识别假象，把握本质，明辨是非。

三、明辨现象本质，提高人生发展能力

明辨是非，顾名思义是指辨别清楚事物的对和错。一个人生活在社会中，难免会受到社会现象、社会风气的影响，我们会接触形形色色的人，对各种各样的事情做出判断。人们对生活的追求不同，价值标准也不一样。我们在生活中做许多事情都离不开价值判断，都要讲一个好坏是非。因此，分辨善恶是非，是做人的首要的问题；明辨是非，是做人的基本条件。只有我们明辨是非，区分善恶，辨析真假，才能决定自己应该做什么，不应该做什么，才能抵制诱惑，扬善抑恶，做一个正直善良、遵纪守法的人。

案例 寒假期间，小龙拿着春节所得的压岁钱，到自家附近的电子游戏室玩，只玩了几天就把钱花光了，可是他已经玩上了瘾。

这时，一个经常来玩的叫大朱的人对他说："怎么？没钱了？不要紧，我们来赌一赌赛车，你赢了就给你50元。"小龙想了想，自己没有钱了，可又很想玩，也不敢向父母要，就咬牙答应了。

第一场就赢了50元，小龙高兴极了，没想到后来是"兵败如山倒"，原来，最初的50元是个陷阱。小龙欠了大朱近千元，没钱还，大朱就教小龙去偷自行车卖了还债。小龙无奈，只好照办。一次，当小龙偷自行车时，被警察抓住，送进了派出所。

思考 小龙为什么会落得这样的结局？

小龙从玩电子游戏开始，最后进了派出所，除了受他人引诱等原因外，一个关键的原因就是他没有明辨是非的能力。

大千世界，芸芸众生，形形色色的假象和不良诱惑随时伴着我们，总是在人们不经意中悄然而至。它们时常像雨后的彩虹，以炫目的颜色招引我们，然而它们更似毒蛇，吞噬着人们的心灵。有时它们以善良的面孔出现在我们的面前，犹如童话中的狼外婆，于平静中设下一个个黑色的陷阱，以花言巧语等种种手段使我们进入圈套。我们要提高防范能力，抵制不良诱惑，识别假象，提高透过现象认识本质的自觉性。

明辨是非、认识事物的本质对个人发展有重要作用：可以对自己行为产生的后果和影响做出正确的判断和评价，帮助自己树立正确的人生观、价值观和荣辱观，指导自己健康成长。

在现实生活中，有些人仅仅把认识停留在事物的表面而不能深入其本质。比如，有两句古语提醒我们，在交友时要正确评价一个人，透过现象认识本质，慎重交友。一是“日久见人心”，不能仅凭一面之交或一件事就给一个人下定论。二是“知人知面不知心”，不要轻信一些人的表面言行，不要被花言巧语所蒙蔽，否则就会上当受骗。有的人表面上很讲“义气”，够“哥们”，但不能与这种人成为真正的朋友，有的同学就是因为在网上轻信网友的花言巧语而上当受骗。这些我们都应引以为鉴。

在现实生活中，面对同样的问题，有的人只能看到一些现象却不会把握其实质。人的认识能力的高低，直接影响到人们能否科学地认识事物、正确地解决问题，那么，我们如何才能努力做到透过现象把握本质呢?

（一）深入实际，反复实践，全面把握事物的各种现象

案例 第一次世界大战期间，法国和德国打仗时，法军一个旅的司令部在前线构筑了地下指挥部，人员深居简出，十分隐蔽。不幸的是，他们只注意了人员的隐蔽，而忽略了长官养的一只小猫。当时，德军一个参谋人员在观察战场中发现：每天早上八九点钟，都有一只小猫趴在法军阵地后方的一座坟包上晒太阳。于是，德军做出了如下判断：（1）这只猫不是野猫，野猫白天不出来，更不可能在炮火隆隆的阵地上出没；（2）猫的栖身处就在坟包附近，很可能是一个地下掩蔽部，因为周围没有人家；（3）根据仔细观察，这只猫是相当名贵的波斯品种，在打仗时还有条件玩这种猫的绝不会是普通的下级军官，因此那个掩蔽部是高级指挥所。于是，德军集中6个炮兵营的火力对那里实施轰炸。事后查明，他们判断的完全正确，法军指挥所人员全部阵亡。

思考 德军为什么能做出正确的判断?

现象是入门的先导，认识事物只能从认识它的现象开始。要做到透过现象认识本质，就必须全面地占有丰富的、大量的感性材料，综合事物的各种现象，不能道听途说，不能仅仅看到一些局部的、个别的现象，就轻率地对事物的本质下结论，更不能被事物的假象所蒙蔽。

（二）深入思考，反复论证，准确把握事物的唯一本质

案例 孔子在周游列国时，有一次往东方的一个地方去，半路上看见

有两个10岁左右的小孩在路边为一个问题争论不休，于是他就让马车停下来，走到跟前去问他们："小朋友，你们在争辩什么呢?"其中一个小孩先说道："我认为太阳刚出来的时候离我们近一些，中午时离我们远些。"另一个小孩的看法正好相反，他说："我认为太阳刚升起来时远些，中午时才近些。"先说的那个小孩反驳说："太阳刚出来时大得像车盖，到了中午，就只有盘子那么大了。这不是远的东西看起来小，而近的东西看起来大的道理吗?"另一个小孩自然也有很好的理由，他说："太阳刚升起来时凉飕飕的，到了中午，却像是火球一样使人热烘烘的。这不正是远的物体使人感到凉，而近的物体使人觉得热的道理吗?"两个小孩不约而同地请博学多识的孔子来做"裁判"，判定谁是谁非。这个看似简单的问题却把能言善辩的孔老先生也难住了，因为当时自然科学还不发达，很难说明俩小孩所执理由的片面性，也就不能判断他们的说法谁是谁非了。

思考? 两小儿辩日的故事说明了什么?

两小儿辩日的故事说明：

(1) 两个小孩可以从日常的现象中仔细观察，并得出自己的结论，这本身就具有一种钻研的精神。

(2) 他们能够坚持自己的观点而不轻易动摇，是一种坚持己见的行为，值得肯定。

(3) 从孔子身上可以看出，虽然当时的孔子已经是声名赫赫，可是依旧敢于承认自己对于这个问题的无知，这是谦虚的表现，也是大家风范。

(4) 就问题本身而言，从不同的方面可以得到不同的结论，说明事物具有二重性，而要得到真理的话，就必须认清其中的规律，这也是人类认识世界的必经过程。

(三) 情境练习，明辨是非，控制个人发展的基本方向

1. 认识明辨是非对个人发展的重要性

案例 生活中的情境：

(1) 上课时，好友小丁邀你去网吧玩游戏。

(2) 朋友请你吃"糖"(实际是软性毒品)，并帮他贩卖。

(3) 有人向你出售黄色书刊。

（4）为了上网，朋友要你帮忙向低年级同学勒索。

（5）星期六，朋友邀你搓麻将赌博。

（6）有人向你散发传销材料，并邀你加入。

（7）一位学生的母亲声泪俱下地对记者说："网吧是个泥潭，网聊、网恋就像两条毒蛇一样，缠住了我们的孩子。"

（8）一名经常上网的学生王某说："自己也知道上网不好，花钱费力，可上网有瘾，自己管不住自己，老是惦记着。"

思考? 你认为应该怎样正确处理同学间的关系？与朋友交往的标准是什么？树立正确的是非观对个人成长有什么好处？

明辨是非，对大学生来说，最重要的就是遵守公民基本道德规范，自觉养成遵纪守法的好习惯。要做到明辨是非，提高认识事物的能力，需要特别注意以下几点：

（1）做人必须有一把良知的标尺：正确的是非观。

（2）不轻易听信别人的评论，要用自己的头脑冷静客观地分析。

（3）事情有很多方面，一开始可能只看到其中某一个方面，而没有看完整，要给自己多一点观察和思考的时间，不要急于下定论。

（4）战胜自己，抵制诱惑。坚持正确的行为就要战胜自己的软弱，不向诱惑屈服。如果是对自己成长有害的事情，无论怎样新奇有趣、有利可图，都不能去做。

2. 认识个人发展依赖于明辨是非的能力

我们身边的不良诱惑种类繁多，如邪教的诱惑、金钱的诱惑、游戏机的诱惑、黄赌毒的诱惑，等等。

要认清不良诱惑的危害：

（1）损害人的身体，毒害人的心灵，危害人的身心健康。

（2）使人不思进取，放弃美好追求，影响个人进步和发展。

（3）使人无视法律的尊严，损害他人和社会，最终走上违法犯罪的道路。

要掌握战胜不良诱惑的方法技巧：

（1）避开诱因。把引起诱因的实物收藏起来，避开诱因；积极参加集体活动，多与同学交流，主动地避开诱因。

（2）学会拒绝。婉言谢绝来自朋友的某些不好的邀请，提高自制力。

（3）联想后果。遭遇不良诱惑时，想象不能抵制不良诱惑可能带来的恶果，以提醒自己远离不良诱惑。

(4) 培养高雅的兴趣爱好。一个人有了高雅的兴趣爱好，才不会觉得空虚、无聊，才会脱离低级趣味，远离不良诱惑。

(5) 专时专用。将自己可支配的时间进行周密合理的安排，专时专用，使自己的生活有序、充实，从而增强对不良诱惑的抵抗力。

(6) 请人监督。请同学、朋友、老师和家长等监督自己的行为。在他们的不断鼓励、鞭策下，战胜不良诱惑。

(7) 请自己写一句拒绝黄赌毒、网瘾、传销等不良诱惑的警示语。如：怯懦的人被不良诱惑征服，弱智的人沦为不良诱惑的奴隶；勇敢的人敢于战胜不良诱惑，聪明的人总能想出各种办法抑制不良诱惑；等等。

拒绝不良诱惑，需要结合自己的实际，用科学的态度、坚强的意志、清醒的头脑和正确的方法摆脱它们的干扰，避免其对自己的伤害。

3. 认识明辨是非是不断实践与思考的结果

案例 杨某是刚刚毕业的中职生，由于嫌学校推荐的工作挣钱少，迟迟不愿意上班，就在社会上游荡。一天，他与自己的几个朋友在大街上闲逛时，由于手头紧，便产生了抢劫的邪念。他们将一名骑摩托的女子拦下后，对其拳打脚踢，搜身后从女子身上抢得了3.5元人民币，并迅速逃离现场。当晚这些人被派出所抓获。后经法院审理，杨某等犯抢劫罪，被判处有期徒刑四年零六个月，并处罚金1000元。

思考

(1) 杨某只抢劫了3.5元，为何被判刑四年零六个月？在这一司法判决中，其相关的现象是什么？其本质又是什么？

(2) 正确把握事物现象与本质的辩证关系对我们认识和处理问题有什么意义？

(3) 结合上述事例，说说大学生怎样才能明辨是非、抵制诱惑、远离犯罪。

问题解析：

(1) 这一司法判决的现象是：杨某等对女子进行拳打脚踢、威胁恫吓、勒索搜身。其本质是：我国《刑法》规定，以暴力、胁迫或者其他方法抢劫公私财物的，构成抢劫罪，依据《刑法》第263条的规定，对抢劫罪，可处3年以上10年以下有期徒刑，并处罚金。

（2）了解现象与本质的辩证关系原理，对于人们科学对待实际工作具有重要的指导意义。

（3）区分真象与假象，透过现象认识本质。

擦亮明辨是非的“慧眼”，把握事物的本质，必须掌握科学的思维方法。

案例 中世纪的欧洲曾发生过一场可怕的灾难，在不长时间里死亡人数达2500万，许多人无缘无故就发热、寒战、剧烈头痛以致精神错乱。

在死亡威胁面前，人人感到恐惧，认为这是上帝对人类的惩罚。有的人听天由命，还有的人把自己关在屋子里与外界隔绝。但这些都无济于事，死神不断地夺走许多人的生命。

经过科学工作者反复调查分析、综合判断和思考，终于发现这场灾难是由一种细菌引起的。这种细菌先传染给老鼠，引起老鼠患病，然后通过老鼠传染给人，人与人之间又相互传染蔓延。

科学探索最终使人们看清了灾难的本质，即这场灾难是由鼠疫杆菌的传染造成的。

思考 这个事件说明了什么？

运用科学的思维方法，特别是创造性思维，对把握事物的本质和规律起着重要作用。这一点，将在下一讲的内容中详细讲解。

本章小结

在这一讲，我们学习了现象和本质的辩证统一关系，掌握了透过现象看本质的方法，明确了现象表现本质具有多样性和复杂性，以及人的认识能力的高低突出表现在能否透过现象看到本质。另外，我们还学会了把现象作为认识入门的向导，从而识别假象，明辨是非，在揭示事物本质的过程中不断提高认识事物的能力。

经典名言

1. 我们看事情必须要看它的实质，而把它的现象只看作入门的向导，一进了门就要抓住它的实质，这才是可靠的科学的分析方法。——毛泽东

2. 把简单的事情考虑得很复杂，可以发现新领域；把复杂的现象看得很简单，可以发现新定律。——牛顿

3. 假象的东西是本质的一个规定，本质的一个方面，本质的一个环节。本质具有某种假象。假象是本质自身在自身中的表现。

假象=本质的否定的本性。——列宁

4. 河水的流动就是泡沫在上面，深流在下面，现象就好比是浮在河流表面的泡沫，本质就好比是埋藏在河流下面的深流。——列宁

思考题

1. 根据现象与本质的辩证关系，请阐述认识是一个透过现象抓住本质的过程。

2. 杨朱的弟弟杨布，穿着白衣服出门。天上突然下雨，他便脱下衣服，穿上黑衣回来。他养的狗并不知道，迎着他向他狂叫。杨布发火要去打它，杨朱说："你不要打他，你不也是如此，假使你的狗黑着出去，白着回来，你能不奇怪吗?"

(1) 请根据《杨布打狗》这则寓言故事，分析在日常生活中如何做到透过现象认识本质?

(2) 作为一名学生如何做到明辨是非?

3. 霍金和加州理工学院的理论物理学家莱昂纳德·蒙罗蒂诺合写的一篇文章中开头描述了这样的一个场景："一群金鱼被养在圆形玻璃鱼缸里，它们看到的世界和我们所处的世界，哪个更真实?在金鱼的世界里，由于光在进入水中时发生了折射，在我们看来一个不受外力影响的做直线运动的物体，在金鱼的眼中就是沿着曲线运动的。而如果金鱼足够聪明，那么金鱼也可以在它们的世界里总结出一套物理学规律。虽然，这样的规律对于金鱼缸外的我们来说，根本就是胡说。但是，我们怎么知道，我们不在一个更大的我们没有观察到的圆形金鱼缸里呢?"上述言论，对你有哪些启发?

第四讲　科学思维与创新能力

为什么大家同学多年，同样的老师、同样的学习工具、同样的教室、同样的勤奋努力，学习效果却大不相同？一个重要原因是思维的方法不同。人人都在想问题，结果却大不一样：有的人半天理不出头绪，而有的人却能快刀斩乱麻直奔问题的关键；有的人仅对熟悉的事情得心应手，而有的人对新问题也能应对自如……造成这种差异，主要原因在于是否有科学思维方法的指导。

人人都有思维，人们通过思维能够揭示事物的本质和规律，但是，要正确认识事物的本质和规律，提高人生发展能力，必须培养科学的思维方法，运用科学思维提高创新能力。

一、掌握科学思维方法，提高人生发展能力

（一）人生发展不能缺少科学思维方法

案例　小张和小赵同一年毕业，同时被招聘到同一家公司，在同一个办公室做秘书。虽然有这么多相同之处，但两个人的工作方式和工作结果却截然不同。

年终岁尾，公司要举办两个辞旧迎新晚会，一个是公司内部员工参加的，另一个是邀请一些老客户、大客户参加的。两个晚会相隔一天，公司领导让小张负责邀请客户参加的晚会筹划工作，让小赵负责公司内部员工参加的晚会筹划工作。两个人接到工作任务，立即着手开展准备工作。

小张经过周密思考，广泛征询同事和领导的意见后，有条不紊地采取了下列步骤：拟定邀请客户名单—确定以“真情相聚、合作共赢”为主题的活动方案—与财务部、行政部等部门领导进行沟通分工—精心撰写领导致辞、主持稿和条幅等文字材料—布置会场、组织节目彩排。其间，小张及时把活动进展及策划情况向有关领导汇报，并根据领导要求

进行调整，积极协调各部门。由于精心组织，整个晚会开得很成功，得到了公司领导和客户的一致好评。

再看看小赵的工作思路：小赵认为，公司内部晚会，要设置一些互动小游戏等表演节目活跃气氛。他几乎把所有精力用在了如何设计节目、如何发动员工表演节目上，没有从整个晚会的全局考虑。等到节目单弄好后，他才开始筹备购买晚会所需物品和奖品，直到晚会临近，他才想起，还没有给领导撰写新年致辞和主持词，又加班加点才把文字材料弄好。晚会没有时间进行彩排，就匆匆忙忙地开始了，结果晚会上的很多环节衔接得不够紧密，出现了空场、冷场现象，互动游戏也没有达到预期效果，整场晚会漏洞百出。

同样的工作任务，产生了不同的效果，很重要的原因就是不同的思维方法决定了当事人采取了不同的工作方式。

思考? 结合上述事例，说明思维方法与人的认识能力的关系。

人是会思维的动物，人人都有思维，但是，不同的人在处理不同的问题时，采取的思维方法是不同的，得到的结果也不相同。

人们通过思维能够揭示事物的本质和规律，但是，只有进行科学思维，掌握科学的思维方法，才能引导我们正确地认识事物的本质和规律，从而达到改造世界的目的。

思维是对客观事物的反映，思维有广义和狭义之分。

广义的思维与物质相对，与意识同义；狭义的思维与感性认识相对，与理性认识同义。这里所说的思维是狭义的，专指认识过程中的高级阶段，是关于事物的本质和规律的认识。

思维方法是人们把握客观的一种认识系统，是客观事物和规律经过主观制作和建构形成的思维规则、程序、步骤和手段等。哲学上的思维方法特指以揭示事物的本质和规律为目的的理性认识的方法，它是思维方法群中最高层次的方法，其下是一般科学思维方法，再往下是具体科学思维方法。

这里所说的科学思维，泛指符合认识规律、遵循逻辑规则、能够达到正确认识结果的思维。

人，论力气比不上野牛大象，论奔跑比不上羚羊斑马，论攀登比不上敏捷的猿猴……然而，通过有思维参与其中的人类社会实践，看似生灵中弱者的人却成了万物之灵！

只要我们在“想”、在“考虑”，就能切身地体悟到什么是思维，在自觉或不自觉的“说”与“做”中，常常体现出各自不同的思维风格。

人一定要学会科学地思维，掌握科学的思维方法。

（二）科学思维方法的特点及作用

案例 东汉时期的蔡伦发现，人们用于书写的材料都有缺陷：竹简、木简太笨重；丝帛太贵；丝绵纸用蚕茧做原料，难以大量生产；麻纸质地粗劣，不利于书写。在总结前人经验的基础上，他用树皮、麻头、破布和破渔网等做原料，经过精心制作，终于造出质量较高又适合书写的纸张。蔡伦成了造纸技术的革新和推广者。

案例 有位工人不小心弄错了配方，生产出了一批不能书写的废纸。正在他灰心丧气、愁眉不展的时候，一位朋友劝慰他：“任何事情都有两面性，你不妨变换一种思路看看，相对于书写纸来说，这些是废纸，但能不能把这些废纸变成另外一种有用的纸呢?”他受此启发，换了一种思维方式后发现，这批纸虽然不能用来书写，但其吸水性能相当好，可以吸干家庭器具上的水分。他把纸切成小块，取名“吸水纸巾”，拿到市场去卖，竟然十分畅销。后来，他申请了专利，独家生产吸水纸巾，效益很好。

思考 结合上述事例，说明科学思维方法在人的认识过程中的重要作用。

蔡伦从不同的角度思考问题，进行了思维创新，解决了造纸的难题；那位发明吸水纸巾的工人，在“无用”中想到了“有用”，运用了辩证思维全面地看问题。上述两则事例，都体现了科学思维方法在创新中的作用。

掌握科学思维方法对人们正确认识世界和改造世界有重要指导作用。它可以帮助我们正确地认识事物，把握事物的本质和规律，更好地认识世界；它可以帮助我们提高面对新情况、解决新问题的能力，正确地解决问题，更好地改造世界。

科学思维方法不是凭空臆造的，而是人类从无数次实践的成功经验与失败教训中总结出来的。人生发展需要不断通过学习和实践提高能力，既要在学习和实践中不断增长知识，也要加强科学思维方法的训练。思维方法只有在学习和实践的过程中才能得到训练。我们要在学习和实践的过程中，有意识地进行科学思维方法的训练。

案例 现代原子物理学的奠基者卢瑟福十分重视思考。一天深夜，他偶尔发现一位学生还在埋头做实验，便好奇地问："上午你在干什么？"学生回答："在做实验。"卢瑟福不禁皱起了眉头，继续问："那晚上呢？"学生回答："也在做实验。"

勤奋的学生本以为能够得到导师的一番夸奖，没想到卢瑟福居然非常不满，批评他："你一天到晚都在做实验，什么时间用于思考？"

思考 卢瑟福为什么对勤奋学生的做法不满意？

勤奋的学生遭到批评，看似冤屈，实际上卢瑟福是在强调思考和培养科学思维方法的重要性。很多时候人们宁可让岁月淹没在仿佛很有价值的忙碌中，却极不情愿拿出时间来进行思考，以至于思维在低水平的层次上徘徊，最终一无所获。

培养科学思维方法，必须以科学的世界观和方法论为指导。马克思主义哲学是科学的世界观和方法论，是指导我们正确地认识世界和改造世界的理论基础。在马克思主义哲学世界观和方法论的指导下，我们能够更加自觉地进行科学思维。

人是一个高级而复杂的有机体，人体的各个生理系统是互相联系着的整体，高明的医生在治病时懂得从整体上去了解患者的病情。

案例 我国古老的医书曾记载了这样一个故事：有个患头痛病的樵夫上山砍柴，昏头昏脑，一不小心碰破了脚指头，出了一点血，但头却不痛了。他当时不以为意，后来头痛病复发，又无意中碰破了原处，头又不痛了。两次经验引起了他的思考，头痛要医脚。以后凡是头痛病发作，他就有意地刺破这个脚指头，每次都收到了疗效。中医针灸穴位中的"大敦穴"，据说就是这样被发现的。

思考 这个小故事说明了什么？

在实际工作中，有的人往往自觉不自觉地"头痛医头，脚痛医脚"，用孤立的、静止的、片面的观点来观察和处理问题。只看局部，不见整体，只见树木，不见森林，给实际工作带来很大的危害。

培养科学思维方法，要求我们遵循形式逻辑的要求，正确地运用形式逻辑。人们认识事物、表达思想，要运用概念、判断、推理等思维形式。在思维的过程中要做到概念明确、判断恰当和推理合乎规则，不可自相矛盾，不能混淆概念或偷换概念，也不能转移论题或偷换论题。

（三）提高人生发展能力需要掌握科学思维方法

有的同学遇到一点困难和挫折，就偏执一端，得出“前程无望”的结论，以致心灰意冷，丧失继续前进的信心和勇气。

有的同学在学习和工作中取得一些成绩，看不到老师的教导、同学的帮助和集体的学习氛围，把个人的努力绝对化，就会得出自己“聪明过人”“智力超常”的错误结论，导致骄傲自满、故步自封。

有的同学总喜欢拿自己的长处去比别人的短处，因而缺乏学习先进的虚心态度，甚至把自己的短处也看成优点，因而盲目自满，缺乏自知之明。

以上事例说明运用科学思维方法对我们的健康成长起着重要作用。

人类正是在认识世界和改造世界的实践过程中，发现、总结出科学思维的规律和方法，并且不断发展着自己的思维能力的。

掌握科学思维方法对提高人生发展能力有重要作用。科学思维方法是人们正确认识事物的工具，它能引导我们正确地认识事物的本质和规律，学会分析和综合，不断提高人生发展的能力。

案例 我们每天都离不开的光，大家都很熟悉，但若问光的本质是什么，人们在很长时期内都说不清楚。从科学史上看，物理学家对此就有过长达200多年的争论。

惠更斯主张“波动说”，他认为光是一种连续不断的波。

牛顿主张“微粒说”，他认为光是由无数微粒构成的粒子流。

他们二人的思维是：两者必居其一，非此即彼，不是这个，就是那个。

爱因斯坦主张“波粒二象说”，他认为光既是波，又是微粒，是连续的，又是不连续的。

爱因斯坦的思维是：为什么不可以既是这个又是那个呢？

思考 再列举类似事例，说明提高人生发展能力必须运用辩证思维的方法。

可见，只有运用辩证思维的方法，才能正确认识光的本质。爱因斯坦之所以能提出光是波又是微粒的理论，原因是多方面的。从思维方法上看，是他运用了辩证思维，采用了矛盾分析方法，从而正确地回答了光的本质是什么的问题。

培养科学思维方法，要求我们运用辩证思维的方法。事物是普遍联系、变化发展的，辩证思维就是用联系的、发展的、全面的观点看待事物和思考问题，其实质与核心是运用矛盾分析法，从对立面的统一中把握事物。辩证思维方法是人们进行辩证思维的逻辑工具，是科学思维方法的重要组成部分。

辩证思维的基本方法是揭示概念的辩证发展、矛盾运动的基本方法，主要有归纳和演绎、分析和综合、从抽象到具体、逻辑的和历史的统一等方法。其中归纳和演绎、分析和综合是形式逻辑与辩证逻辑所共有的方法，而从抽象到具体、逻辑的和历史的统一则是辩证思维所特有的方法。

归纳是从个别上升到一般的思维方法，演绎是由一般性原则推演出个别结论的方法。分析是在思维中把认识对象分解为各个部分、各个方面、各个要素，对它们分别加以研究的思维方法。综合是在思维中把认识对象的各个部分、各个方面、各个因素结合为一个统一的整体的思维方法。

分析和综合的运用过程也是从感性具体到思维抽象，又从思维抽象到思维具体的过程。一般说来，从感性具体到思维抽象更多的是运用分析方法，而从思维抽象到思维具体更多的是以综合方法为中介。

人们在认识世界的过程中，不仅要认识事物的某个部分、某个方面、某个阶段，还要认识发展变化着的事物的整体及发展趋势；不仅要看到问题的这一面，还要看到问题的那一面，要在确认世界客观存在、普遍联系和永恒运动的前提下，用全面的观点看待事物和思考问题，把握事物的本质。

学会运用科学思维方法，用辩证思维指导人生，就能更深刻地洞察人生、认识人生，就能减少人生的迷误，就能有助于我们汲取前人思维方法之精华，少走弯路，从而正确认识事物、解决问题，更好地实现人生价值。

二、运用科学思维方法，提高创新能力

（一）创新并不是神秘的事情

案例 多年前，有一家酒店的电梯不够用，打算增加一部。于是酒店请来了建筑师和工程师研究如何增设新的电梯。专家们一致认为，最好的办法是每层楼打个大洞，直接安装新电梯。方案定下来之后，两位专家坐在酒店前厅商谈工程计划，这时一位正在扫地的清洁工听到了他们的谈话，顺口说了一句：“每层楼都打个大洞，肯定会尘土飞扬，弄得乱七八糟。”工程师瞥了清洁工一眼说：“那是难免的。”清洁工又说：“我

看，动工时最好把酒店关闭些日子。”工程师说：“那可不行，关闭一段时间，别人还以为酒店倒闭了呢。再说，那也影响效益呀。”

“我要是你们，”清洁工漫不经心地说，“我就会把电梯安装在楼的外面。”工程师和建筑师听了这话，相视片刻，不约而同地为清洁工的这一想法叫绝。于是，便有了近代建筑史上的伟大变革——把电梯装在楼外。

思考 结合上述事例，说明创新并不是神秘的事情。

提到创新，有的同学觉得很神秘，还有的同学认为创新太高深、太复杂，似乎只是少数杰出人才的事情。其实，创新有大有小，内容和形式也各不相同。创新不只是科学家、发明家的事情，也不仅是某些行家的专利，其实，创新甚至是伟大的创新，往往却是很简单的。

创新是指人为了一定的目的，遵循事物发展的规律，对事物的整体或其中的某些部分进行变革，从而使其得以更新与发展的活动。创新起源于拉丁语，其原义有三层含义：更新、创造新的东西、改变。

创新活动的核心是“新”，它或者是产品的结构、性能和外部特征的变革，或者是造型设计、内容的表现形式和手段的创造，或者是内容的丰富和完善等。

人类所做的一切事物都存在创新，创新遍布人类的方方面面，如观念、知识、技术的创新，政治经济、文化艺术和社会管理的创新，而不仅仅是技术领域的事情。

创新是人类特有的认识能力和实践能力，是人类主观能动性的高级表现形式，是推动民族进步和社会发展的不竭动力。创新并不神秘，但这并不意味着创新是一件很容易的事情。我们总是在创新前面加上“积极”“勇于”“大胆”之类的形容词，就是因为创新不是轻而易举就能做到的，需要我们不断增强创新意识，提高创新能力。

（二）创新思维的特点及作用

案例 现在，市场上有许多新产品都是根据人们的“希望”研制出来的。例如，有一位企业家调查了用户对钢笔改进的想法：希望钢笔出水顺利，希望一支笔可以写出两种以上的颜色，希望不玷污纸面，希望能粗能细，希望笔尖不开裂，希望不用打墨水，希望省去笔套，希望落地时不损坏笔尖等。这位企业家根据用户的这些希望，对钢笔进行了多种改造，比如，根据“希望省去笔套”这一条，研制出一种像圆珠笔一样可以伸缩的钢笔，从而省去了笔套。该企业家运用发散思维中的列举法，大胆进行思维创新。

思考 列举类似事例，说明创新思维的特点和作用。

科学思维中的创新思维，特指人们在实践中有所发现、有所发明的思维活动，即开拓人类认识新领域，开创人类认识新成果的思维活动，它往往表现为发明新技术、形成新观念、提出新方案、创建新理论等。

创新思维是一种综合能力的体现。任何思维都不是凭空产生的，需要以实践为基础，离不开对前人、对他人成果的继承。思维创新的任何课题都来自于实践，实践的需要是思维创新最有价值的课题。

人的创新能力不是与生俱来的，它是可以通过学习和训练得以提高的。提高创新能力需要科学思维，因此必须学习和掌握科学思维方法。科学思维是能够创造性地解决问题的思维，创新思维是综合运用多种思维方法的结果。

发散思维是一种展开式的思维方式，它根据已知的事物信息，从不同的角度、不同的方向思考，以寻求解决问题的多样性答案。有人总结、发明了一些强制联想的技法，例如，“列举法”就是适合于个体创造性思维的一种主要方法，它将研究对象的特点、缺点、希望等逐一罗列出来，以便提出改进的意见，构成创新的设想。这种技法可以启发人们的创造发明思路，特别是在新产品开发和旧产品改造方面能够发挥更好的作用。

创新是时代的潮流，科学的本质是创新，科学精神就是创新精神。

创造性思维是现代新思维的主要特征。提倡创新思维，培养创新能力，对于重塑民族精神，提高全民族的科学素质，增强综合国力，具有极其深远的意义。

案例 在2009年度国家科技奖的名录上，两位一线工人和两位农民榜上有名，他们共同摘得4项国家科技进步奖二等奖。

从2006—2009年，共有14名来自基层的普通工人、农民获得国家科技奖励，为营造全民创新氛围做出了贡献。自2006年起，国家科技进步奖评审委员会首次设立工人、农民科技创新评审组，在保证国家科技奖励条件标准和水平的基础上，对工人、农民的科技创新成果予以政策上的倾斜。一线科技人员创新活动得到激励，对全民科技创新起到了示范推动作用。

思考 为什么这两位一线工人和两位农民能获得国家科技进步奖？

这些获奖者在谈到技术创新的心得时，一致的体会是：在建设创新型国家的道路上，每一个人都有机会取得突出的成绩。

创新是一个民族进步的灵魂，是国家兴旺发达的不竭动力。一个没有创新能力的民族，难以屹立于世界先进民族之林。一个民族的创新能力，决定着其在国际竞争中的地位。

（三）提高创新能力必须运用科学思维方法

案例 某高职园艺专业毕业的小赵，被一家花卉有限责任公司录用，主要负责草坪的养护和管理工作。在工作中，他发现当地草坪中的一种杂草，生命力极强，无论怎样治理，也除不了根，给维护工作带来了极大的麻烦。他突发奇想："这么强的生命力，若能把它变成草坪，既耐干旱又耐踩踏，一定会畅销的。"于是，他向公司提出建议，改良这种杂草，变废为宝。公司成立了科研部，让小赵负责改良工作，经过一年的时间终于生产出了新草坪。该草坪一上市，就被几家物业公司抢购一空，为公司赢得了丰厚利润，小赵也被提拔为科研部主任。

思考 结合事例说明，创新是我们青年学生必备的素质。

创新能力是指通过创新活动、创新行为而获得创新性成果的能力，实质就是创造性解决问题的能力。创新能力是一种综合能力，与人的记忆力、想象力、独立思考能力，尤其是形象思维能力、逻辑思维能力和情感思维能力密切联系，也与人的知识、技能、经验、心态密切相关。

21 世纪的竞争，实质上是知识创新和技术创新的竞争，归根到底是具有创新能力的高素质人才的竞争。面对这样的形势，任何一个人、从事任何一种职业，都不能缺少创新能力。可以这样说，一个人的创新能力，特别是创新思维能力，将决定他将来的发展前途。

现代青年要具备创新能力，首先要有强烈的创新意识和顽强的创新精神。所谓创新意识就是推崇创新、追求创新、以创新为荣的观念和意识。一个人的创新精神主要表现为：首创精神、进取精神、探索精神、拼搏精神、献身精神、科学精神。

案例 国家鼓励青年学生进行科技小发明，不少中小学生运用掌握的科学文化知识，大胆探索创新，取得了许多科技发明成果，不少发明的制作材料虽然简单，但其中闪烁的奇思妙想却非常可贵。

安全捕鼠器是利用雪碧瓶、木板和胶带做成的，把雪碧瓶的一端剪成倒刺形状，老鼠只能进不能出；“三防”自行车则在车座上加了木头固定和铁皮翻转，这样车座不但可以在下雨或烈日下翻转过来，还能防止被盗……

思考？ 在这些事例中，闪烁着奇思妙想的智慧，它对我们运用科学思维方法、提高创新能力有什么启示？

如果我们掌握了思维创新的有效方法，密切联系实际，那将会大大提高我们面对新情况、解决新问题的能力。

在实际生活中也可以用一些巧妙的办法来增强创新能力。以下几种方法，有助于我们在实际生活中增强创新能力：

（1）及时抓住灵感。好的方法和主意有时在脑海里一闪即逝，最简单的办法，就是把一闪而过的念头马上记下来。虽然并不是每个念头都有价值，但首先要记下来，然后才能评估它的价值。

（2）会“胡思乱想”。许多人都有这样的体会：在床上、在洗澡间或者在公共汽车上，精神相对放松，容易发挥想象力。人在似睡非睡状态下最容易激发灵感，想的东西离现实较远。这样的“胡思乱想”，往往就是平时被人们忽略的好主意。

（3）环境刺激。一个人受到刺激时最容易产生智慧，急中生智就是环境刺激的一种。在属于自己的小天地里，可以放置一些玩具、文具、生活用具，甚至可以用一些橡皮泥、黏土做成各种形状，把这些东西倒置、侧放，使我们的大脑不断接受差异化的刺激，从而产生新的主意。

（4）扩大思路。可以尝试用其他领域的思路和方法来解决本领域的问题。这就要求我们多学习几门学科的知识，多跨几个岗位去学习体验。

运用科学思维方法，提高创新能力，要学会把发散思维和聚合思维结合起来。解决复杂问题，往往需要人们的思维结合实际情况，反复地发散—聚合—发散—聚合。要充分发挥想象，巧妙捕捉灵感，以科学知识为基础，以求真务实精神为向导。

热爱生活、关注生活、享受生活是创新的前提和基础，重视实干、重视实践是创新的基本要求。在日常生活中经常有意识地观察和思考一些问题，通过这种日常的自我训练，可以提高观察能力和大脑的灵活性。应积极参加创新实践活动，尝试用创造性的方法解决实践中的问题。人们越是积极地从事创新实践，就越能积累创新经验，锻炼创新能力，增长创新才干。

案例 2007年2月27日，国家科学技术奖励大会在北京人民大会堂隆重举行。在这个科技精英荟萃的大会上，一位普通工人走上了领奖台，接过了国家科技进步二等奖的奖状。他叫王洪军，是一汽大众有限公司钣金整修车间工段长，他成为首批获得国家科技进步奖的两位工人之一。

王洪军，这个只有中专文化水平的钣金整修工，17年如一日立足岗位创新，他创造的“王洪军轿车钣金快速修复法”大大提高了白车身（未喷漆的轿车车身）的修复效率；他发明制作的钣金维修工具达40多种2000多件，保证了白车身表面修复质量；他还掌握了国际展车最高等级Q1标准的制作工艺，替代外国专家自做展车。在5年的时间里，他就为企业创造经济效益3400多万元。

有人说，在技术创新方面王洪军是“软硬兼施”，硬的方面是发明工具，软的方面则是探索新的方法。“咱工人吧，虽然文化没有硕士、博士那么高深，但对本岗位工作是最清楚的。”王洪军觉得学习比学历重要，态度比基础重要，他天天想的是怎么干才能速度最快，用料最省，缺陷最少。

思考 王洪军创新的事迹对我们提高创新能力有什么启发？

培养自信心，有战胜困难的勇气和冒险精神，是形成创造力的必要条件。要相信“创造力是人人都有的”，要敢于去做别人没想过、没做过或者做过却没成功的事。要以科学精神面对失败，认真找出失败的原因并探索新的道路，使失败变为成功的阶梯和创造的源泉。

敢于提出问题、善于提出问题，是激发创造力的有效途径。创新要敢于质疑，不迷信权威，不迷信书本。首先，要敢于对一些保守的习惯和传统产生怀疑。人一旦进入思维定式，就难以找到解决问题的新思路。其次，要尊重书本知识、尊重权威，但不能迷信书本知识、迷信权威。善于创造的人是在认真学习和思考的同时又持一种科学质疑或批判的精神，敢于走自己的路。要敢于和善于提出各种问题，甚至包括一些在当时看来很“荒唐”的问题，这样做本身就是对自己创造力的开发。

本章小结

科学的思维方法是人们正确认识世界的中介，是理性思维的工具。离开科学的思维方法，人们便无法正确地认识这个世界。科学思维离不开创新，创新是一个民族的灵魂，没有创新的思维是僵化的，没有创新的事业是平淡的。

经典名言

1. 我们不但要提出任务，而且要解决完成任务的方法问题。我们的任务是过河，但是没有桥或没有船就不能过。不解决桥或船的问题，过河就是一句空话。不解决方法问题，任务也只是瞎说一顿。——毛泽东

2. 创新就要不断解放思想、实事求是、与时俱进。实践没有止境，创新也没有止境。——江泽民

3. 让社会处处是创造之地，天天是创造之时，人人是创造之人吧！——陶行知

4. 具体之所以具体，因为它是许多规定的综合，因而是多样性的统一。——马克思

学习思考

1. 20 世纪早期，所有的商店都是店员为顾客提供服务，顾客来到柜台前，店员取出顾客需要的物品。20 世纪 20 年代，一位叫迈克尔·库伦的人采用了一种完全不同的观点。他问了一个这样的问题："如果我们把商店掉个个儿，让顾客自己拿取他们需要的物品，然后他们在最后付钱，会是什么样子呢？"毫无疑问，许多人反对这种观点，但是迈克尔·库伦坚持这种观点，并创建了世界上第一个超市，即位于美国新泽西州的金库伦商店。

思考：什么是创新思维？谈谈创新思维在人们认识世界和改造世界过程中的作用。结合自身经历，谈谈我们应该如何创新。

2. 爱因斯坦说："想象力比知识更重要，因为知识是有限的，而想象力概括着世界的一切，推动着进步，并且是知识进化的源泉。"爱因斯坦的狭义相对论就是从他幼时幻想人跟着光线跑，并能努力赶上它开始的。幻想不仅能引导我们发现新的事物，而且还能激发我们做出新的探索，去进行创造性劳动。

思考：请结合以上论述，谈谈科学思维方法对人生发展的重要作用。

3. 收集一些生活中的科学思维与创新成功的事例并与同学们讨论。

4. 培养科学思维方法需要哪些重要条件？

第五讲　坚持普遍联系论　创造快乐人生

世界上一切事物都不是孤立存在的，而是处在普遍联系之中。生活于社会之中的人也不是孤立的，总是在与其他人的交往中形成各种各样的人际关系。我们要学会用普遍联系的观点看待世界中的万事万物，营造和谐的人际关系，在和谐的人际关系中实现自我发展。

一、什么是联系

《西游记》仅仅是一部小说么？——“西游记”主题不仅涉及了影视、动漫、游戏、旅游等诸多产业，更包含了弘扬追求个性自由、自我不断完善、造福他人等美好品质，是中国文化的重要组成部分。

“嫦娥”成功奔月，我们应该感谢谁？——探月工程由卫星、火箭、发射场、测控、地面应用五大系统组成，这些系统与人员之间都存在着一种相互影响、相互制约、相互作用的关系。

（一）联系的含义

联系是指一切事物、现象、过程之间及其内部诸要素之间相互依赖、相互制约、相互影响、相互作用、相互渗透、相互转化的关系。唯物辩证法认为，联系不是事物之间个别的、暂时的现象，而是事物之间普遍的和永恒的现象。可以说，联系是事物的根本属性和存在方式，是物质运动发展的根本原因。

案例　每个人都有嘴，每个人也都有牙齿。嘴唇，包在牙齿的外面，保护着牙齿。没有嘴唇的保护，牙齿就暴露在外，也就容易被“侵犯”了。可就这么浅显的道理，竟还有人在付出亡国的代价后才明白呢！

在春秋时代，晋国十分强大。晋国南边，有两个小国：虞和虢。在地理位置上，虞国正处在晋和虢的中间。晋国对这两个小国，常存着吞并的野心。但，两个小国联合起来，也就不容轻视，所以一直维持着表面相安无事的局面。

晋国的大夫荀息向晋献公献计："虞公是个贪得无厌的人，而虢公是个好色的人。我们先送美女给虢公，让他沉迷酒色，不问政事。再把我们的国宝送给虞公，向他借道攻打虢国，他一定会答应的。先灭了虢国，再来对付虞国，还怕虞国不是主君的囊中之物吗？"晋献公听了之后觉得不错，就接受了荀息的建议，把晋国的国宝送给虞公，反正只等于是寄放一下，乐得大方。

看到晋国送来的国宝，虞公的眼睛都笑眯了，虞国的大夫宫之奇说："晋国强大，虞国弱小，大国来讨好小国，绝无好意！我们绝不能收！晋国绝不会无缘无故地送礼。他送的礼越大，我们越要小心，他所要求的，一定比送的礼更大，我们会付出可怕的代价的！"虞公想想也有道理，但又舍不得这些国宝，便问使者晋献公有何要求，使者答："我的主公只是想和虞公交朋友，向虞公借个路，让我们去攻打虢国。"虞公心想借个路，自己一点损失都没有，就可以得到这些国宝，于是就想答应。宫之奇一听晋献公的要求，就知道其中一定有阴谋，极力劝阻："虞国和虢国，是唇齿相依的盟邦；没有了嘴唇，牙齿还能保得住不受寒风侵袭吗？这件事万万不可！晋国灭了虢国，一定会回头把虞国灭了的！"虞公一心想得到晋国的国宝，就说："晋和我们是同姓之国，都姓姬，怎会害我们呢？"宫之奇回道："若论同姓，虢和晋的血缘，比我们还近呢！他能灭虢，怎会对虞留情？"虞公财迷心窍，说："虢公得罪了晋公，我又没得罪他，他还送我珍宝来表示善意呢。再说，我每年都用最丰盛的祭品祭祀神明和祖先，他们也会保佑我们呀！"

看虞公如此执迷不悟，宫之奇不再说话，只带着全族的人，离开了虞国，说："今年冬天，虞国就不用祭祀祖先了。晋国都不用再度发兵来打虞国，只要灭了虢国之后，回头就顺便解决了！"果然，晋国在灭了虢国之后，回头就消灭了虞国。

思考? 这个故事对我们看待人生发展过程中的问题有什么样的启发？

联系是普遍存在的，因此我们不能单一地割裂地去看问题，一定要用联系的观点去全面看待、分析人生路上遇到的种种问题，由此才能更好地走完这一生。

（二）联系的特点

1. 联系的普遍性

联系的普遍性，是指世界上的任何事物和过程都不能孤立地存在，都同前后周围的其他事物和过程联系着；每一事物和过程的各个要素和环节也不能孤立地存在，都同其他要素和环节联系着；整个世界是一个相互联系的统一整体和过程，任何事物和过程都是普遍联系之网上的一个部分、环节或阶段；孤立的、不与其他事物和过程相联系的事物和过程是不存在的。

唯物辩证法认为，联系是客观的、普遍的，“事事有联系，时时有联系”，世界是一个由无穷无尽的各种事物和现象构成的普遍联系的整体。世界上不存在彼此孤立的事物，一切事物都处在与周围事物的相互联系之中，整个世界就是一个无限复杂、互相联系的有机整体，每个事物都是这个相互联系整体中的一个部分或一个环节。但是，不是任何两个事物都有联系。世界上的任何事物和现象都是在一定的联系之中产生的，在一定的联系中存在和发展的，并在一定的联系中趋于灭亡的。宇宙中的万事万物既作为个体事物而存在，又作为普遍联系的事物而存在。此事物以彼事物为中介而与另一事物相联系，整个世界通过大量的中介和过程统一起来，构成普遍联系的世界整体。任何事物都是世界发展链条上不同的环节，因而本来就是相互联系的，并在一定条件下相互转化。正如恩格斯所指出的：“当我们深思熟虑地考察自然界或人类历史或我们自己的精神活动的时候，首先呈现在我们眼前的，是一幅由种种联系和相互作用无穷无尽地交织起来的画面，其中没有任何东西是不动的和不变的，而是一切都在运动、变化、生成和消逝。”客观普遍联系是世界物质统一性的内在体现。

整个自然界就是一个复杂联系的生态系统。在我们生活的地球上，阳光、空气、水分、土壤、森林、草原、山川、河流、海洋、各种地下资源，以及生存在这个环境中的人类和其他生物，它们在漫长的历史演变过程中，相互作用、相互影响、相互制约，形成了一个大的生态系统。其中任何一个部分或环节的变化，都会引起其他部分或环节以至整个生态系统的变化。

“竹外桃花三两枝，春江水暖鸭先知”，这一优美的诗句不仅让我们感受到春天到来的融融暖意，更让我们明白了春回大地、万物复苏之间普遍联系的道理，桃花、江水、鸭子等诸多事物共同构成了一幅春天的画卷。

又如，我国东北大兴安岭生长着大面积松树林，但有些地方的松树经常受松毛虫伤害，而有些地方的松树则较少受松毛虫的破坏。后来人们发现，松毛虫的天敌是黑卵蜂和小茧蜂，这两种昆虫专门在松毛虫身上产卵，而黑卵蜂、小茧蜂又必须在阔叶乔木与灌木中采花蜜来生存，那些极少受松毛虫侵害的松林旁均有一定的乔木、灌木与之相伴而生。于是，为了保护松树林，人们便利用这几种生物之间的关系，在松树周围有意培植一些乔木、灌木，以利于黑卵蜂、小茧蜂的繁殖，让它们去消灭松毛虫。可见，自然界的动物、植物之间的生命现象是相互作用、相互联系的，也正是这种联系，带动了生态环境各要素的此消彼长，维护着生态系统的良性循环。

案例 全球变暖致冰盖缩小，饥饿的北极熊在草原觅食：2010 年，摄影师尼克拍到一组震撼人心的照片——有别于一般人的常识，他拍到了许多白色的北极熊置身在“大草原”上——这都是全球变暖惹的祸，它们在“大草原”上踱步，看似悠闲，其实是无处可去，到处觅食而终日饥饿。

全球变暖造成北极气温不断上升，春天提早融冰，秋天也还没结冰，冰盖持续缩小，北极熊只好走向草地觅食。尼克是在北极圈里的哈得逊湾拍到这些照片的，北极熊捕不到海豹，只好改变饮食习惯，发现草地上有莓果、鹅蛋，都统统吞下肚，但这种食物热量不够，北极熊会因营养不良，难以捱过冬天。

北极熊专家安迪·德罗契尔指出：“如果人们再不正视全球变暖问题，北极熊绝种是早晚的事，有人认为它们会变成陆上动物，但研究显示，如果栖息地消失，北极熊也会消失。”

思考 全球变暖为什么会造成北极熊的消失？

事物之间的联系有外部联系和内部联系。在食物链内部，“桑一蚕一鱼”之间都是相互影响、相互制约和相互作用的关系。在食物链外部，阳光、温度、空气、水分、土壤等事物之间，也存在着一种相互影响、相互制约和相互作用的关系。可见，世界上不存在彼此孤立的事物，但是，不是任何两个事物都有联系。

人类社会也是一个复杂联系的有机系统，经济、政治、文化各个领域之间都是互相联系、互相影响的。我们每个人也都生活在与周围世界的各种各样的联系之中，人与自然、人与社会、人与人之间都存在着广泛的联系。在我国改革开放的伟大征途中，党中央也多次强调，必须正确处理改革、发展、稳定的关系，把改革的力度、发展的速度和社会可承受的程度统一起来，促进社会和谐发展。这在哲学上体现了事物是相互联系的有机整体。再如2008年，美国的“次贷危机”引发了席卷全球的金融海啸，进而形成波及整个世界的金融危机。这次金融危机的影响广泛而深远，整个世界都受到了严重影响。

联系的普遍性已为人类的全部实践经验和科学发展所证实。整个世界就是一个联系的整体，自然界内部、人类社会内部、人类与自然界之间、人的认识、人的认识和客观事物之间都是联系的。现代科学的发展，不断地把人们原来没有认识到的联系揭示出来，有力地证明了事物联系的客观性和普遍性。

2. 联系的客观性

联系的客观性，是指联系是事物本身所固有的客观本性，是不以人的意志为转移的，就是说，事物之间的联系既不是人们强加给事物的，也不是人们随意想象出来的，而是事物本身所固有的。人们既不能“创造”事物之间的联系，也不能“消灭”事物之间的联系，而只能按照客观事物的本来面目如实地反映它们之间的联系，并在正确反映的基础上整合和利用这些联系。承认并强调联系的客观性有着重要的意义。

首先，承认联系的客观性是批判唯心主义、反对封建迷信的基本要求。唯物辩证法强调联系的客观性，就是要同否定联系的客观性的唯心主义划清界限。哲学史上，唯心主义也承认联系，但是它却否认联系的客观性。

其次，承认联系的客观性是实事求是的内在要求，是科学发现和技术发明的前提和基础。既然联系是客观的，这就要求我们按照客观事物的本来面目如实地反映它们之间的联系，就必须一切从实际出发，如实地、客观地研究和把握事物内部的和外部的真实的、固有的联系，也就是说，必须坚持实事求是的思想路线和工作路线，这同时也是科学发现和技术发明的前提和基础。爱因斯坦说：“要是不相信我们的理论构造能掌握实在，要是不相信我们世界的内在和谐，那就不可能有科学。”科学的真正任务就是揭示事物和现象之间所固有的联系，把人们通常看来似乎没有联系的事物联系起来进行考察，发现其中的真实联系。

再次，承认联系的客观性也是指导人们合理建立各种联系的客观要求和实践原则。联系是客观的，但是，客观自在的联系和自然存在物的直接形态并不能满足人所特有的社会性需要，自在事物丰富的潜在属性和关系也不因为对人有用就自动展现或暴露出来。因此，要实现人类的目的，满足人类的需要，人还必须通过各种实践活动建立各种联系，创造人工自然，以此来满足人所特有的社会性需要。自在事物的联系是客观的，需要人们去揭示；人为事物的联系也是客观的，它是在人类实践活动中建立起来的，是人类实践活动的结果。然而，人为事物的联系又以自在事物的联系为基础，因为说到底，人不能凭空创造，也不能无中生有。人为事物的联系说到底是自在事物的潜在属性和潜在联系的显化和实现，从这种意义上说，人类的实践活动就是变潜在联系为现实联系的能动转化过程。

总之，联系是事物本身所固有的，不以人的意志为转移。无论是自在事物的联系还是人为事物的联系都是客观的，人们既不能忽视或消灭客观联系，也不能主观臆造客观上并不存在的联系，否则，就会受到客观联系的奴役、摆布、捉弄和惩罚。

坚持这一点就是坚持唯物辩证法，否则，就是唯心主义的联系观。

案例 古时候，有个人饿了，一连吃了六个饼，还是没饱，于是，他就拿起第七个饼吃了起来，当吃到一半的时候，他突然感觉饱了，同时，他也觉得很后悔，便抱怨道："早知道这个饼才是管用的，我一开始就应该来吃这个，那就省得前面多吃六个了！"

思考 故事中的这个人错在何处？

故事中的这个人，错在他否定了前六个饼的客观存在，要不是前面吃了六个饼，他后面再吃半个饼也不会饱。这个故事说明联系是客观存在的，不能凭主观臆断。

有些联系是不能主观臆造的，在现实生活中，却往往出现这种主观臆造和生拉硬扯，比如有人很"智慧"地"推断"出汶川地震（2008年5月12日发生）和日本大地震（2011年3月11日发生）的关联性——"2008＋5＋12＝2011＋3＋11"；再比如有不少人认同"左眼跳财，右眼跳灾""早跳祸，晚跳福，中午跳的鱼和肉""吃发菜就发财"，等等。一些大学生甚至在招聘中遭遇"姓氏歧视"，一位"裴"姓同学就因为这一个"倒霉"的姓氏失去了即将到手的会计职位，因为老板说"裴"和"赔"同音，不吉利。显然这些都忽视了联系的客观性。

案例 1992年9月18日，雨，河南开封包公湖畔，开封博物馆。上午8时30分，服务员马海娟、崔巧玲像往常一样，熟练地打开博物馆明清宫廷用品展厅大门，准备迎接参观者。但一进门，她们大惊失色，展厅内一片狼藉，几个展柜已空空如也。她们连忙报警，没多久，案件便被侦破。当问及为何选择在9月18日这天作案时，案犯的回答令人啼笑皆非：因为“9.18”的谐音是“就要发”。

思考 作为新时代的青年学生，你有过这种硬性联系联想的经历吗？

联系是客观的，事物的联系既不能被创造也不能被消灭。那么，这是否意味着人对事物的联系无能为力呢？并非如此。人们可以根据事物固有的联系，改变事物的状态，建立新的联系。正如我国目前兴建的几大工程——南水北调、青藏铁路、西气东输、西电东送等，将会继续加强地区之间的联系，推动全国经济和社会的发展。再比如苏通大桥的建造，将缩短南通与上海的距离，使南通直接进入上海经济圈，接受上海经济的辐射和产业转移，为南通和江苏苏中、苏北地区的工业化、城市化和现代化建设注入新的活力。这说明人们可以改变事物的状态，建立新的具体联系。

2009年京沪高铁投资600亿元，这带动了200万吨钢材和1200万吨水泥的需求，提供了近60万个就业岗位，同时还带动了沿线地方的建材、农副产品和日用品的消费等。这表明：事物的联系是普遍的；人为事物的联系是客观的。

3. 联系的多样性

联系不仅是普遍的，而且是多样的。所谓联系的多样性，是指事物、现象和过程的联系方式是极其复杂和多种多样的。由于世界上的事物是千差万别、无限多样的，因此事物之间的联系也是具体的、复杂的、多样的。正如世界的物质统一性与多样性的统一一样，事物、现象和过程的普遍联系也是多种多样的。

大体说来，联系有直接联系和间接联系、内部联系和外部联系、本质联系和非本质联系、必然联系和偶然联系，此外，还有因果联系、整体和部分的联系等。不同的联系，不仅因物质主体的不同而不同，而且对事物存在和发展所起的作用也不同。

直接联系和间接联系。这是普遍联系的两种重要形式。直接联系指在时间、空间和层次上比较接近的事物、要素之间所发生的相互依赖、相互制约的关系。间接联系指事物和现象之间通过较多的中介、中间环节而发生的相互依赖和相互制约的关系。事物间的直接联系和间接联系的界限是相对的，不需要任何中介的联系是没有的。一般来说，在时间、空间和层次上间隔距离越大、中间环节越多的事物之间，联系越带有间接性；反之，就越具有直接性。比如“鱼儿离不开水，瓜儿离不开秧”就是一种直接联系，而“城门失火，殃及池鱼”则是间接联系。

内部联系和外部联系。内部联系是指事物和现象内部各要素之间的联系，与外部联系相对。事物和现象都是由内部互相联系着的各个要素组成的有机整体，即系统。事物、现象的内部联系，决定其性质、特征和功能。内部联系是事物和现象运动、变化和发展的根本原因，亦即内因。认识事物主要就是认识其内部的本质联系。只有从客观存在的事实出发，详细地占有材料，经过去粗取精、去伪存真、由此及彼、由表及里的改造制作功夫，才能正确认识和把握事物的内部联系。外部联系是事物现象的外部联系，是一种不决定事物本质或规律性的联系，与内部联系相对。外部联系对事物的内部联系起着制约和影响的作用，在一定条件下对事物的变化、发展能起很重要的作用，但必须通过事物的内部联系才能起作用。事物的外部联系也是一种客观的联系。每一个具体事物都不是孤立存在着的，总与外部事物处在这样那样的联系之中。事物内部的本质或规律性的联系，往往会在该事物的外部联系中反映出来。认识和把握事物的内部联系，要从外部联系着手。外部联系与内部联系的界限不是绝对不变的，在一定条件下是相互转化的。内部联系和外部联系是相对的，不是绝对的。比如，一个男子和一个女子都是人，但是在人的范畴内却是有本质区别的，此时他们的联系是外部联系；如果把二者看作人类的整体和其他生物对比，此时他们的联系就是内部联系。判断是内部联系还是外部联系，关键是看问题的角度。

本质联系和非本质联系。本质联系是事物内部比较稳定、深刻的必然联系，与非本质联系相对。本质联系是事物内部最根本的联系，它既决定事物的根本属性，也规定着事物发展的趋向。本质联系与非本质联系互相联系、互相作用，本质联系决定非本质联系，非本质联系也反映和影响本质联系。唯物辩证法要求人们从事物的普遍联系中区分本质联系和非本质联系，通过非本质联系抓住事物的本质联系。只有抓住事物的本质联系，才能认识事物的性质和根本特征，抓住事物发展的内在规律。本质联系是分层次的。人们认识事物就是从不甚深刻的本质联系到更为深刻的本质联系的无限深化的过程。本质联系和规律性是同等程度的概念，列宁指出：“规律就是本质的关系。”其他的如“种瓜得瓜，种豆得豆”“一分耕耘一分收获”“无风不起浪”

揭示了原因和结果之间的联系，也就是因果联系；“牵一发而动全身”揭示了整体和部分之间的联系；而“时势造英雄”“守株待兔”等则揭示了必然联系和偶然联系之间的关系。

4. 联系的条件性

从事物联系的普遍性和多样性中我们可以看到，一事物的产生、存在和发展都依赖于周围其他事物，其他事物就是这一事物产生、存在和发展的条件。所谓条件，是指同某一事物、现象和过程相联系的，并对它的存在和发展发生作用的诸要素的总和。任何一个具体事物只有在一定的条件下才能产生、存在和发展，也只有在一定的条件下才会趋于灭亡。任何具体的联系无不依赖于一定的条件，随着条件的改变，事物之间以及事物内部各要素之间联系的性质和方式也要发生变化。这就是联系的条件性。

例如，生命现象的产生和维持，就必须具备水、氧气、养分、适当的温度等必要条件，地球上具备了这些必要条件，生物才能够在地球上产生和存在。离开条件，一切都无法存在，也无法理解。离开一定的条件，我们甚至连下雨是好事还是坏事这样一个简单的问题也搞不清楚。因为，久旱逢甘霖，下雨是有益的；而久涝盼天晴时，下雨就是有害的。进而言之，没有一定的条件，或者条件不充分，也构不成联系。

我们说，一切以条件为转移，而条件又是具体的和多样的，有必要条件和非必要条件，充分条件和非充分条件，决定的条件和非决定的条件，有利条件和不利条件，主观条件和客观条件，等等。不同的条件对于事物的存在和发展所起的作用是不同的。具体地、全面地分析各种不同的条件，是我们弄清问题、解决矛盾的必要前提，对做好一切工作具有决定性的意义。

马克思主义哲学在条件问题上坚持唯物主义和辩证法的统一。在条件问题上坚持唯物主义，就是承认条件的客观性，承认人的一切活动都是受各种条件制约的。我们要做那种具备了一定条件，经过努力可以成功的事情。在条件问题上坚持辩证法，就是承认条件的复杂性和可变性。从条件的可变性着眼，当不利条件多于有利条件时，不必灰心丧气、畏缩不前；当必要条件尚不具备时，也不要束手等待、消极无为。人们可以发挥主观能动作用，即以主观条件去改变客观条件，变不利条件为有利条件，创设实现预定任务所需的必要条件。当然，这种改变和创设条件的活动并不是任意的，须知，改变条件和创设条件也是有条件的，不了解或不具备改变条件和创设条件的条件，改变和创设的活动就会失败和落空。总之，一切具体的事物和现象都是有条件的，只有“有条件”这一点才是无条件的。

联系是普遍的，但是，是否任何两个事物之间都有联系？如你家老母鸡下了一个蛋，与公司的财务印章有没有联系？显然并无联系。虽然事物是普遍联系的，但是事物是否就因此而丧失了独立性？并不，因为事物还具有相对独立性。

二、用联系的观点看问题

案例 公元前354年，魏国军队围攻赵国都城邯郸，双方战守年余，赵衰魏疲。这时，齐国应赵国的求救，派田忌为将，孙膑为军师，率兵八万救赵。攻击方向选哪里？起初，田忌准备直趋邯郸。孙膑认为：要解开纷乱的丝线，不能用手强拉硬扯；要排解别人打架，不能直接参与去打。派兵解围，要避实就虚，击中要害。他向田忌建议：现在魏国精锐部队都集中在赵国，内部空虚，如果我们带兵向魏国的都城大梁进发，占据它的交通要道，袭击它空虚的地方，攻打邯郸的魏军必然放下赵国回师自救，齐军可乘其疲惫，在预先选好的作战地区迎敌，就一定能打败魏军。果然，最后魏军大败，赵国之围遂解。孙膑用围攻魏国的办法来解救赵国的危困，这在我国历史上是一个很有名的战例，被后来的军事家们列为三十六计中的重要一计。

思考？ 为什么齐军攻打魏国首都大梁，而赵国邯郸之围即解呢？

因为赵、魏、齐三国之间存在着相互制约、相互影响的关系，这个例子充分说明了事物之间是普遍联系的。

懂得了唯物辩证法关于普遍联系的观点，我们在认识和实践中要自觉地从联系的观点出发，凡事必须坚持用联系的观点看问题，反对以孤立的观点看问题。前者属于辩证法，后者属于形而上学。具体地说，用联系的观点看问题，必须注意以下几点：

（一）要用普遍联系的观点看问题，防止孤立、片面地看问题

看问题不能只知其一，不知其二，只计其一，不及其余，必须摒弃形而上学的思维方式。形而上学就是用孤立的、静止的和片面的观点去看世界的

世界观和方法论。形而上学否认事物的普遍联系，在形而上学者看来，事物及其在思想上的反映即概念，是孤立的、应当逐个地和分别地加以考察的、固定的、僵硬的、一成不变的研究对象。他们在绝对不相容的对立中思维，他们的说法是："是就是，不是就不是；除此以外，都是鬼话。"形而上学者只见局部，不见整体，只见树木，不见森林，似瞎子摸象，坐井观天，就难免以偏概全，把事物简单化、表面化，得出不正确的认识。因此，我们必须反对形而上学孤立的观点，要用唯物辩证法联系的观点来观察和处理问题，揭示客观存在的事物的联系，并对各种不同的联系做出具体分析，准确把握它们各自的性质、作用和规律。在人生成长中不能只看到自我，而看不到人与社会的联系，自我封闭，自我满足。

案例 箕子见到纣王用象牙筷子就很害怕，因为有了象牙筷子，杯子也换成了犀玉杯，有了象牙筷子和犀玉杯，就不吃粗食豆汤了，要吃牛肉象肉豹肉等精美的食物。吃牛肉象肉豹肉，就不会穿着短的粗布衣服在茅屋中吃饭，就会穿着华衣美服，在华丽的宫殿进食。

思考 箕子见到纣王用象牙筷子为什么会害怕？

箕子怕纣王亡国。用象牙筷子是小事，但是箕子却能从小事看到它的发展变化，预测它对国家社稷的未来所造成的后果，这就叫作"因小见大""见微知著"。

案例 一个粗心的工人在制造铆钉时，忘了给其中一枚做个钉帽。恰巧这枚铆钉被用来给该国元帅的千里马钉马掌。在一次抗击外族入侵的战斗中，马掌脱落，但元帅并不知晓，继续追赶敌人。一会儿，马因脚伤太重而栽倒，元帅从马上摔下，被乱马踩死。顿时，群龙无首，军队大乱。敌军趁机反扑，一举灭掉了这个帝国。

思考 这个寓言故事说明了什么道理？

忘做一枚钉帽，坏了一只马蹄；坏了一只马蹄，折了一匹战马；折了一匹战马，葬送一位元帅；葬送一位元帅，输了一场战斗；输了一场战斗，亡了一个帝国。

这是一个西方寓言故事，它包含的主要哲理是：事物是一个普遍联系的整体，联系是具体的、有条件的；人们若不认识或忽视客观事物的联系，就会受到客观联系的奴役、摆布、捉弄和惩罚。

（二）要从整体上把握事物的联系，处理好局部和整体的关系

唯物辩证法认为，一切事物都是由各个局部构成的有机联系的整体，局部离不开整体，整体高于局部，起着统率和主导地位，二者不可分割，相互影响。整体的性能状态及其变化会影响到部分的性能状态及其变化。部分也制约着整体，甚至在一定条件下关键部分的性能会对整体的性能起决定作用。

在认识事物的过程中，把个别事物从普遍联系中抽取出来，或者把事物整体的各个组成部分分割开来，单独地、分别地加以研究，这是完全必要的；但在研究个别事物或其组成部分时，不能忘记它同周围有关事物的相互联系、相互作用和相互制约，不能忘记它同整体以及整体中其他部分之间的联系。

部分离不开整体，离开整体的部分就失去了原来的意义。黑格尔曾经生动地举例说："人的手只有作为人体的有机组成部分，与其他器官有机地联系在一起，才是真正的手。把手割下来，使之脱离开人体，它就不再是现实的手，而且很快会腐烂。"我们考察事物，只有在联系和整体中，才能获得全面而深刻的认识。

（三）要善于发现事物间的复杂联系，区分多样性联系的不同特点

坚持用普遍联系的观点看问题，不仅是唯物辩证法的基本要求，也是我们认识世界、获得真理的科学方法。事物间的联系有显性的联系，也有隐性的联系；有已知的联系，也有未知的联系；有横向的联系，也有纵向的联系；等等。只有充分把握事物间存在的这些联系，努力去发现挖掘，才能得到启迪，提高能力。如：在数学史上，把三角形和圆联系起来考察，发展出一种崭新的三角理论；在物理学上，把非连续性的粒子性与连续性的波动性联系起来考察，建立起了量子力学；在学科交叉中，把生物有机体知识与环境科学联系起来考察，产生了生态学，把通信技术与人及动物的反馈活动联系起来考察，产生了控制论；等等。

案例 第二次世界大战期间，英国有位潜水艇主官名叫托马斯。战争一开始，托马斯少校便着手研究如何对付德军潜艇的工作。在潜艇战中，最要紧的是隐藏自己，尽早地发现敌人，谁先发现敌人，谁就有了主动权。由于双方都会充分利用雷达技术来及时报警，因此，谁能在雷达探

测范围之外侦察到敌情，谁才真正拥有决胜权。

一天，托马斯少校的潜艇停在军港检修，他独自在沙滩上散步。突然，他看到远处的海面上，一群海鸥在低空盘旋。它们一会儿从空中俯冲下去，一会儿又低回盘旋。托马斯少校觉得奇怪：大批海鸥为什么在那儿结集呢？他用望远镜一看，原来，海面上散浮着潜艇里扔出来的剩饭剩菜，这些剩饭剩菜吸引了海鸥。托马斯少校开始琢磨，很快，一个大胆的计划在他的心中形成了。

不久，托马斯少校的士兵们在潜艇巡航时，不断向海面投放食物。士兵们便发现，有大批的海鸥在潜艇的海面上争抢食物。时间一久，即使不投放食物，海鸥一发现水下有黑影移动，也会在海面尾随盘旋，等待食物。托马斯少校的部下们并不理解，他们抱怨浪费了大量的食物，但托马斯少校一笑了之，尽管他也知道，在战时食品是很珍贵的。

经过反复多次的训练后，在每个军港附近栖息觅食的海鸥，一看见水下有黑影游动，就会立即在海面尾随盘旋，很快就招引来许多海鸥在这里“集会”。

过了一个多月，德国潜艇在海上兴风作浪，并向英军潜艇挑战。托马斯少校给士兵们下达了命令：“一旦海面上发现有海鸥结集飞翔，就可断定那儿有德军潜艇，应立即攻击！”士兵一下子明白了托马斯少校给海鸥喂食的目的。这样，海鸥成了英军的“眼睛”，英军在海鸥的帮助下，击沉了数十艘德军潜艇。

今天，在英国格里姆斯比城的海滩公园还有一个石雕：下面是德国潜艇，上面飞翔着数只海鸥，向后人昭示海鸥在反潜反法西斯中的功劳。

思考 这个案例对你有何启发？

事物之间的联系是错综复杂的，我们要善于发现事物间的复杂联系，区分多样性联系的不同特点，提高认识事物的洞察力，才能更有效地解决各种问题。

三、用联系的观点看待人际关系

案例 1996年7月29日，40岁的意大利洞穴专家毛里奇·蒙塔尔只身到意大利中部内洛山的一个地下溶洞里，开始了长达一年多的“先锋地下实验室”活动。

“先锋地下实验室”设在溶洞内一个68平方米的帐篷内，里面除配备有科学试验用的仪器设备外，还设有起居室、卫生间、工作间和一个小小的植物园。在洞外山顶上的控制室里，研究人员通过闭路电视系统观察蒙塔尔一个人在长期孤独生活的情况下生理心理方面的变化。

在2000多米深的溶洞里，周围死一般的寂静，刚开始20天左右，由于寂寞与孤独，蒙塔尔曾感到害怕，怀疑能否坚持到底，但是，后来他还是顶住了。他给果树和蔬菜浇水，看书、写作或看录像。一年多的时间里，他吸了380盒香烟，看了100部录像片。实验室内还备有一辆健身自行车，他共骑了1600多千米。度过了一年多暗无天日的地下生活后，他终于重见天日。这时，他的体重下降了21千克，脸色苍白而瘦削，人也显得憔悴，免疫系统功能降到最低点。如果两人同时向他提问，他的大脑思维就会混乱，他变得情绪低落，不善与人交谈。虽然他渴望与人相处，希望热闹，但他的确已丧失了交际能力。

蒙塔尔后来说：“在洞穴里度过了一年多，才知道人只有与人在一起的时候，才能享受到作为一个人的全部快乐。过去，我是一个喜欢安静的人，常常倾向于独处。现在，让我在安静与热闹之间选择，那我宁可选择热闹，而不要孤寂。我之所以在洞穴中坚持了一年多，只是为了搞科学试验。我丧失了许多与人交往的能力，这需要在今后的生活中重新纠正。但我不后悔，因为这场实验使我明白了一个人生真谛：生活的美好在于与人相处。”

思考? 读了上述材料，你有何感想?

世界上的一切事物都处在普遍联系中，社会中的人际关系也处在联系中。我们无时无刻不处在各种各样的复杂社会关系中。在家里有父母、兄弟姐妹、亲戚等，在学校有老师、同学等，在工作中有同事、领导等，人际关系伴随我们的终身。随着交通工具和信息技术的发达，人们之间的社会联系越来越广泛而密切。如今因特网的崛起，为人们创造了一个跨越时间限制、地理限制的人际沟通与互动空间，产生了另外一种不同以往的社会互动行为，形成了一种新的沟通模式与人际关系，并使得人际交流沟通变得更为广泛和快捷。从QQ、MSN、微信到E-mail、BBS、微博等，网络为人际交流开辟了更为广阔和自由的空间。

（一）人际关系的概念

人际关系是人们在物质交往或精神交往的过程中发生、发展、建立的人与人之间的关系，是人的本质的表现，是人的本性的要求。

人际关系属于社会学的范畴，常指人与人交往关系的总和，也被称为“人际交往”，包括亲属关系、朋友关系、学友（同学）关系、师生关系、雇佣关系、战友关系、同事关系及领导与被领导关系等。

人是社会动物，每个个体均有其独特之思想、背景、态度、个性、行为模式及价值观，人际关系对每个人的情绪、生活、工作有很大的影响，甚至对组织气氛、组织沟通、组织运作、组织效率及个人与组织之关系均有极大的影响。

案例 何某，中专毕业后好不容易找到了一份自己喜欢的工作，可是没几个月，她就干不下去了。原来她不能适应那里的工作环境和人际关系。她不喜欢在那个上司的手下做事，同事之间的摩擦也让她十分烦恼，她感到郁闷、烦躁，有时还忍不住发脾气，导致人际关系更加紧张，最后丢掉了这份工作。

思考 何某为什么最后丢了工作？

人都是生活在人际关系之中的。没有孤立的人生，人不可以离开人际关系而存在。每个人都生活在一定的人际关系之中，完全孤立的人是不存在的。

案例 《鲁滨逊漂流记》是英国丹尼尔·笛福的一部作品，主要讲述了主人公因出海遇难，漂流到无人小岛，并坚持在岛上生活，最后回到原来所生活的社会的故事。

鲁滨逊出生于一个体面的商人家庭，渴望航海，一心想去海外见识一番。一次去非洲航海时，船在途中遇到风暴触礁，船上水手、乘客全部遇难，唯有鲁滨逊幸存，只身漂流到一个杳无人烟的孤岛上。他用沉船的桅杆做了木筏，一次又一次地把船上的食物、衣服、枪支弹药、工具等运到岸上，并在小山边搭起帐篷定居下来。接着他用削尖的木桩在帐篷周围围上栅栏，在帐篷后面挖洞居住。他用简单的工具制作桌椅等家具，猎野味为食，饮溪里的淡水，度过了最初遇到的难关。

他开始在岛上种植大麦和稻子，自制木臼、木杵、筛子，加工面粉，烘出了粗糙的面包。他捕捉并驯养野山羊，让其繁殖。他还制作陶器等，保证了自己的生活需要，还在荒岛的另一端建了一个“乡间别墅”和一个养殖场。即使这样，鲁滨逊也一直没有放弃寻找离开孤岛的办法。他砍倒一棵大树，花了五六个月的时间做成了一只独木舟，但它实在太重，无法拖下海去，于是前功尽弃，只得重新另造一只小船。

鲁滨逊在岛上独自生活了 15 年后，一天，他发现岛边海岸上有一个脚印。不久，他又发现了人骨，原来岛外的一群野人曾在这里举行过人肉宴。鲁滨逊惊愕万分。此后他便一直保持警惕，更加留心周围的事物。直到第 24 年，岛上又来了一群野人，带着准备杀死并吃掉的俘虏。鲁滨逊发现后，救出了其中的一个。因为那一天是星期五，所以鲁滨逊把被救的俘虏取名为“星期五”。此后，“星期五”成了鲁滨逊忠实的仆人和朋友。接着，鲁滨逊带着“星期五”救出了一个西班牙人和“星期五”的父亲。不久有条英国船只在岛附近停泊，船上水手叛乱，把船长等三人抛弃在岛上，鲁滨逊与“星期五”帮助船长制服了那帮叛乱水手，夺回了船只。他把那帮水手留在岛上，自己带着“星期五”和船长等离开荒岛回到英国。此时鲁滨逊已离家 35 年（在岛上住了 28 年）。他在英国结了婚，生了三个孩子。妻子去世后，鲁滨逊又一次出海经商，路经他住过的荒岛，这时留在岛上的水手和西班牙人都已安家并繁衍生息。鲁滨逊又送去一些新的移民，将岛上的土地分给他们，并留给他们各种日用必需品，满意地离开了小岛。

思考 人能不能离开人际关系而生活？

人都是生活在人际关系之中的。人类出于某种利益，在社会交往中形成了各种不同的社会群体，人与人之间呈现出相互依赖、共同活动的社会生活特征。人是社会性的动物，一个人离开了他人，离开了与他人的交往，也就远离了幸福。从根本意义上说，一个人是不可能离开社会而独立生存的。

（二）人际关系的本质

人际关系从属于社会关系，是我们在社会实践中与人产生的交往关系，受个人的直接影响。人际关系可分为先天性的人际关系和后天性的人际关系。人际关系的目标、步骤、环境条件、角色、规则如下：

目标：人际关系的目标乃是要建立幸福人生、和谐组织、安定社会与世界大同。

步骤：建立良好人际关系须从个人品德修养做起，按部就班，再推己及人，扩充于团体之中。

环境条件：人和环境互动，因环境改变，人际关系也会产生改变，因此人际关系的状况会受环境影响。

角色：不同角色会有不同的功能与态度，人在环境中应先认定自己的角色，再设定当有的人际关系。

规则：人际关系的进行需按团体规则进行，此规则大略包含法律、礼节、道德三方面。

（三）人际关系的特点

1. 客观性和社会性

人是物质世界的客观存在，人际关系是客观存在的，具有客观性；人又是社会的产物，社会性是人的本质属性。社会性是人际关系的基本特点。随着社会生产力的发展和科学技术的进步，人们的活动范围不断扩大、活动频率逐步增加、活动内容日趋丰富，人际关系的社会属性也不断增强。

案例　詹姆斯·班德讲过一个农夫种植他的得奖玉米的故事：每年农夫的玉米都在全州博览会上赢得蓝带奖。有一年，一个记者采访他，得知了他如何种植玉米的趣闻。记者得知，这个农夫将他的种子与他的邻居分享。“你怎么可以将你最好的玉米种子与你的邻居们分享呢？这些可是每年都为你赢得大奖的种子啊!”记者问道。“嗨，先生，”农夫说，“你可知道？风将成熟玉米的花粉吹来吹去。如果我的邻居种植差的玉米，交叉异花授粉就会逐渐降低我的玉米的品质。如果我想种植好的玉米，我就必须帮助我的邻居也种植好的玉米。”

思考？　这个故事对你有什么启示？

帮助别人就是帮助自己。世界万物相辅相成，要看到事物本质，学会分享，达到双赢。

2. 复杂性和多重性

人际关系的复杂性。人际关系是复杂多样的。一方面，人际关系是多方面因素联系起来的，且这些因素均处于不断变化的过程中；另一方面，人际关系还具有高度个性化和以心理活动为基础的特点。每个人的思想、背景、态度、个性及行为模式和价值观不同，其人际关系也表现为吸引、排斥、合作、竞争等不同的关系。

人际关系的多重性。多重性是指人际关系具有多因素和多角色的特点。每个人在社会交往中扮演着不同的角色。例如，一个人可以在患者面前扮演医生的角色，在丈夫面前扮演妻子的角色，在同事面前扮演朋友的角色等。在人际交往过程中，由于人们交往的准则和目的不同，交往的结果可出现心理距离的拉近或疏远，情绪状态的积极或消极，交往过程的冲突或和谐，评价态度的满意或不满意等复杂现象。因此，在处理人际关系时应把握好自己的交往角色，兼顾多重社会联系。

3. 交互性

人际关系中的交互性。心理学家霍曼斯指出，人与人之间的交往本质上是一个社会交换过程。只有当一种关系对人们来说是值得的，人们之间的交往行为才会出现，人际关系才可以建立和维持。人与人之间的交往是相互的，心态不一样，结果也不一样。

案例 英国著名的剧作家萧伯纳到莫斯科旅游，在街上遇见了一位聪慧的小女孩，两人十分投缘，站在街头天南地北地聊了很久。临分别时，萧伯纳对小女孩说："回去告诉你妈妈，今天你在街上和世界名人萧伯纳聊了很久。"他暗想：当小姑娘知道跟自己玩的是一位世界大文豪时，一定会惊喜万分。可是，出乎意料的是，小女孩抬头看了萧伯纳一眼，也学着他的口气说："请你回去后告诉你妈妈，就说今天同你玩的是苏联小姑娘娜塔莎。"这个出乎意料的回答让萧伯纳大吃了一惊，他马上就意识到自己的自傲是不对的。萧伯纳颇有感触地说："一个人不管有多大的成就或地位，对任何人都应平等对待，要保持谦虚。这是苏联小女孩娜塔莎给我的教训，我会一辈子都记得。"

思考 萧伯纳从苏联小女孩娜塔莎身上学到了什么？

身份只是暂时的标记，不一定永远跟着我们，没什么值得骄傲的。一个真正成功的人，必须谦虚谨慎，绝不会因名位而骄狂自大。

（四）人际关系的原则

平等原则。社会主义社会人与人之间的关系是平等的，在我们的社会里，人们只有社会分工和职责范围的差别，而没有高低贵贱之分。不论职位高低、能力大小，人人都享有平等的政治、法律权利和人格的尊严。只有尊重别人，别人才会尊重自己。

真诚原则。真诚待人是人际交往得以延续和发展的保证，在交往中，只有彼此抱着心诚意善的动机和态度，相互理解、接纳、信任，才能使交往关系巩固和发展。

宽容原则。人际交往中，要学会宽以待人，豁达大度。宽容有助于扩大交往空间，滋润人际关系，消除人际间的紧张和矛盾。

互助原则。交往双方互相关心、互相帮助、互相支持，既可满足双方各自的需要，又可以促进相互的联系。路遥知马力，患难见真情，在最需要的时候，举手之劳、滴水之恩都会使对方铭记在心，加深双方的情谊。

（五）人际关系的作用

人是社会的动物，不能离开群体而单独生存。人不能孤立封闭地生存和发展。

研究表明，结婚的人或有朋友的人，他们生活得更幸福些，原因可能是他们所获得的人际关系发生了作用。人际交往是人类社会中不可缺少的组成部分，人的许多需要都是在人际交往中得到满足的。如果人际关系不顺利，就意味着心理需要被剥夺，或满足需要的愿望受挫折，因而会产生孤立无援或被社会抛弃的感觉；反之，则会因有良好的人际关系而得到心理上的满足。

案例　阿尔波特·维哥姆博士在自己的联合报业专栏“探索你的心理”中报道了自己的研究成果：4000 名失业的人中，只有 10%，即 400 人是因为他们不能干这种工作；90%，或者说 3600 人，是因为他们还不曾发展自己与人成功相处的良好品质。而现代科学研究已经证明，如果一个人学会了如何与他人打交道，不管从事什么工作，不管职务是什么，都在通往成功的道路上走完了 85%左右的行程，而在获得幸福方面，已经有了 99% 的把握。

思考　上述案例说明了什么道理？

如果我们每个人都只是为了自己的利益，而不去想着别人，在工作中就难以有好的发展，只有互相帮助，相互扶持，才能够共同发展。

四、人际和谐是积极健康的人生态度

人际和谐是指人与人之间在各自的需要和利益得到协调实现的情况下，彼此互利共赢，在承认社会地位、文化水平、财富状况等不同的前提下，达到求同存异、化解矛盾，实现总体上的平衡、和谐的状态。

人际和谐对人生发展具有重要作用。人际和谐是每个人心理健康发展的需要，良好的人际关系有助于形成高尚的道德情感。我们通过观察就能发现，在相容、相近、相亲相爱的人际关系中最易于形成集体主义、利他主义及善良热情等高尚的情感。良好的人际关系有利于保持人的心理健康。和谐的人际关系能满足人的精神需求，使人产生积极的自我肯定情绪，这种情绪状态有利于人保持愉快的心境。在和谐的人际关系中，每个人都能感觉到自己对他人的价值和他人对自己的意义，这对于人的心理健康是很重要的。良好的人际关系能有效地促进活动的顺利完成。在和谐的人际关系中，人们心情舒畅，智力活动得以正常进行。广泛而和谐的人际关系有利于人开阔视野，扩展心胸，扩大选择范围，增进信息来源；良好的人际关系可以提高社会的合作性水平及和谐度，有利于社会的发展和进步。

在现代社会中，人们追求高质量的生活，需要人与人之间的真诚、理解、和睦相处；人们追求事业上的成功，需要团结互助、平等友爱、共同前进的人际关系。

美国通用汽车前华裔副总裁杨雪兰做客中央电视台时谈到了人际关系应该遵循的“三 C”原则——自信（confident）、沟通（communicate）以及使人舒服（comfort）。

人际关系在人们的社会生活中具有十分重要的作用。人际关系归根结底是一种社会关系，在一定程度上人际关系影响社会生产力的发展和社会进步。新型的进步的人际关系反映了一种新型的先进的社会关系，促进社会发展；而腐朽落后的人际关系是落后社会关系的反映，阻碍社会发展。在社会生活中，每一个人的人际关系状况都对其人生产生重要的影响。人际关系对人生的意义，具体表现在以下几个方面：

第一，良好的人际关系是人们身心健康的需要。一个人如果处在相互关心爱护、关系密切融洽的人际关系中，一定心情舒畅，有益于身心健康。良好的人际关系能使人保持心境轻松平稳，态度乐观；不良的人际关系，可干扰人的情绪，使人产生焦虑、不安和抑郁。

第二，良好的人际关系是人生事业成功的需要。人际关系对人的事业影响很大，是人们取得成功的重要条件之一。良好的人际关系和正确的处世技巧可为一个人事业的成功创造优良的环境，并促使其成功。

第三，良好的人际关系是人生幸福的需要。人生的幸福是构建在物质生活和精神生活的基础上的。人生幸福必然包含有物质生活的内容，创造人生物质生活的幸福，会受到人际关系状况的影响。良好的人际关系有利于在物质生产过程中营造充分发挥人的创造力的优良环境。人的积极性、创造性的发挥，能增加物质财富的生产，丰富人们的物质生活。良好的人际关系也使得人与人之间的物质交往渠道畅通，人与人之间互通有无，互利互惠，可使人得到更多的物质享受和幸福。

人生幸福还必然要求精神生活的满足。精神生活的状况，如思想道德、理想情操、心理境况等都与人际关系密切联系。和谐健康的人际关系有利于形成信任、友爱、团结、理解、互相关心的客观环境。在这种环境中，人与人之间进行思想和情感上的交流，达到互相理解，可使人们从中汲取力量和勇气，并使人处在一种舒畅、快慰、奔放的精神状态中，容易形成乐观、自信、积极的人生态度，从而使人们的精神情操、心理环境得到净化，思想境界得到升华。

（一）人际和谐是中国的宝贵文化传统

“和”是中国文化中最重要的概念之一，“和”即矛盾的协调统一，包括宇宙自然的和谐、人与自然的和谐、人自身的和谐以及人与人之间、人与社会之间的和谐。下面从历史的角度分析中华民族的宝贵文化传统“以和为贵”以及和谐社会的内涵。

和谐是中华民族人文精神的基本理念和首要价值，是中华传统文化思想的精粹和生命智慧，是中华民族精神的体现，也是中华心、民族魂的体现，是人与自然、社会、心灵、文明之间的多样性的差别、冲突的协调、平衡、融合。总的来说，和谐是中华民族一以贯之的文化理念、文化实践和理想追求的总和。

《中庸》说：“和也者，天下之达道也。”中国古代的大思想家孔子强调“和为贵”，把和谐作为其思想的最高目标；孟子说“天时不如地利，地利不如人和”，把“人和”作为战胜一切困难、克敌制胜的法宝。

和谐文化是中国传统文化的精髓，也是中华民族凝聚力的源泉，它把个人与他人、个人与群体、个人与人类作为一种文化关系，以和谐为纽带，有序地联结起来。

中国传统文化讲修身，主张人通过修身，实现理想的人格和完美的精神境界，在自身修养的基础上，实现人际关系和谐。实现了人际关系的和谐，就可以超越人际关系中狭隘的利益交换关系和急功近利倾向，人与人之间以诚相见，处在和谐、有序的关系之中。人际和谐不仅是人立身处世的根本，也是个人与他人、个人与群体、个人与社会和谐的基础。

中国传统文化讲治国，主张通过治国实现群体的和谐，通过群体和谐实现对国家的治理。人生活在群体中，要树立群体意识，人对群体应有责任感，要有义务观念和奉献精神。人“同群”，人也“能群”。一个人只有对群体做出贡献，才能获得群体的认同。

中国传统文化讲天人和谐即人与自然的和谐，认为人生于天地之间，与天地并立而为三。人源于自然，又生存和发展于自然，人的理想目标是与天地万物为一体，这是天人和谐的理想境界。天人和谐必须以人类自身和谐为基础，因为人与自然和谐的实现，是天下全人类的共同行为，无论是合理开发、利用地球上的资源，还是对人类生存环境的保护，都是全人类的共同行为，需要人类的共同行动、齐心协力。“夫大人者与天地合其德”，“仁者，以天地万物为一体”，天人和谐是三大和谐的最高境界。

作为和谐重要内容之一的人际和谐，是中华民族传统文化的宝贵资源。人际和谐的思想不但维护了中国古代文明的繁荣稳定，而且也是我们今天构建和谐社会，实现祖国统一，增强凝聚力和综合国力的内在要求，是我们处理人际关系所应秉持的基本原则。

（二）人际和谐的特征

1. 平等相处

和谐的人际关系中人与人之间是平等的，每一个人的权利和人格都受到平等尊重。不歧视人、不欺负人，是减少人际冲突，建立良好人际关系的基本条件。

2. 宽松的人际环境

和谐的人际关系中每个人的个性受到尊重、宽容，人与人之间能设身处地地为别人着想和最大限度地理解别人，在宽容别人的同时，也开阔了自己的心胸。

3. 相互真诚信任

在和谐的人际关系中，人与人之间真诚相待，信誉至上。诚信是对自己的言行、承诺负责任的健康人格的表现。相互信任是维护人际关系的基本保障。对亲人、对朋友、对人民、对祖国的忠诚是加深和巩固人际和谐的重要因素，也是中华民族的传统美德。

4. 友善和关爱

人际和谐是建立在以人为本的基础之上的，与人为善是人际和谐的基本出发点，人们之间以友好的态度相处，可以消除隔阂，增进感情，使人间充满温暖和爱。

案例 清朝康熙年间有个大学士名叫张英。一天张英收到家信，说家人为了争三尺宽的宅基地，与邻居发生纠纷，要他用职权疏通关系，打赢这场官司。张英阅信后坦然一笑，挥笔写了一封信，并附诗一首："千里修书只为墙，让他三尺有何妨？万里长城今犹在，不见当年秦始皇。"家人接信后，让出三尺宅基地，邻居见了，也主动相让，结果成了六尺巷。这个化干戈为玉帛的故事流传至今。

思考 这个故事很动人，请问你是怎样处理"舍"与"得"的关系的？

人与人之间正常友好的交往是维持人际关系和谐的一个必不可少的条件。心理学家丁瓒教授曾指出："人类的心理适应，最主要的就是对于人际关系的适应。所以人类的心理病态，主要是由于这人际关系的失调而来。"心理健康的学生乐于与他人交往，能与人和谐相处，能接受和给予爱与友谊，具有良好的人际关系；能同心协力，与人团结合作并乐于助人；能将个人融入集体之中，与集体保持协调的关系。如果长期将自己与他人孤立开来，不与人交往，或者对周围的人保持一种戒备心理，对人冷漠，不相信他人，甚至对人怀有敌意，或者是与集体格格不入，从不关心集体，心中只有自己，这些都是不健康的心理表现。

案例 这件事情发生在普吉岛的度假村。有一天，一位满脸歉意的工作人员，安慰着一位大约四岁的小孩，饱受惊吓的小孩已经哭得筋疲力尽了。因为那天小孩较多，这位工作人员一时疏忽，在儿童的网球课结束后，将这位小孩留在了网球场。等到她发现人数不对时，才赶快跑到网球场，将这位小孩带回来，而小孩因为一个人在偏远的网球场而饱受惊吓，哭得稀里哗啦。

现在小孩的妈妈出现了，看着自己的小孩哭得惨兮兮的……

思考 如果你是这位妈妈，你会怎么做？

痛骂那位工作人员一顿？很生气地带着小孩离开，再也不参加儿童俱乐部了？还是直接向主管抗议？

都不是！这位妈妈蹲下来安慰四岁的孩子，并且很理性地告诉他："已经没事了，那位姐姐因为找不到你而非常地紧张难过，她不是故意的，现在你必须亲亲那位姐姐的脸颊，安慰她一下！"

那位四岁的小孩踮起脚跟，亲了亲蹲在他身旁的工作人员的脸颊，并且轻轻地告诉她："不要害怕，已经没事了！"

当你感到难过害怕的同时，也别忘了别人心里的感受；当你对朋友施予帮助时，也别忘了不要伤到其他人。

（三）人际和谐的作用

1. 人际和谐是个人心理健康发展的需要

案例 有个很老的阿拉伯故事，说的是两个朋友在沙漠中旅行。旅途中他们吵架了，一个人打了另外一个人一个巴掌。被打的那位在沙子上写下："今天我的好朋友打了我一巴掌。"他们继续往前走，到了一片沼泽地，被打了一个巴掌的那位差点被淹死，幸好被朋友救起。被救后，他拿起一把刀，在石头上刻下："几天前我的朋友救了我一命。"

朋友好奇地问："为什么我打了你之后，你写在沙子上，而现在要刻在石头上呢？"他笑了笑，回答说："当被一个朋友伤害时，要写在容易消逝的地方，风会负责抹去它；相反，如果接受了帮助，就要把它刻在不容易消逝的地方，刻在石头上任何风都不能抹灭它了。"

思考 这个故事给你什么启示？

朋友的伤害往往是无心的，帮助却是真心的。忘记那些无心的伤害，铭记那些真心的帮助，你会发现这世界上你有很多真心的朋友。

"君子之交淡如水，小人之交甘若醴。"朋友就是自己的影子，多交诤友、益友，切忌交狐朋狗友、酒肉朋友。友谊应该建立在充分信任和平等之上，猜疑与自私是友谊之大忌。朋友相交贵在真诚。缔造快乐人生需要真正的友谊，而要拥有真正的友谊就要善于区别益友与损友。益友，就是一剂良药，能为朋友起到药到病除的作用。益友无法给予你财富，但是可以给你思想的启迪；益友不能陪伴你生活，但会成为你前行路途上划破夜空的航灯。与益友相处，如入芝兰之室尽享芬芳，受此熏陶，我们也有可能在完善自己的同时，成为别人的益友。损友，就是一服麻药，能使朋友云里雾里、陶醉不醒，失去基本的辨识能力。损友，就是一颗罂粟，是浸入朋友心灵的慢性毒药，交了损友，那离灾难也就不远了。损友给人们的工作、生活、经济、感情等方面带来损失是毋庸置疑的。之所以在损后面还带着友，那是因为开始交往时未曾认识，或者因为熟悉了碍于情面而未绝交。与损友的交往，轻者浪费时间和金钱，重者可能会带来事业和情感的伤害。

和谐的人际关系的培养还需要在交往中把握一定的尺度。作为青年学生，必须把握好友情与爱情的关系和界限。良好的人际交往会扩大青年学生的交际范围，提高青年学生的社会生存能力。对异性的交往要保持一定的距离，尤其是在校的青年学生。男女同学交往有利于在学习和生活中相互帮助，提高学习效率。大学生活的交往实践，在坚持合理交往的原则和前提下，能够克服青年男女的心理狭隘和局限，丰富自我个性，提高性别角色意识和审美情趣，为以后的职业生活打下良好的基础。

2. 人际和谐有利于人的自我实现

(1) 学习借鉴他人的长处，自我完善。俗话说：尺有所短，寸有所长。取人之长、补己之短是聪明人的成功之道，没有一个人生而完美，更没有一个人能脱离他人帮助而获得成功。“金无足赤，人无完人”，善于学习他人的长处，采纳他们的优点，补充自我的不足，是完善自我、成就自我的最佳方法。孔子不仅教导我们“三人行，必有我师”，他自己也积极向竞争者学习。春秋战国时期，百家争鸣，孔子创立的儒家学派只是其中一个很小的派别，当时，老子创立的道家学派已经非常有名，而且他关于礼的知识也很丰富。孔子倡导六艺，礼是六艺之一，为了学礼，孔子不远千里到洛邑向老子求教。结果，老子亲自到郊外迎接孔子，并且与他共同切磋学问，告诉他许多关于礼的知识。孔子深受其益，在老子的基础上，结合个人钻研，创立了完善的礼乐制度，成为影响中国人数千年的儒家文化。

(2) 获得社会知识、经验和社会能力。人际关系和谐有利于青年学生更好地参与社会实践，从而获得社会知识、经验和社会能力。社会实践是青年学生理论联系实际、认识社会、完善自我的重要途径。在目前就业形势十分严峻的情况下，我们只有通过经常性地参加社会实践活动，从而获得从事某种工作的知识、技能、基本素质等，才能为就业积累经验，从而更好地发展自身。

(3) 促进信息交流和信息的共享。和谐的人际关系有利于促进彼此之间的信息交流和共享。这是一个信息高速发展的时代，有人曾说，现代社会中80%的信息是通过交往获得的，而信息的掌握在一定程度上也影响了自身思维和判断力的养成。

(4) 人与人之间相互帮助和支持。“老吾老，以及人之老；幼吾幼，以及人之幼。”我们生活在一个需要爱心的世界里，在新的时代背景下，构建和谐美好的社会，是人们的期盼和追求。和谐社会需要爱心，美好生活需要互助，良好人际关系需要理解。人与人之间的和谐是构建和谐社会的基础，而和谐的人际关系最重要的是关爱，是一种发自内心的相互友爱，相互关心，相互帮助。爱是人类最朴素最珍贵的情感，是和谐社会必须具备的润滑剂。爱心，就是一片照射在冬日的阳光，使贫病交迫的人分外感到人间的温暖；爱心，就是一泓出现在沙漠的泉水，使濒临绝境的人重新看到生的希望。一个和谐的社会，必然是充满爱心、撒播温馨的社会，不用刻意营造，完全如一道浑然天成的风景。

五、营造和谐人际关系，创造快乐人生

人的一生会遇到各种各样的人，我们要跟各种各样的人共事。不同的人际关系引起人们的情感体验不同。亲密关系引起人们愉快的体验，心情舒畅；疏远的或敌对的关系，会引起人们之间不愉快、烦恼甚至憎恶的情感体验。我们应该用普遍联系的观点来看待人际关系。我们在人生发展过程中不能只看到自我，自我封闭、自我满足，而看不到个人与社会的联系。我们既要重视个体对集体和社会的价值，也要充分看到集体、社会对个人发展的重要作用。用联系的、全面的观点看待人际关系，就会形成积极的人生态度；反之，以孤立的、片面的观点看待人际关系，就会形成消极的人生态度。那么，我们在与他人共处时，该如何营造和谐的人际关系呢？

案例 小雨（化名）今年20岁，上高中的时候学习很刻苦，除了学习没有其他的爱好，也没什么朋友。因高考成绩不理想，补习了一年。考入大学后，班主任安排小雨当寝室长，她也想好好与寝室同学相处。但时间一长，小雨发现自己真的无法和室友们友好相处。小雨习惯早睡，

室友们却喜欢聊到深夜；小雨比较爱干净，室友们却喜欢乱丢乱放，把寝室搞得乱七八糟。小雨以寝室长的身份给她们提出一些建议和要求，她们不但不听，反而恶言相向。就这样，小雨与室友经常因为一些琐事发生争执，小雨认为自己是对的，但她们并不理睬，几乎没人跟小雨说话。现在小雨和室友的关系很糟糕，已经到了孤立无援的地步。

思考 如何运用所学知识帮助小雨解决目前面临的人际关系问题？

（一）走出孤独，让心灵平静有安全感

社会交往对我们每个人来说都具有重要意义。性格是影响人们能否成功地进行人际交往的重要因素，因此，我们应该培养良好的性格，学会豁达与开朗，与人为善，主动地与人交往。许多人的人际交往障碍都源于其不良的性格特征，如情绪变化无常、冷漠、自私、偏执等。

回顾进入学校的第一天，你是如何和同学相识并建立友谊的？在得到同学和老师的信任和友谊后，你内心有何感受？你会发现，只有主动地交往，自觉地投身到社会生活中，扩大自己的社会关系，才能建立积极的人际关系。

案例 小潘和妻子自搬入新房之后，楼上楼下多了不少陌生的邻居。妻子见面就和他们打招呼，或者微微一笑，很快和邻居们混了个脸熟。春天在山上采摘野菜，妻子想着多采点儿给邻居们送去。有时做包子或饺子甚至烙饼，她认为有特色的，也给邻居们送几个。停水的通知，初冬暖气试水，妻子唯恐别人不知道，总爱再去告诉他们一声。一次偶然的停电，妻子特意叮嘱，多买几支蜡烛回来，带几个给邻居们。后来有了小孩，家里备了婴儿的常用药品，谁家孩子急需就先拿去用。这些虽然是一点一滴的生活小事，却温暖了邻居们的心。他们没什么事也常来小潘家聊聊天，有心事总愿和小潘的妻子说。而小潘的这些邻居们，也都将心比心，给小潘送来了自己腌制的咸菜，或给小孩买双鞋，送点水果。小潘和妻子的心里也充满感激。大家你来我往，谁家有事相互帮助，和谐的人际关系建立起来了，自己的心情也变好了。

思考 小潘和妻子为什么能和邻居们和谐相处？

其实，在构建和谐人际关系的过程中，要是人人都能献出一分爱，对别人少点索取，多点关心，不把功利看得太重，孤独感和冷漠感就会离我们越来越远！

（二）和谐共事，让工作高效有成就感

真正的友谊就是在共同理想的基础上互相关心、互相爱护、互相帮助。我们在与人合作共事时，既要学会尊重他人、诚实守信、待人真诚，也要学会互相配合，学会分享合作的成果和成功的快乐。

青年时期是我们世界观、人生观形成的关键时期，选择那些正直、真诚、上进、博学多才的人做朋友，将会使我们受益匪浅。孔子曰："益者三友，损者三友。友直，友谅，友多闻，益矣。友便辟，友善柔，友便佞，损矣。"孔子把正直的人、诚信的人、见闻广博的人看成是益友，把献媚奉承、背后诋毁的人看成是损友。

案例 有两个男生，毕业于同一所著名的工科院校，而后又同时到一家研究所做研究工作。其中一个男生的学习成绩一直很优秀，毕业时，各门课的成绩都在85分以上。到了工作岗位，他加班加点，刻苦钻研，很快就成为单位里的技术骨干，但他好胜心太强，不愿指导别人和与人交流，久而久之，大家都觉得他不好相处。另一个同学成绩一般，业务能力较弱，工作了两年之后，单从业务的角度来讲，要远远逊于他的同学，但从与人合作的角度来说，要远远强于他。

就在这时，单位承接了一个重要任务，并为此成立了专门的项目组。为了更好地完成任务，需要有一个能干的组长来带领大家一起工作，学习成绩好的男生一心想竞聘这个项目组长的位置，积极写了自荐信，他自信凭着自己的技术，一定可以胜任这个职位。

然而，当最后的任命传达下来的时候，却让这个男生失望了，他怎么也没有想到，新任命的组长却是他的同学！这个男生感到受了伤害。晚上，他一个人躺在床上，看着天花板，翻来覆去睡不着："我究竟是哪里做得不好呢？"

思考 为什么上级最终没有任命这个男生做组长呢？

答案就是这个男生虽然技术出众，是业务上的骨干，但他的性格太好强、太自负，和别人一起工作的时候，总想着压人一头，合作能力很差。同事们一起搞设计，他总觉得自己做的就是最好的，不爱和别人交流，不听取别人的意见。别人一提出意见，他就不高兴，使脸色。同事们都觉得他很有才干，就是太喜欢单打独斗了，是个钻研的好料子，但不适合做领导工作。而他的

同学却正好相反，性格开朗，善于沟通，能够处理好复杂的人际关系；愿意与别人合作，愿意听取别人的意见，经常和大家打成一片，很受欢迎，虽然业务能力弱一些，但组织管理能力却很强。上级考虑到要管理这样大的项目，一个合作能力、沟通能力太差的人可能不适合，于是就指派了他的同学。

要做受欢迎的人，让世界因你而精彩。诚实、善良、善解人意、宽厚大度、开朗幽默、乐于助人的品质在交往中总是更受人们的欢迎。乐观开朗，对人对事都以积极的心态去应对，会使交往轻松而愉快，这种积极的心态会感染周围的人。真诚地肯定和欣赏别人的长处，宽容别人的缺点与不足，多站在别人的立场上考虑问题，关心他人，替别人着想，而不能事事都只想着自己。遇到矛盾要冷处理，尽量避免指责、争执和冲突，以免激化矛盾，这样才能与人和谐共处。

（三）张弛有度，让人生理性有分寸感

在不少公众场合，总有人显得十分得体。待人接物，处事做人，事业成就，都离不开分寸感。分寸，就是处事有度。

和谐的人际关系要讲分寸。过亲则疏，过热便冷，保持距离最好。不同场合不同环境对不同对象，讲话应有所不同。开玩笑要有度，过犹不及反会伤人。

案例 有个年轻的犹太人叫布赖斯，他想换份工作，于是便请了一帮好朋友到餐厅去吃饭，等到大家吃得差不多的时候，布赖斯便趁机说出了自己的请求：“我想请大家帮我留意一下招工信息。”一个朋友红着脸说道：“没问题，包在我身上，只要我帮你活动一下，就能很快找到一份轻松的工作。”朋友们神情激昂，也纷纷向他保证，一有什么信息就马上通知他。布赖斯看到朋友们如此激动，含着泪说：“非常感谢大家！等我找到工作后，再请大家吃饭。”

布赖斯回到县城，整天待在家里无事干，人也像个霜打的茄子。他没事就会向电话机上瞧一眼，惦记朋友们帮他找到工作后打电话来。如果有事外出，一回来就慌忙去翻看电话的来电显示，然而令他失望的是，等待他的依然是空白。半年后的一天晚上，布赖斯正在房间里看书，这时，朋友奥斯拉带着一身的寒气走了进来，说：“市晚报招记者，报名截止时间是明天中午，我是专门跑来告诉你这个消息的。”后来，布赖斯去报名面试，最后被聘上了，在酒吧请朋友们喝酒庆祝。喝着喝着，其中

一个朋友大声说："晚报招聘广告登出来的时候，我就给你打电话了，是你太太接的。我就知道你一定能成功，来，我们来干一杯。"布赖斯心里掠过一丝不快。接下来，另一个朋友说一个广告公司招人，打了好几次电话总是联系不上他。还有一个朋友说，一个IT通信公司招业务主管，还帮他报了名，打了几次电话都找不到他。

每个人都说得非常动听，布赖斯的脸却越来越沉。这时，奥斯拉站了起来，举起酒杯说："为了布赖斯能找到一个好的工作，大家都出了不少力，让我们举杯为布赖斯祝贺，来，干！"声音响亮而高亢。布赖斯的泪水在眼里直打转，他看着奥斯拉，好像要说点儿什么，但他看看眼前喝得醉醺醺的朋友，什么也没说。

思考? 结合材料，谈谈你对友谊的看法。

我们每个人都生活在一定的人际关系中，人际和谐是我们人生幸福和快乐的重要保证。就像雨果所说："亲善产生幸福，文明带来和谐。"让我们用我们的真心、爱心去营造和谐的人际关系，创造幸福的人生。

（四）沟通交流，让生活丰富有幸福感

如果你的好朋友是一个急性子，他（她）经常因为鸡毛蒜皮的小事跟你大发脾气。今天你的心情本来就不好，他（她）又向你发了一通脾气，你会怎么做？

作为朋友，我们应该宽容，相互体谅。以自我为中心的友谊是不会长久的。

为了营造和谐的人际关系，我们应尝试着去做：

（1）微笑（微笑很重要，你会感到世界变得美好起来）。

（2）赞美（用心发现别人的优点，适时赞美）。

（3）同情（能够设身处地从别人的角度考虑问题）。

（4）倾听（让他人感觉到你的关怀与理解）。

（5）己所不欲，勿施于人（自己不愿意的事，不要强加给别人）。

（6）换位思考（如果能换个角度想想，就会更好地理解别人）。

本章小结

世界是相互联系的统一的整体，世界上的一切事物都不是独立存在的，

而是处在普遍的联系之中。事物与事物之间、事物内部各要素之间相互影响、相互作用。这种联系是事物本身所固有的，不是主观臆想的，是普遍存在的、多种多样的。联系有直接联系与间接联系、内部联系与外部联系、本质联系与非本质联系、必然联系与偶然联系之分，在这些联系中，矛盾无处不在，无时不有，推动着事物的发展，也助推着人生前行。这就要求我们用唯物辩证法，用联系与矛盾的观点看待事物、看待人生，面对事物发展中的挫折，面对人生的顺流、逆流，勇于解决问题，树立积极的人生态度，意气风发地走在健康成长的人生大路上。

经典名言

1. 和谐的人际关系是一笔宝贵的财富。——卡耐基

2. 在人类历史中，生产的发展决定着交往的发展，同时，交往的扩大也决定着生产的普遍发展，生产和交往的这种相互作用决定着人和社会及其历史演变。——马克思

3. 人生离不开友谊，但要得到真正的友谊才是不容易；友谊总需要忠诚去播种，用热情去灌溉，用原则去培养，用谅解去护理。——马克思

学习思考

1. 结合所学知识，分析“唇亡齿寒”体现的哲学道理。

2. 如何用联系的观点处理复杂的人际关系？

3. “只要你对着飞驰的流星许个愿，你的愿望就会实现。”你是否同意这一观点？请阐明原因。

第六讲　处理人生矛盾　促进自身发展

矛盾是反映事物内部和事物之间对立统一关系的哲学范畴。对立和统一分别体现了矛盾的两种基本属性。矛盾的对立属性又称斗争性，矛盾的统一属性又称同一性。对立统一规律是唯物辩证法的实质和核心。对立统一规律揭示了事物普遍联系的根本内容和变化发展的根本动力。对立统一规律是贯穿量变质变规律、否定之否定规律以及唯物辩证法基本范畴的中心线索，也是理解这些规律和范畴的“钥匙”，对立统一规律提供了人们认识世界和改造世界的根本方法——矛盾分析方法。学习掌握事物矛盾运动的基本原理，要求我们全面地看问题，不断强化问题意识，积极面对和化解前进中遇到的矛盾。

一、什么是矛盾

（一）矛盾的概念

哲学意义上的矛盾指事物内部两个方面之间或事物之间存在着的既相互排斥、相互对立，又相互依存、相互转化的关系。哲学上把事物自身包含的这种既对立又统一的关系，叫矛盾。简言之：矛盾就是对立统一。矛盾的现象早就被古今中外的哲学家注意和研究了。在我国的传统哲学中，有丰富的关于矛盾辩证法的思想。中国古代的哲学家很早就提出了“物生有两”“万物莫不有对”的思想，认为事物往往是成双成对出现的。在老子的《道德经》中，就有关于阴阳、有无、大小、强弱、动静、正反、生死、存亡、兴废、美丑、善恶、攻守、治乱、古今等一系列相对的概念。老子指出，“有无相生，难易相成，长短相形，高下相倾，音声相和，前后相随”，即事物都是相反相成的，各以其对立面为自己存在的前提。

矛盾存在于一切事物之中，无论在自然界、人类社会或是在人们的思维领域，事事有矛盾。矛盾也贯穿事物发展过程的始终。事物从开始萌芽，到发展壮大，再到走向灭亡，每时每刻都存在着矛盾。旧的矛盾一经解决，新的矛盾就会产生，时时有矛盾。矛盾的这个特点称为矛盾的普遍性。世界上的事物虽然都有矛盾，但是每个事物的具体矛盾却各不相同。我们生活的世界之所以千差万别、纷繁复杂，正是因为事物所包含的矛盾具有不同的特点。事物是不断变化发展的，其包含的矛盾也在不断地变化和发展，在事物不同的发展阶段矛盾也各有各的特点。矛盾的这个特点称为矛盾的特殊性。矛盾的普遍性要求我们运用矛盾分析法分析一切事物，矛盾的特殊性要求我们在分析事物时要做到具体问题具体分析。矛盾的普遍性寓于特殊性之中，并通过特殊性表现出来。

（二）矛盾的基本属性

1. 矛盾的同一性（统一性）

矛盾的同一性指事物双方相互联系、相互依存、相互贯通、相互转化的性质。这是事物的相对性。矛盾同一性表现为：矛盾双方相互依存，互为条件，共处于一个统一体中。这就是说，任何矛盾的对立双方都不能单独存在，而是在一定条件下，各以自己的对立面作为自己存在的前提，如果没有对方，自己也将不会存在。“你离不开我，我离不开你”是指矛盾着的对立面之间相互联结、不可分割的性质和趋势，具体有以下两种情形：

①矛盾着的对立面相互联结、相互依存，共居于一个统一体中。

②矛盾着的对立面相互渗透、相互贯通，在一定条件下可以相互转化。

2. 矛盾的斗争性（对立性）

矛盾的斗争性指事物双方相互区别、相互分离、相互排斥、相互否定的性质和趋势。这是事物的绝对性。由于矛盾的性质不同，矛盾的斗争形式也不同，对于多种多样的斗争形式，可以分为对抗性矛盾和非对抗性矛盾两种基本形式。

3. 矛盾同一性和斗争性的辩证关系

矛盾的同一性和斗争性是相互联结、相互制约的。

（1）矛盾的同一性和矛盾的斗争性相互联结，同一是矛盾双方对立中的同一，是矛盾斗争的重要条件，斗争是矛盾双方同一中的斗争，同一性不能脱离斗争性而存在，没有斗争性就没有同一性。矛盾的同一性和斗争性不能孤立的起作用，两者相结合推动事物的发展。

（2）矛盾的同一性和矛盾的斗争性相互区别，在事物的矛盾中，矛盾的斗争性是无条件的、绝对的，矛盾的同一性是有条件的、相对的。

人的一生中，所遇之事种种，有时虽然一时受到损失，反而可能因此而得到好处。因此，我们的心态一定要乐观向上，任何事情都有两面性，不好的一面也有可能向好的一面转化。正如鲁迅在《阿Q正传》中所言："但真所谓'塞翁失马安知非福'罢，阿Q不幸而赢了一回，他倒几乎失败了。"

二、用矛盾的观点看问题

（一）正确理解和把握矛盾的含义

1. 对立和统一不可分割

唯物辩证法的矛盾学说告诉我们，世界上一切事物的内部都包含着两个方面，这两个方面既相互排斥和对立，同时又相互依赖和统一。哲学上把事物自身包含的这种既对立又统一的关系叫作矛盾。世界上没有不包含矛盾的事物，没有矛盾就没有世界。我们既要看到事物的对立，又要看到事物的统一；要在对立中把握统一，在统一中把握对立。矛盾着的对立面之间相互渗透、相互贯通，这是矛盾同一性的更重要的一层含义。矛盾的相互贯通表现为相互渗透和相互包含。矛盾着的每一方都包含和渗透着对方的因素和属性，你中有我、我中有你，此中有彼、彼中有此。

2. 对立统一关系既指事物内部，又指事物之间

对立统一关系既存在于任何事物内部，又存在于事物之间。任何事物之间都存在各种不同的矛盾。在复杂事物自身和事物之间存在的多种矛盾中，每种矛盾所处的地位、对事物发展所起的作用是不同的。在事物发展过程中处于支配地位、对事物发展起决定作用的矛盾是主要矛盾，处于从属地位、对事物发展不起决定作用的是次要矛盾。在事物内部居于支配地位、起主导作用的是矛盾的主要方面，处于从属、被支配地位的是矛盾的次要方面，矛盾的主要方面和次要方面是辩证统一的。下面从理论上对主要矛盾和矛盾的主要方面加以区分：

（1）两者外延不同。主要矛盾是就复杂事物中所包含的"诸多矛盾"相互比较而言的，而矛盾的主要方面则是就"同一矛盾"的矛盾双方相比较而言的。主要矛盾一般只有一个，次要矛盾则可以有多个，而矛盾的主要方面只有一方，次要方面也只有一方。

（2）两者内涵不同。主次矛盾研究的是同一过程中同时存在的诸多矛盾之间的相互关系问题，讲的是这些矛盾的不平衡问题。矛盾的主次方面说的则是任何一个矛盾中两个方面之间的关系，是讲矛盾的两个方面之间的不平衡问题。

（3）两者的方法论要求不同。主次矛盾关系的原理要求我们做工作要集中力量找出主要矛盾，从而找到解决复杂问题的关键。矛盾主次方面关系的原理要求在认识事物时，必须把握矛盾的主要方面，这样才能正确认识事物的主流和性质。

3. 哲学上的矛盾不能与逻辑矛盾混为一谈

哲学上讲的矛盾，称辩证矛盾；人同一个主体（个人或集体）作出的互相矛盾（不能同真也不能同假）或相互反对（不能同真但可以同假）的判断称逻辑矛盾。哲学上的矛盾与逻辑学上的矛盾既有联系，又有区别。明确两者关系，是正确理解和把握矛盾必须注意的一个问题。

辩证矛盾和逻辑矛盾是有区别的，不能混为一谈。

我们看到哲学课本上的“矛盾”一词时，一般首先想到的往往是《韩非子》中《自相矛盾》的寓言故事，以及日常生活中常用的“说话前后矛盾”中所说的“矛盾”，其实这里所讲的“矛盾”是一种逻辑矛盾，是指人们在叙述问题时出现的前后抵触、不一致的现象，是思维中逻辑混乱的表现，是一种认识上的逻辑错误，应予以排除。矛盾律认为，任何思想不能既是真实的，又是虚假的。它要求一个思想不能自相矛盾，也就是要求思想有确定性。违背了矛盾律，就会出现逻辑矛盾即“自相矛盾”。而哲学上讲的矛盾，不是主观思维中出现的逻辑矛盾，而是不论在自然界、社会还是在人生过程中，都无处不在的客观的矛盾。辩证矛盾是指在客观现实中，事物自身所包含的对立统一关系，是认识对象所固有的，应予以正确反映。分不清辩证矛盾与逻辑矛盾的区别，势必会影响对唯物辩证法矛盾概念的正确理解和把握，也会影响对矛盾普遍性原理的理解。因此，在把握矛盾范畴的辩证含义时，首先必须注意把辩证矛盾和逻辑矛盾区分开来。

（1）辩证矛盾和逻辑矛盾的性质根本不同。逻辑矛盾是由于人们的思维违反形式逻辑中矛盾律的要求而产生的逻辑错误。矛盾律说：两个互相矛盾的（或对立的）思想或论断，不能同真，其中必有一假，可用公式表示为：a≠非 a。例如，根据矛盾律，我们不能同时这样说：“我是中学生”“我不是中学生”。如果同时肯定这两个互相矛盾的判断，就会出现逻辑矛盾。那位卖兵器的楚国人，自夸“不可陷之盾”和“无不陷之矛”，这两句话显然不能同时成立，成为“自相矛盾”的虚假广告。所以，在同一思维过程中，也就是在同一时间、同一关系下，不能同时承认两个互相矛盾或对立的判断都是真的；不能对同一对象既肯定它具有某种性质，又在同一意义上否定它具有某种性质，否则，就会犯自相矛盾的逻辑错误，出现逻辑矛盾。可见，逻辑矛盾既不是客观事物固有的，也不是人们的思维对客观事物的正确反映，而是人们思维中逻辑混乱的表现。形式逻辑矛盾律的作用就是要排除思维中的逻辑矛盾错误，以保持思维的首尾一致性。而辩证矛盾则是任何客体或过程自身所具有的既对立又统一的关系，它是现实的矛盾，存在于自然界和社会的一切事物和现象以及人的思维中。列宁把它称为“实际生活中的实际矛盾”，“而不是字面上的、臆造出来的矛盾”。如自然界中吸引与排斥、正电与负电、化合与分解、遗传与变异等矛盾，人类社会中生产力与生产关系、剥削阶级与被剥削阶级、战争与和平、民主与专制等矛盾，这种客观存在的现实矛盾就是辩证矛盾，它是一切事物发展的动力和源泉。现实的辩证矛盾在人们思维中的正确反映，就形成思维中的辩证矛盾。它同由于违反逻辑规则而形成的逻辑矛盾不是一回事，不能把两者混为一谈。

(2) 辩证矛盾和逻辑矛盾中矛盾双方的关系也不同。在逻辑矛盾中，矛盾双方的关系是绝对地互相排斥，是单纯地否定，没有任何联系环节。而辩证矛盾则是由两个对立面组成的统一体，矛盾双方互相联系、互相依存，又互相排斥、互相斗争，从而推动事物的运动和变化。例如，“人民教师是人类灵魂的工程师”和“人民教师不是人类灵魂的工程师”是两个矛盾的判断，矛盾双方绝对排斥，不能同真，这是逻辑矛盾的特点；然而在“人民教师既是先生，又是学生”这一判断中，矛盾双方既是相互对立的，又是相互联系的。教以学为基础，学是为了更好地教，这正是辩证矛盾的特点。

(3) 辩证矛盾和逻辑矛盾的表述也不同。逻辑矛盾是在不正确地反映客观现实时出现的，是伴随着两个互相矛盾、不能同真、必有一假的思想或论断出现的；而我们的思维要正确反映辩证矛盾，就要全面地反映客观事物中既互相联系又互相排斥的矛盾双方关系，如果用判断来表示，就应把这种矛盾双方的关系完整地表述在一个判断里。例如，“一年一度的春节，是千载难逢的传统节日”，这“一年一度”和“千载难逢”便是自相矛盾的；而“我盼过年，又怕过年”，则真实地反映了“我”对过年的矛盾心理。可见，思维中出现的逻辑矛盾和辩证法中所讲的客观事物内部的矛盾是两回事。承认辩证矛盾是辩证法的前提和出发点，而陷入逻辑矛盾则往往是诡辩论的特征，两者是完全不同的。

不容许有逻辑矛盾并不是否认辩证矛盾，承认辩证矛盾也不是不容许逻辑矛盾。我们在弄清辩证矛盾和逻辑矛盾区别的同时，还必须明确它们之间的相互关系。恩格斯曾经把形式逻辑同辩证逻辑的关系比喻为初等数学和高等数学的关系。辩证思维是以形式逻辑为基础和前提而产生的，两者性质不同，但不是绝对对立的，而是在人类思维活动中统一起来的。形式逻辑是关于思维形式的科学，它讲思维的确定性，前后不自相矛盾和排除逻辑矛盾。作为形式逻辑基本规律之一的矛盾律，它要求排除的只是思维过程中由于前后思想不连贯、逻辑混乱而产生的逻辑矛盾，但并不否认事物自身固有的辩证矛盾，因为事物的矛盾是客观的，而正确反映事物自身的辩证矛盾不会形成逻辑矛盾。矛盾律要求思维不自相矛盾，只是指在同一时间对同一事物的同一属性不应有自相矛盾的思想和论断，但并不反对和排斥同一事物在不同时间、不同方面可以有互相矛盾的属性。这种客观事物本身固有的对立统一关系是辩证矛盾，把这种矛盾双方的关系完整地表述于同一个判断里，完全符合逻辑规则，并没有出现逻辑错误和逻辑矛盾，当然不会受矛盾律的反对和排斥。可见，不容许逻辑矛盾，并不等于否定辩证矛盾。

唯物辩证法是关于自然、社会和思维发展的最一般规律的科学，它承认客观世界里的一切事物、现象的联系和发展都在于它自身的矛盾。列宁曾经说过："就本来的意义说，辩证法是研究对象的本质自身中的矛盾。"列宁又说："'逻辑矛盾'——当然在正确的逻辑思维的条件下，无论在经济分析中或在政治分析中都是不应当有的。"列宁这两段话告诉我们，辩证法是研究矛盾的学说，但它并不排斥形式逻辑对思维形式的研究；我们在遵循辩证法的对立统一规律正确反映现实的辩证矛盾时，必须遵守形式逻辑的规则，不容许出现逻辑矛盾。因为形式逻辑所排除的矛盾，是由于一个人的思想不连贯、逻辑混乱而产生的，并不是客观事物本身所固有的。例如，我们说："人民教师既是先生，又是学生。"在这个判断里，完整地反映了人民教师肩负教书育人和继续学习两方面任务的对立统一关系，不存在思维中的逻辑混乱和逻辑矛盾；如果我们对上述正确判断，在肯定的同时又加以否定，如在肯定"人民教师既是先生，又是学生"后，接着又加以否定"人民教师并非既是先生，又是学生"，这样就出现了两个逻辑上自相矛盾的判断，这不仅为矛盾律所不容许，而且也不能对事物矛盾作出正确的反映，不符合矛盾分析法的要求。

辩证的分析方法是符合矛盾律要求的。在这方面，唯物辩证法经典作家在他们的著作中，向我们提供了典范。例如，马克思并没有留下逻辑学的专著，但他的《资本论》在分析资本主义社会矛盾发展的规律时，体现了严密的逻辑性，没有什么逻辑矛盾，连反对他的观点的学者也不得不承认《资本论》的巨大逻辑力量。列宁称《资本论》就是马克思的逻辑学。毛泽东也很重视逻辑，他的许多著作也都有严密的逻辑。在《论持久战》中，毛泽东对敌我双方存在的相互矛盾着的各种因素及其发展变化做了深入的分析，科学地预见了抗日战争是持久战，最后胜利一定属于中国，成为运用辩证逻辑的又一典范。可见，我们承认事物的辩证矛盾，并不容许逻辑矛盾。我们在科学分析事物矛盾时，不容许出现逻辑矛盾。

（二）矛盾是事物发展的动力和源泉

唯物辩证法的矛盾学说告诉我们，世界上一切事物的内部都包含着两个方面，这两个方面既相互排斥和对立，同时又相互依赖和统一。哲学上把事物自身包含的这种既对立又统一的关系叫做矛盾。世界上没有不包含矛盾的事物，没有矛盾就没有世界。矛盾是由彼此对立的双方构成的，正因为矛盾的双方在一定的条件下共处于一个统一体当中，且矛盾对立双方力量的不均衡，引起事物的自身调整、变化和发展，事物矛盾的双方既相互对立又相互统一，由此推动事物的发展。俗话说的“不是冤家不聚头”，就是说对立的双方既是相互斗争、相互排斥的，又是相互联系、相互依赖的。对立是统一中的对立，统一是对立中的统一。由于矛盾的斗争性和矛盾的统一性相互联结，对立的双方又统一又斗争，才推动了事物向前发展，因此，矛盾（既对立又统一）是事物发展的动力和源泉。

吸引和排斥的相互作用，推动了天体的运动和演化。同化和异化、遗传和变异的相互作用，推动了生命运动的发展和进化。人类社会也是由于生产力和生产关系、经济基础和上层建筑的相互作用才不断发展的。正确认识与错误认识的相互作用，是推动人们的思想前进的动力。这些现象揭示着辩证法的一个重要道理，即事物的矛盾推动着事物的运动、变化和发展。

案例 猫和老鼠是一对“老冤家”，它们能在竞争中共同生存下来，是因为矛盾的同一性，矛盾的双方在相互斗争中共同发展，猫和老鼠在同对方的斗争中不断完善自己：老鼠会装死，猫会假眠；老鼠昼伏夜出，猫的眼可以随光线的阴暗变化而改变瞳孔的大小，夜间仍可看见东西；老鼠的听觉极为灵敏，稍有动静就逃得无影无踪，猫则在脚下生成了肉垫，走起路来无声无息。

案例 美国一个自然保护区，原来有许多鹿群和狼群。人们为了保护鹿群，把狼全部打死了。鹿群在尽享太平的十年里，由4000头猛增至4.2万头。但舒适的生活使它们运动量减少，体质下降，尔后大量死亡，剩下不足4000头，最后只得请回“狼医生”。狼又捕食鹿了，鹿群又恢复了生机。

思考 以上两则案例共同说明了什么？你如何看待人生发展过程中的矛盾，比如宿舍矛盾冲突？

正如马克思所说：“假如没有小偷，锁会达到今天这样完善吗？假如没有假钞票，钞票的制造会这样精美吗？”在马克思看来，锁的制造日臻完善，钞票的印刷日臻精美，应该到事物的反面去寻找答案。为什么？因为事物是对立统一的。

（三）学会用一分为二的观点全面看问题

学习了唯物辩证法关于矛盾对立统一的观点，我们认识到：第一，要坚持两点论，想问题办事情要坚持两点论，学会一分为二地看问题。既然任何矛盾当中都包含两个方面而不是一个方面，那么要全面地看待事物，就要掌握两点论的分析方法，即对任何事物都要坚持两分法，既要看到矛盾的这个方面，又要看到矛盾的另一个方面。如果看问题只看一个方面，丢掉或否认另一个方面，就叫一点论。一点论是形而上学、片面地看问题的方法。第二，要坚持从对立统一的相互作用中把握和解决矛盾，促进事物的发展。在对待事物的发展中，认清事物的两个方面，既要看到矛盾双方的对立、差别和不同，又要看到矛盾双方的相互依赖和互相贯通，既要看到矛盾双方的对立性，又要看到矛盾双方的统一性，要在对立统一的相互作用中把握和解决矛盾，这样有利于我们调动一切积极因素，克服消极因素，使事物朝着积极的方向发展，找到解决和处理矛盾的正确方法。

现代科技和经济社会的发展大大改变了人们的生活方式，但也带来了很多新的问题。汽车使人的出行更为便捷，但过多的汽车造成了城市交通拥堵、交通事故上升，还造成了环境污染。互联网的使用，不仅方便了信息获取和人际沟通，而且可以进行网络购物、网上交易，但同时信息垃圾、虚假信息、网络诈骗、黑客侵袭等问题也让人不胜其烦。看来凡事都有两面性，社会发展是这样，人生发展又何尝不是如此？唯物辩证法不但告诉我们矛盾无处不在、无时不有，而且告诉我们要用积极的态度对待和解决矛盾。我们学习唯物辩证法，树立正确的辩证的矛盾观，就不但不应害怕矛盾、回避矛盾，而且要学会用一分为二的观点正确看待矛盾、分析矛盾、解决矛盾、驾驭矛盾，推动事物的发展和人生的发展。

三、矛盾是人生发展的动力和源泉

（一）人生矛盾是对立统一的

人是一切社会关系的总和，马克思主义人学思想的一个显著特征就是着眼于社会关系来考察人的发展。第一，个人与社会矛盾是规定人生发展全过程的基本矛盾，是人生存在和发展的基础，离开这个基础人生也就不复存在。第二，个人与社会的矛盾贯穿人生发展过程的始终，是人生发展的根本动力。第三，人生的各种矛盾归根到底是个人与社会在不同方面的表现。

（二）人生是一个充满矛盾的过程

丰富而复杂的人生，是一个充满矛盾的过程。回想人的一生，会发现在生活中的各个方面，我们都经历过一个又一个的矛盾，解决了一个又一个的问题。即将步入职业岗位的青年学生，首先面临的就是社会需求与自身现状之间的矛盾，这一矛盾我们是回避不了的，也是必须面对和解决的，同时也会有各种复杂的矛盾等待着我们。比如，工作中的成绩与困难；人际交往中与领导、同事、服务对象之间的关系处理；生活中的恋爱、婚姻、家庭问题等。大到人生决策，小到日常琐碎事务的处理，无不充满着矛盾。既然人生回避不了矛盾，就有一个如何认识矛盾，用什么样的态度对待矛盾，用什么样的方法解决矛盾的问题。正确认识人生发展过程中的得与失这对矛盾是人生常态，它体现着一个人的智慧和修养。

(三) 人生矛盾是人生发展的动力和源泉

人生矛盾是人生中各种关系、各种因素之间的对立统一，处理这些矛盾的过程也是人生发展的过程。正是由于这些矛盾不断整合与裂变、共生与摩擦，才将人磨砺成熟。我们用矛盾的观点来看我们自身就会发现，人生在不断解决矛盾中度过，矛盾也是推动人生进步的源泉和动力。人生就是一个不断产生矛盾、不断解决矛盾的过程，在解决矛盾中我们得以成长。

四、正确处理人生矛盾，积极促进自身发展

(一) 积极面对人生中的各种矛盾

对待人生中的各种矛盾，历来有不同的人生态度。积极的人生态度是正视生活中的矛盾，从事物的对立统一关系中把握事物的本质，全面认识和协调处理矛盾的不同方面，积极化解矛盾，消除对立，在解决矛盾中推动人生发展。而消极的态度是害怕矛盾，掩盖矛盾，表现为两种极端相反的倾向：一种倾向是认识和处理问题时简单化和偏激，排斥不同，激化矛盾；另一种倾向是回避矛盾，把一切归结于命运，消极地听从命运的安排。所以，换一种态度，就会换一种人生。面对欢乐与苦难，要以积极、正确的心理和思想状态，以“先天下之忧而忧，后天下之乐而乐”的崇高理想来指导自己面对和改变社会生活。大学生不应该回避矛盾，应当树立积极乐观的态度，正确理解人生的意义和价值，确立高尚的人生价值追求，创造属于自己的精彩人生。这就要求我们做到以下几点：

1. 树立正确的人生理想

人生理想，就是人生道路上的奋斗目标。科学、崇高的人生理想，揭示出人生奋斗的正确目标和方向，是人生强大的精神动力和精神支柱，是人生前进的旗帜和力量的源泉。我们要胸怀大志，将个人理想与社会理想结合起来，立足于现实，通过树立和实现人生中的一个个奋斗目标来实现人生的价值。大学生只有树立崇高的理想信念，才能激发起为民族复兴和人民幸福而发愤学习的强烈责任感与使命感，掌握建设祖国、服务人民的本领。不论今后从事什么职业，大学生都要把个人的奋斗志向同国家和民族的前途命运紧紧联系在一起，把个人的学习进步同祖国的繁荣昌盛紧紧联系在一起，使理

想信念之花结出丰硕的成长成才之果。

2. 有百折不挠的精神

贝多芬曾说："卓越的一大优点就是在困苦和磨难中百折不挠。"一株普通的大麦不知一生中会经历多少次强风的猛烈袭击，可它并没有因此倒下，仅仅是弯下了腰，等待风吹过的时机，重新挺立在金黄色的麦田之中。孔子在周游列国中不断被他国所驱赶，然后又重新踏上异国之旅，继续传播儒学思想。但这并不是他的本愿，试问，有谁愿意抛下自己热爱的国家、可爱的家人，去异地流浪呢？在这几年里，孔子经受了颠沛流离的战乱之苦，但也在旅途中一次次坚定了传播仁爱的信念。

百折不挠是中国共产党克敌制胜的法宝。中国共产党的发展历程也不是一帆风顺的，而是历经坎坷和磨难，多次面临生死存亡和严峻的考验。在国民大革命时期，中国共产党遭受国民党反动派屠杀，党丧失了大批领导干部和优秀党员，党面临着诞生以来首次生死存亡的抉择。土地革命时期，国民党反动派对党和红军进行五次"围剿"，中国共产党再次陷入生死存亡的困境。……在无数的生死存亡考验面前，中国共产党人发扬百折不挠的精神，进行艰苦卓绝的斗争，不断总结正反两方面经验，越挫越勇，历久弥坚，不断成熟和壮大起来，从一个只有 50 多名党员的小党，发展成为 9500 多万名党员、有着 460 多万个基层党组织的世界上最大的执政党。也可以说，中国共产党的成长之路充满着苦难和辉煌、曲折和胜利。中国共产党成功的背后熔铸着百折不挠的精神。

在人生发展过程中，自始至终都会遇到这样那样、或大或小的困难。如果遇到困难就畏缩、害怕和逃避，我们为之努力的事情就会半途而废、前功尽弃。当我们遭受挫折和失败时，我们应该勇于面对困难，把困难当作培养坚强意志的磨刀石，迎着困难而上，在同困难作斗争的过程中，培养为实现目标而坚忍不拔、百折不挠的精神，磨炼持之以恒、不懈努力、坚持到底的精神。

3. 做到"吃一堑，长一智"

"吃一堑，长一智"本为石匠师傅打石磨时，石胚吃一钎，石胚即长一齿之意。意思是说受到一次挫折，便得到一次教训，增长一分才智，是经过失败获得教训的道理。人总是不断在锻炼中成长，只有挫折与困难才能把人提高到更高的境界。人生不可能没有挫折与困难，关键是我们要学会在挫折中成长，才能拥有一个完美的人生。

（二）正确处理人生中的各种矛盾

“看似寻常最奇崛，成如容易却艰辛。”大学生的人生成长之路还很长，未来前进途中，有平川也有高山，有缓流也有险滩，有丽日也有风雨，有喜悦也有哀伤。大学生要科学认识实际生活中的各种问题，勇敢面对和正确处理各种人生矛盾，坚持用对立统一的观点正确处理人生矛盾，既看到矛盾的对立和不同，又看到二者的相互联接，抓住矛盾的焦点和实质，消除对立、化解矛盾，推动事物发展，同时促进自身的发展。

1. 树立正确的幸福观

幸福都是奋斗出来的。奋斗本身就是一种幸福。只有奋斗的人生才称得上幸福的人生。奋斗者是精神最为富足的人，也是最懂得幸福、最享受幸福的人。什么是人生的真正幸福，追求什么样的幸福，通过什么样的方式实现幸福，是大学生应该认真思考的人生课题。

首先，幸福是一个总体性范畴，它意味着人总体上生活得美好，家庭和睦、职业成功、行为正当、人格完善等都是幸福的重要因素。幸福总是相对的，不是尽善尽美的，不同的人有不同的幸福标准。追求幸福的过程就是不满足于现状、不断追求和创造更美好生活的过程。幸福不是毛毛雨，幸福不是免费午餐，幸福不会从天而降，幸福都是努力奋斗的结果。人世间的一切幸福都需要靠辛勤的劳动来创造。

其次，实现幸福离不开一定的物质条件，物质需要的满足、物质生活的富足是幸福的重要方面，但人的幸福不能仅仅局限于物质方面，精神需要的满足、精神生活的充实也是幸福的重要方面。在追求物质生活水平提高的同时，要更加注重追求品德和人格的完善，注重追求健康向上的精神生活。

再次，在追求幸福的过程中，我们不能把自己的幸福建立在损害社会整体和他人利益的基础上。相反，只有在为社会奉献、为他人服务的过程中，我们才能获得幸福所需的环境和条件，产生更大的幸福感，实现个人幸福与社会进步的相互促进。因此，应树立以下的观念：

第一，树立正确的得失观。如何认识和对待人生发展过程中的得与失这对矛盾，对一个人走好人生之路、实现人生价值有重要影响。

大学生还要以积极进取的态度去面对生活中的成败得失，使一时的成败得失成为人生的财富而不是人生的包袱。大学生不要拘泥于个人利益的得失，个人利益的得失只能部分地衡量人生价值的大小，在奉献社会中才能实现更大的人生价值。只有追求高尚的道义，跳出对狭隘利益的计较才能赢得他人和社会的尊重。其一，不要满足于一时的得。一个人如果总是满足于一时的得，往往会停步在小小的成功和已有的成绩，放弃接下来的努力，以致造成最后的失败。历史上无数成败的事例都诠释了这条人生道理。生活从不眷顾因循守旧、满足现状者，从不等待不思进取、坐享其成者，而是将更多机遇留给善于和勇于创新创造的人们。其二，不要惧怕一时的失。正所谓“吃一堑，长一智”，“塞翁失马，焉知非福”，得到的不一定是好事，失去了也不一定是坏事。在失意之际坚持不懈，在坎坷之时不断努力，这样的人生才更美，才更有意义。

第二，树立正确的苦乐观。苦与乐既对立又统一，在一定条件下还可以相互转化。毛泽东在《七律·长征》一诗中，用“红军不怕远征难，万水千山只等闲”，形象地写出了红军长征的艰苦卓绝，用“更喜岷山千里雪，三军过后尽开颜”的豪迈诗句，生动描述了红军夺取胜利的喜悦心情，阐明了苦与乐的辩证统一关系。“宝剑锋从磨砺出，梅花香自苦寒来”，奋斗是艰辛的，艰难困苦、玉汝于成。真正的快乐只能由奋斗的艰苦转化而来。不经历风雨怎能见彩虹？不经历人生的苦难，怎能享受到人生的乐趣？大学生在成长过程中，要准确把握苦与乐的辩证关系，努力做迎难而上、艰苦奋斗的开拓者。

第三，树立正确的顺逆观。顺境和逆境是人生历程中两种不同的境遇。在顺境中前进，如同顺水行舟，天时、地利、人和等有利因素，使人们更容易接近和实现目标。但是，顺境中的宽松气氛、优越条件，又容易使人滋生骄娇二气，自满自足，意志衰退。在逆境中奋斗，犹如逆水行舟，不进则退，需要付出更大的努力和更多的艰辛才可能成功。在逆境中奋斗，会有顺境中难以得到的获得感和成就感。逆境的恶劣环境，对于挑战者而言，可以磨练意志、陶冶品格、积累战胜困难的经验、丰富人生阅历。顺势而快上，乘风而勇进，这是身处顺境的学问，是善于抓住机遇不断丰富与完善自己的途径；处低谷而力争，受磨难而奋进，这是身处逆境的学问，是将压力变成动力之所为。在人生旅途中没有永远的顺境，也没有永远的逆境，因此，无论是顺境还是逆境，对人生的作用都是双重的，关键是怎样去认识和对待它们。只有善于利用顺境，勇于正视逆境和战胜逆境，人生价值才能够实现。

2. 树立正确的生死观

生命的历程是一个从生到死的过程，有生必有死，这是恒常不变的自然现象。生与死是贯穿人生始终的一对基本矛盾。从一定意义上说，正是因为生命短促，每个人只有一次生命，才更显示了人生的弥足珍贵。如何认识、对待生与死，体现了一个人人生境界的高低，更直接影响着他的实际生活。

大学生要牢固树立生命可贵的意识，倍加爱护自己和他人的生命，理性面对生老病死的自然规律，努力使自己的生命绽放人生应有的光彩。同时，孔子谓“杀身成仁”，孟子曰“舍生取义”，司马迁认为“人固有一死，或重于泰山，或轻于鸿毛”，这些千古名句说明，人的生命是有限的，而生命的价值却是无限的。我们无法增加生命的长度，但却能追求生命应有的高度。大学生应珍惜韶华，在服务人民、投身于民族复兴伟大事业中开发出生命所蕴藏的巨大潜能，努力给有限的个体生命赋予更有价值的意义。

3. 树立正确的荣辱观

荣辱是一对基本道德范畴，“荣”即荣誉，是指社会对个人履行社会义务所给予的褒扬与赞许，以及个人所产生的自我肯定性心理体验；“辱”即耻辱，是指社会对个人不履行社会义务所给予的贬斥与谴责，以及个人所产生的自我否定性心理体验。荣辱观是人们对荣辱问题的根本看法和态度，是一定社会思想道德原则和规范的体现和表达。中国古人向来注重荣与辱，并通过是否“知耻”来进行道德评价和判断。孔子提出“知耻近乎勇”，孟子认为“无羞恶之心，非人也”，管仲提出“礼义廉耻，国之四维”，把知耻之心与人的文明程度、社会的治乱安危紧密联系在一起。

荣辱观对个人的思想行为具有鲜明的动力、导向和调节作用。大学生只有具备正确的荣辱观，明确是非、对错、善恶、美丑的界限，坚持以热爱祖国为荣、以危害祖国为耻，以服务人民为荣、以背离人民为耻，以崇尚科学为荣、以愚昧无知为耻，以辛勤劳动为荣、以好逸恶劳为耻，以团结互助为荣、以损人利己为耻，以诚实守信为荣、以见利忘义为耻，以遵纪守法为荣、以违法乱纪为耻，以艰苦奋斗为荣、以骄奢淫逸为耻，才会在纷繁复杂的社会生活中明确应当坚持和提倡什么，反对和抵制什么，从而为自身判断行为得失、作出道德选择、确定价值取向提供基本的价值准则和行为规范。

（三）在解决人生矛盾的过程中促进自身进步和发展

人生发展不仅是一种结果，更是一个过程，是贯穿人终身的过程，有矛盾就有发展，人在解决人生矛盾的过程中不断进步和发展。人在不同阶段都会遇到不同的矛盾，矛盾是人生进步和发展的动力，我们通过不断寻找解决人生矛盾的最佳途径，提高化解矛盾的能力，促进个人全面而自由的发展。

五、坚持内外因相结合，主动促进自身发展

（一）内外因及其在事物发展中的作用

内因——事物的内部矛盾，是指事物内部各要素之间的对立统一关系，是事物发展的根本原因。事物的发展变化主要是由事物的内部矛盾引起的，事物内部矛盾的双方既相互依赖又相互斗争，斗争结果使矛盾双方的地位、力量发生变化，从而推动事物的运动、变化和发展。

外因——事物的外部矛盾，是指一事物与其他事物之间的对立统一关系，是事物发展的条件。虽然内因是根本原因，决定事物的性质和发展方向，但仅有内因，事物也不可能发展。任何事物都和周围的其他事物相互联系着，孤立的事物是没有的，因此事物的发展还必须具备一定的外部条件。外因是事物变化发展的条件，外因通过内因才能起作用，有时甚至起非常重大的作用，能够加速或延缓事物的变化发展。一个人是不是健康成长，起决定作用的是他自己，但是同样受到其他外界因素的影响，与学校、家庭、社会是分不开的。孟母三迁的故事告诉我们环境对于一个人成长的重要性。这些都说明外因虽然对事物的发展起不到决定作用，但也会影响事物发展。

因此，事物的变化发展是内因和外因共同作用的结果，内外因在事物发展的过程中同时存在，缺一不可。外因通过内因起作用。外因对事物发展的作用，表现在对事物内部矛盾的影响上，即通过促使内部矛盾双方的变化而推动事物的运动、变化和发展。因此外因必须通过内因才能起作用，绝不可能撇开内因而单独起作用。金钱地位、贫困潦倒、权势武力可以使意志薄弱者迷失方向，但对于意志坚强者却无能为力，其原因就在于外因必须通过内因才能起作用。

案例 鸡蛋变小鸡：由鸡蛋变为小鸡的过程必须具备的两个条件是什么？两个条件的作用各是什么？其中起最根本的作用的条件是什么？发展的动力是什么？为什么鸡蛋在一定条件下孵出的是小鸡而不是小乌龟或其他小动物？

思考 上述案例对你有什么启示？

合适的温度只有作用到种鸡蛋上才能孵出小鸡，作用到石头上则不能。内

因是事物发展的决定性因素，也是我们分析和解决问题时需要重点抓住的因素。

（二）正确处理自身努力与外部条件的关系

内因和外因在事物发展过程中同时存在，在分析矛盾、解决问题时，就要坚持内因和外因相结合的观点。在人生发展道路上我们要正确处理自身努力与外部条件的关系。

首先，要重视内因的作用。内因是根据，个人成长首先要靠自己的主观努力，要积极发挥自己的自觉能动性，提升个人素质。“师傅领进门，修行在个人。”再好的条件也不能代替个人的努力，人生的道路要靠自己走。所以，个人进入社会，不论在什么单位、什么岗位工作，提高自身素质都是获得人生发展的关键因素。

其次，不能忽视外因的作用，外部环境对于个人成长起着非常重要的作用。人生成长路上有很多的客观条件无法选择，如家庭背景、出生地、成长的时代等，但有些条件是可以自由选择的，如结交的朋友、学习的榜样等。要努力争取和创造有利于自己成长的外部条件来发展自己，获得人生的进步。《孔子家语》中说：“与善人居，如入芝兰之室，久而不闻其香，即与之化矣；与不善人居，如入鲍鱼之肆，久而不闻其臭，亦与之化矣。”意思是和品德高尚的人交往，就好像进入了摆满芳香芝兰花的房间，时间久了就闻不到兰花的香味了，这是因为自己已经与花香同化。和品行低的人交往，就像进入了卖臭咸鱼的店铺，久而久之就闻不到臭味了，这也是因为自己与臭味融为一体了。这段话告诫人们：必须要谨慎选择相处的朋友和环境，因为他们会对我们的成长产生极其重要的影响。

最后，要把内因和外因结合起来。个人成长过程中，自身努力即为内因，外部条件即为外因。要把实现人生发展放在自身努力之上，用有利的外部条件来激发自己的潜能，不断调整和充实自己，不断增强自己的综合素质。只有提高自身素质和能力，才能把握机遇，实现人生的发展。

人生的路是自己走出来的，既要努力提高自身素质，又要想办法创造良好的外部环境，处理好自身努力与外部条件的关系，只有这样，才能促进人生发展，创造出自己理想的人生。

案例 刘默涵的故事曾经在北大学生中广为流传——这位来自河北无极县农村贫困家庭的历史系三年级本科生，创立了用自己名字命名的助学基金，一年多来已帮助了37个贫困家庭的孩子上学。她说："我能给贫困孩子们的经济帮助很有限，而重要的是，这会让他们感到温暖，感到并不孤独。我还希望通过这个行动告诉家境贫寒的弟弟妹妹们，他们的今天就是默涵的昨天，只要努力，他们就能像今天的我一样，过上有希望的生活。"

思考? 不同的出身能在多大程度上决定一个人的命运？如何在贫穷中保持心灵的富有？如何使卑微的人生变得高大？

贫穷，可能扭曲人格，使人变得自暴自弃，也可能成为奋发向上的动力，使人变得坚强、仁慈。刘默涵带给我们的启示很多，贫困并不可怕，关键是要有一个正确面对的心态。当命运被不幸击中时，不要选择自怨自艾，而要笑对挫折，与命运抗争，做人生的强者。

顺境和逆境都是外因，起决定作用的还是你自己，无数成功的人生都在说明：人生的路是自己走出来的，只有提高自身素质，才能促进人生发展，创造出属于自己的辉煌。

（三）提高自身素质，促进人生发展

通过学习事物发展的内外因知识，我们得知，内因是促进事物发展的根据，在人生发展过程中，提高个人素质是人生发展的根本动力。我们要用发展的眼光看待人生，树立积极的人生态度，对人生充满希望，既要客观地认识自己，乐观地接受自己，又要勇敢地挑战自己，超越自己，努力实现自己的人生价值，充分发挥内因的作用，谋求自身的发展。人在年轻的时候难免有各种不足，各方面的经验、基础相对薄弱，但人生是个动态发展的过程，我们想问题办事情要着眼于发展，立足于发展，与时俱进，坚定前进的方向不动摇。相信经历了种种挫折和失败，只要我们不断努力，不断提高自身素质，我们的人生定会得到好的发展。

提升自身素质是自我增值也是人生成功的必经之路。作为在校大学生，我们要意识到，开放的、竞争的、充满生机的社会，要求我们具备社会交往的能力，竞争与合作的意识和能力，高水平的文化科学素质，发展创新、开拓进取的精神以及高度的法治观念和道德水平。我们要加强文化学习，拓宽知识面。只有具备了较高的文化层次，才可称得上是"真材实料"。我们要利用大学时代这一大好时光，扎扎实实地学好基础知识，力求掌握精深的专业知识。同时，我们也应当清楚，现在的社会需要复合型人才。我们要跟上时代的步伐，就必须拓宽自己的知识面，培养创新能力，提高工作能力。

本章小结

通过学习矛盾的哲学知识，我们得知，任何事物内部、事物之间都存在矛盾，都具有两面性，所以看待问题或者处理事情，都要用全面的观点，切忌片面。在人生发展道路上，我们要积极面对和解决人生矛盾，要对具体问题进行具体分析，找出解决矛盾的正确方法。国家的发展道路不能照搬，人生的发展道路也是一样。人人都渴望成功，但是，每个人生活的时代和背景不同，个体也有差异，我们可以学习他人取得成功的经验中具有普遍性的内容，却无法复制他人的具体成功方式中一些具有特殊性的东西。

经典名言

1. 鸡蛋因适当的温度而变化成小鸡，但温度不能使石头变成鸡，因为二者的根据是不同的。——毛泽东

2. 问题是事物矛盾的表现形式，我们强调增强问题意识、坚持问题导向，就是承认矛盾的普遍性、客观性，就是要善于把认识和化解矛盾作为打开工作局面的突破口。——习近平

3. 生命在于矛盾，在于运动，一旦矛盾消除，运动停止，生命也就结束了。—— 歌德

4. 对立的力量可以造成和谐，正如弓与琴一样。——赫拉克利特

5. 外疾之害，轻于秋毫，人知避之；内疾之害，重于泰山，而莫之避。——刘昼

学习思考

1. 结合各种社会现象，谈谈我们应当如何面对社会需求与自身之间的矛盾。

2. 运用内外因关系的原理，说明大学生努力提升自身素质的重要性。

3. 谈谈哲学上的矛盾和逻辑上的矛盾的联系和区别。

4. 作为当代大学生，我们应该如何正确对待人生中的矛盾？

第七讲　确立理想信念　历练意志与责任

漫漫人生，唯有激流勇进、奋力拼搏，方能中流击水，抵达理想的彼岸。科学的理想和信念是一个人成长的动力和源泉。远大的理想、坚定的信念能点燃激情，激发才智，激励人们奋发向上。古今中外，凡是为人类进步事业做出杰出贡献的人，无不具有远大的理想和坚定的信念。作为当代大学生，我们要以马克思主义唯物史观为指导，了解历史发展的规律，处理好理想和现实的关系，增强社会责任感，坚定科学信仰，追求远大理想，自觉把个人理想融入实现中华民族伟大复兴的中国梦和中国特色社会主义的共同理想当中。

一、什么是理想

"理想"，一个多么美好的字眼，古今中外，多少文人墨客不吝笔墨对之讴歌赞颂。理想对一个国家、民族和社会的发展，对个人成长都有巨大的作用。

历史唯物主义认为，社会历史的发展要通过人的有目的的活动来实现，而人是有理想、有信念、有激情，受意志支配的活生生的人。理想、信念等属于社会意识的范畴，是社会意识的表现形式。社会意识由社会存在所决定，同时具有相对的独立性，它对社会存在产生巨大的反作用。理想是在一定社会存在基础上产生的一种追求美好未来的观念和意识，是人们的世界观、人生观和价值观在奋斗目标上的集中体现。

（一）理想的概念

理想是人们在实践中形成的、有实现可能性的、对未来社会和自身发展目标的向往与追求，是人们的世界观、人生观和价值观在奋斗目标上的集中体现。

理想不同于空想和幻想。理想是人的意识对现实的自觉反映，凝聚着人们对未来的向往和追求，具有实现的必要的现实条件，经过奋斗最终是可以实现的；幻想是创造性想象的一种特殊形式，由个人愿望或社会需要而引起的，是一种想象，积极的、符合现实生活发展规律的幻想，反映了人们美好的理想境界，它具有一定客观基础，但是达不到实现的条件。随着人类认识和实践的发展，有的幻想有可能转化为现实。如“嫦娥奔月”是几千年来我国劳动人民的一个幻想，现在由于航天工业的发展，人类登上月球已经成为现实。而空想缺乏现实客观条件，是根本无法实现的。

理想是人们前进的巨大动力，指引着人生前进的方向；理想是凝聚人心、团结奋斗的精神支柱，也是人生的精神支柱；理想是战胜困难、夺取胜利的力量源泉，也是人生进步的力量源泉。

（二）理想的特点

1. 理想具有超越性

理想之所以称之为理想，成为推动人们创造美好生活的巨大力量，在于它源于现实又高于现实。理想与现实的关系是对立统一的，一方面，理想和现实是对立的，理想源于现实，但不等同于现实，而是高于现实；理想是主观的，现实是客观的；理想是未来的，现实是当下的；理想是美好的，现实既有美好的一面，也有丑陋的一面。另一方面，理想和现实是统一的，理想来源于现实，在现实中产生，它不是对现实的简单描述，是一定社会历史条件和社会经济的产物，是与奋斗目标相联系的未来的现实，是人们对未来美好生活的憧憬和期待，是比现实更高远、更美好的目标，最终经过努力又成为新的现实。离开理想的指引，人们会失去前进的方向；离开现实的努力，理想同样不能实现。正确对待理想和现实的矛盾，要克服两种错误倾向：理想脱离现实；用现实否认理想。科学的理想是人的主观能动性与社会发展客观趋势的一致性的反映，是在正确把握社会历史发展客观规律的基础上形成的合乎社会发展要求、合乎人民利益的理想。

理想转变为现实，必须具备三个条件：

第一，要有坚定的信念。

“志之所趋，无远勿届，穷山距海，不能限也。志之所向，无坚不入，锐兵精甲，不能御也。”志存高远的人，再遥远的地方也能达到，再坚固的东西也能突破。理想和信念总是相互依存的。理想是信念所指的对象，信念则是理想实现的保障。离开理想这个人们确信和追求的目标，信念无从产生；离开信念这种对奋斗目标的执着向往和追求，理想寸步难行。在此意义上，理想和信念难以分割地紧密联系在一起。

信念同理想一样，也是人类特有的精神现象。理想指引方向，信念决定成败。信念是人们在一定认识的基础上确立的对某种思想或事物坚信不疑并身体力行的精神状态。信念是认知、情感和意志的有机统一体，为人们矢志不渝、百折不挠地追求理想目标提供了强大的精神动力。一个人只有具备了坚定的信念，才会全身心投入到为实现目标而努力奋斗的事业中去，从而做到精神上高度集中，态度上充满热情，行为上坚定不移。

信念具有多样性。一方面，不同的人由于社会环境、思想观念、利益需要、人生经历和性格特征等方面的差异，会形成不同的信念；另一方面，同一个人也会形成不同类型和层次的信念，并由此构成其信念体系。在信念体系中，高层次的信念决定低层次的信念，低层次的信念服从高层次的信念。信仰是最高层次的信念，具有最大的统摄。信仰有盲目和科学之分。盲目的信仰就是对虚幻的世界、不切实际的观念、荒谬的理论等的迷信和狂热崇拜，科学的信仰则来自人们对自然界和人类社会发展规律的正确认识。

第二，要有坚强的意志。

实现理想必须从点滴做起，要有坚忍不拔的意志。人的意志以具有明确的目的性为特征，它既能发动符合于目的的某些活动，也能制止不符合于目的的某些活动。任何美好理想的实现，都是由无数平凡、琐碎的具体努力积累和发展起来的。平凡的工作，正是向理想靠近的阶梯。每一个有志青年都应该从眼前做起，从平凡做起，充分施展自己的才华，一步一步达到理想境界。同时，理想的实现不可能是一帆风顺的，而是一个曲折迂回的过程。人的意志与克服困难相联系，克服困难的过程也就是意志行动的过程。缺乏坚忍不拔意志的人往往容易对已经确立了的理想发生动摇，或缺乏使之实现的信心和决心，因而无法使正确的理想转化为实践活动。只有那些在达到目标的过程中面对阻碍全力拼搏的人，才有可能顺利到达理想的彼岸。

每个人在青少年时期都萌发过成功的欲望，勾画过朦胧而美好的理想蓝图，可是为什么不是每个人都能如愿以偿呢？一个很重要的原因，就在于有没有坚强的意志、坚定的信念，能不能经得起困难的磨砺、各种风险的考验。只有那些意志坚强、信念坚定的人，才能充分展示自己的才华而获得成功。面对机遇和挑战，有的人有拼搏向上的勇气，却难有坚持到底的恒心和意志。在一定意义上说，做事情成功与否，意志和信念起到了关键的作用。成功的大门，从来都是向意志坚强的人敞开的。

案例 为了完成修改《本草书》的艰巨任务，李时珍几乎走遍了湖北、湖南、江西、安徽、江苏等地的名川大山，行程不下万里。同时，他又参阅了800多家书籍，经过3次修改稿，终于在他61岁那年编成了《本草纲目》。

案例 居里夫人小时候的生活并不是一帆风顺的。她是家中最小的孩子，值得庆幸的是，她的父母都是有文化的人，但她也是不幸的，那就是母亲有严重的传染病，无法照顾她，她是由大姐照顾的。更不幸的是，在她还不到十岁的时候，妈妈和姐姐就都离她而去了，这样的苦难使她磨练出了坚强的性格。这种性格伴随着她的一生，后来她成为诺贝尔物理学奖奖台上的第一位女科学家，与丈夫皮埃尔·居里一起发现并研究"镭"的关键一人。而成就的背后便是她坚持不懈的努力，在发现了这种未知元素后，居里夫人与丈夫给它命名为"镭"，然后夫妻二人便废寝忘食地在一个破旧的棚屋里开始了长达四年的研究。每天，居里夫人都做着同样的事情：先用一个大铁锅煮沸沥青铀矿的残渣，然后，再用一根与她差不多高的铁棒搅动那些残渣。居里夫人坚持全天工作，并选择了男人的"粗活儿"。有时，她一次炼制四十多磅的原料，棚屋里堆装着沉淀物和溶液的大瓶子。她搬运重物，移动溶液，不停地搅动着锅里沸腾的物质。干着这些重活，居里夫人却没有丝毫怨言，仍然埋头苦干着。工作日延长成了工作月，工作月变成了工作年，两年变成了三年，三年变成了四年。在这漫长的岁月中，夫妻俩每天都干着同样的活儿，做着同样的事儿，但他们却从未感到枯燥，反而更起劲地干着，从不放弃。整整四年，居里夫妇用惊人的毅力去提炼"镭"，他们坚持不懈、永不放弃的精神是多么令人敬佩啊！功夫不负有心人，有了付出，就会有收获。居里夫妇用实际行动诠释了意志、信念的意义。

思考 从以上人物身上，你收获了哪些优良的品质？

成功靠的是坚强的意志，意志是探索中的自信，困难下的勇气，岁月中的磨练。而只有意志坚强的人，才能战胜一切困难，取得最后的成功。

第三，要有自觉的责任。

要把理想转变为现实，离不开自觉的责任。为了实现理想，我们要积极寻找正确的途径和方法，设计可行的计划和方案，扎扎实实地工作。面对个人理想与现实条件的矛盾，要及时检验理想、修正计划，把理想和现实条件结合起来，采用更好的、更切合实际的行动策略。

理想是人生的指示灯，责任是实现人生理想和事业成功的重要保证。人生如果失去了理想，就会失去面对生活的勇气。人生一旦失去了责任，则意味着理想的实现失去了保证。因此，人生要有远大的理想，更要有高度的责任。

理想、信念与责任是干事创业的动力源泉，是人生发展、事业成功的重要条件，它们之间是相互联系、相辅相成、密不可分的。人的理想信念，反映的是对社会和人自身发展的期望。有什么样的理想信念，就意味着以什么样的期望和方式去改造自然和社会、塑造和成就自我。一个有崇高理想的人，也应当是一个高度负责的人，敢于担当的人。

2. 理想具有实践性

作为一定的社会实践的产物，理想是处在特定历史条件下的人们对社会实践活动理性认识的结晶。离开了实践，任何理想的产生都是不可思议的。理想的实现，同样也离不开实践。人们只有在改造客观世界和主观世界的过程中才能以实践为桥梁，化理想为现实。理想在实践中产生，在实践中发展，而且也只有在实践中才能得以实现。

3. 理想具有时代性

理想同任何一种社会意识形式一样，都是一定时代的产物，都带着特定历史时代的烙印。不同时代的生产力发展水平、社会历史条件和政治经济关系不同，人们对社会现实状况、社会实践活动及其发展规律认识的深度和广度就不同，形成的理想也就会有所不同。理想的时代性，不仅体现为它受时代条件的制约，而且体现为它随着时代的发展而发展。随着社会的发展进步，随着对社会发展规律和人的发展规律认识的逐步深化，人们也会不断地调整、丰富和发展自己的理想。

（三）理想的种类

理想的内容十分丰富，可以根据不同标准，从不同层次进行划分。

1. 按性质来划分

（1）科学理想与非科学理想

科学理想是人的主观能动性与社会发展客观趋势一致性的反映，是切实可行的，通过实践或者科学范畴之内的逻辑推理是可以或者可能实现的理想。非科学理想在一般意义上等于幻想或者空想，是不切实际、不合逻辑的理想。

案例 孙中山的理想：孙中山一生的思想、行为都是为国为民，如创立三民主义思想和天下为公的理念，反清、革命、救中国，最可贵的是他的纯理想主义都是正确的、宏伟的、崇高的、有价值的。这么崇高宏伟的政治理想使他成为一面旗帜，吸引着当时中国大部分政治精英聚集在他的周围。

案例 袁世凯的理想：袁世凯在辛亥革命期间逼清帝溥仪退位，以和平的方式结束清朝统治，成为中华民国临时大总统。1913 年镇压二次革命，同年当选为首任中华民国大总统，1914 年颁布《中华民国约法》，1915 年 12 月宣布自称皇帝，改国号为中华帝国，建元洪宪，史称“洪宪帝制”。此举遭到各方反对，引发护国运动，袁世凯不得不在做了 83 天皇帝之后宣布取消帝制。

思考 孙中山和袁世凯两个人的理想有何不同？

符合历史发展必然趋势的梦想才是科学的理想，才能在历史长河中真正留下可贵的印记。

（2）崇高理想与庸俗理想

理想的出发点差异就是区分崇高理想与庸俗理想的标准，崇高理想的出发点，是为了祖国、人民利益乃至人类解放；庸俗的理想，总是从个人或小家庭狭隘私利和眼前利益出发，一味追求个人的物质享受和腐朽的生活方式。青年学生只有树立了崇高的理想，才能坚定正确的方向，才能把个人的前途和祖国、人民的前途结合起来，正确选择自己的人生道路。

思想有多远，我们就能走多远。在同一条起跑线上，态度决定一切。如果一个人愁苦地面对自己的工作，那么再好的工作也不会有什么成效；而同样平凡的工作，一样的看似简单重复，枯燥乏味，有人却能以快乐的心情面对，在平凡中感知不平凡，在简单中构筑自己的梦想，那么，又有什么样的困难不可以克服呢？

2. 按内容来划分

（1）生活理想。即一个人按照自己对生活意义的理解以及自己的生活情趣，对未来生活方式、生活结构、生活目标的追求和向往。比如攒钱买房。

（2）职业理想。即人们对未来的工作部门、工作种类以及工作业绩的追求。职业是人们谋生的手段，是实现人生价值的手段，对个人生存和发展具有重大意义。职业选择中的价值取向包括：第一，追求自我实现（符合个人兴趣和特长，能实现个人抱负）；第二，追求生活需要（收入高，劳动条件好，离家近等）；第三，追求尊重需要（晋升机会多，社会声望高等）；第四，追求安全需要（工作稳定等）；第五，追求社交需要（人际关系融洽）。

（3）道德理想。即人们所向往的理想人格和做人的标准，是人们在道德生活中所期望达到的目标。简单地说，就是要使自己成为什么样的人，具有怎样的道德品质。比如见贤思齐。

（4）社会理想。即人们对未来社会制度和社会状况的向往追求。社会理想是全社会成员的共同理想，它最敏锐地反映着社会发展的特性及其变化趋势。社会理想是一个人所有理想的出发点和归宿。社会理想是人生理想的最高层次、最高阶段。我国现阶段全国各族人民的社会理想，是建设中国特色社会主义，把我国建设成为富强、民主、文明、和谐、美丽的社会主义现代化强国，实现中华民族伟大复兴。

3. 从时间上划分

（1）近期理想，一般指近期要完成的目标。

（2）远期理想，一般称远大理想，奋斗时间长，甚至不止一代。如实现中华民族的伟大复兴，就是我们中华儿女的远大理想，为了实现这一共同理想，我们党制定了一系列长期发展战略，例如“新三步走”战略。第一步，到建党一百周年时，全面建成小康社会；第二步，到本世纪中叶即建国一百周年时，实现社会主义现代化，建成富强、民主、文明的社会主义国家；第三步，在前面“两个一百年”奋斗目标的基础上，实现中华民族伟大复兴的中国梦。党的十八大报告中提出的本世纪头二十年全面建设小康社会的奋斗目标，是为了实现中华民族伟大复兴的理想而提出的具体理想。由此可见，具体理想的实现是实现远大理想的前提、基础，即远大理想是具体理想实现的累积结果。

4. 按照主体来划分

（1）个人理想，是指处于一定历史条件和社会关系中的个体对于自己未来的物质生活、精神生活、道德情操和职业等方面所产生的种种向往和追求。个人理想是和时代发展以及自身成长的不同阶段相结合，综合反映每个人在物质生活、精神生活、道德情操和职业等方面的追求和向往。

（2）集体理想，是指集体对未来有可能实现的奋斗目标的向往与追求，包括生活理想、政治理想、道德理想和专业理想等。集体理想是集体的精神支柱与团结的基础，只有在绝大多数成员都认同并为之努力奋斗时才能实现。

(3) 社会理想，是指社会所追求的奋斗目标，是由多种因素构成的一个统一的整体，是一定社会对未来社会发展图景的总体设计，是民族凝聚力的体现。

(四) 正确处理社会理想与个人理想的关系

1. 社会理想是社会的最高奋斗目标

每个时代的人都会有不同的社会理想，而社会的发展进步也是一代又一代人不断提出社会理想并为之奋斗的结果。在我国历史上，有许多思想家和政治家对人类社会未来的前景作出了各种美好的描述。《礼记》中描述的“天下为公”，是我国古代人民所追求的最高社会理想——大同理想的最早蓝本。陶渊明的“世外桃源”，描绘了一幅没有剥削、没有压迫，人人劳动，平等、自由的美好生活图景，寄托了他的社会理想。洪秀全建立的太平天国，施行的《天朝田亩制度》提出“有田同耕，有饭同吃，有衣同穿，有钱同使，无处不均匀，无人不饱暖”的口号，是农民阶级向往和追求的理想“天国”。康有为的《大同书》设计了一个无限美好的世界即“大同世界”。孙中山则把“世界大同”“天下为公”作为自己的最高理想。根据马克思主义的科学预见，共产主义社会将是物质财富极大丰富、人民精神境界极大提高，每个人自由而全面发展的社会。这是人类社会发展的必然趋势，是我们的最高理想。同时必须看到，共产主义社会只有在社会主义社会充分发展和高度发达的基础上才能实现，实现共产主义是一个漫长的历史过程。

我国现阶段的全国各族人民的共同理想，是建设中国特色社会主义，把我国建设成为富强、民主、文明、和谐、美丽的社会主义现代化强国，实现中华民族伟大复兴。中国人民这一共同理想，是基于社会发展客观规律，基于中国历史发展规律和现实国情，符合全国人民的根本利益和共同愿望，必然受到全国人民的衷心拥护。实现共同理想是实现共产主义理想的必要准备和必经阶段。实现最高理想，是实现共同理想的必然趋势和最终目的。在现阶段，我们为实现共同理想而奋斗，也就是为实现共产主义远大理想而奋斗。

2. 个人理想是个人在物质生活、精神生活、道德情操和职业等方面的追求和向往

个人理想不是凭空产生的，而是在现实生活中形成的，是对客观现实的自觉反映。个人理想的确立一定要和社会背景、社会发展、社会理想相结合，

不能仅从个人角度出发考虑问题。

个人理想具有四个方面的特征。第一，现实的可能性。个人理想本身包含着现实的要素，尤其反映着现实发展的客观规律和趋势，是经过努力能够在将来变成现实的合乎规则的想象。第二，超越性。个人理想是对现实合乎规则的超越，是比现实更高远、更美好的目标。第三，个体差异性。由于每个人所处的社会历史条件、工作与生活环境以及个人经历、年龄和兴趣爱好等的不同，其奋斗目标也有差异，不同的人有着不同的理想，个人理想总是体现着个体差异。第四，社会历史性。理想是人类特有的一种精神现象，个人理想具有鲜明的社会历史性。个人理想的社会历史性是指理想不是离开社会的孤立的个人的随意想象，而是由社会制约和决定的想象。

3. 社会理想和个人理想的关系是辩证统一的

个人理想和社会理想的关系实质上是个人与社会关系在理想层面上的反映。个人与社会有机地联系在一起，二者相互依存、相互制约、共同发展。同样，社会理想与个人理想也不是彼此孤立的，它们之间相互联系、相互影响、相互制约。所以说，个人理想和社会理想的关系是辩证统一的。

一方面，个人理想由社会理想决定。我们看到任何人的个人理想都是在一定社会条件下产生的，社会理想决定和制约着个人理想，是个人理想实现的条件，个人理想以社会理想为导向，体现社会理想，违背社会理想的个人理想很难实现。人是社会中的人，任何个人都不可能脱离社会而存在，追求个人理想的实践活动都是在社会中进行的，正确的个人理想不能按照个人的主观愿望随意决定，从根本上说它是由正确的社会理想规定的。个人理想的实现除了主观努力外，更多地取决于他所处的社会环境、时代条件，从根本上讲，个人理想是由社会理想决定的。个人理想的实现以社会理想的实现为前提和基础，个人理想只有同国家前途、民族命运相结合，个人的向往和追求只有同社会的需要和人民的利益相一致，才可能变成现实。

另一方面，社会理想是对个人理想的凝练和升华。社会是个人的联合体，社会理想和个人理想密不可分，社会理想不是凭空产生的，也不是由外在力量强加的，而是建立在众人的个人理想基础之上。强调个人理想要符合社会理想，并不是要排斥和抹杀个人理想，而是要摆正个人理想同社会理想的关系。社会理想的实现，归根到底要靠社会成员中每个个体的努力奋斗，当社会理想与个人理想有矛盾冲突的时候，有志气、有抱负的人可以作出最大的自我牺牲，使个人的理想服从于全社会的共同理想。

案例 新华网在2008年5月20日刊发的《谭千秋——大爱无声铸师魂》记载了谭千秋在汶川地震中英勇救人的感人场面：2008年5月12日下午2点多，谭千秋在教室上课，他正讲得起劲时，房子突然剧烈地抖动起来。地震！谭千秋意识到情况不妙，立即喊道："大家快跑，什么也不要拿！快……"同学们迅速冲出教室，往操场上跑。房子摇晃得越来越厉害了，并伴随着刺耳的吱吱声，外面阵阵尘埃腾空而起……还有四位同学已没办法冲出去了，谭千秋立即将他们拉到课桌底下，自己弓着背，双手撑在课桌上，用自己的身体遮挡着四个学生。轰轰轰——砖块、水泥板重重地砸在他的身上，房子塌陷了。13日22时12分，谭千秋终于被找到。救援人员发现他的时候，他双臂张开着趴在课桌上，将四个学生护在身躯下。四个学生都还活着，他却被地震夺去了生命！谭千秋被追授为全国抗震救灾优秀共产党员、抗震救灾英雄等，2009年9月被评为"100位新中国成立以来感动中国人物"之一。

案例 2008年5月12日汶川大地震发生时，正在课堂讲课的范××先于学生逃生。22日范××在天涯论坛上发帖，细致地描述自己在地震时所做的一切以及过后的心路历程，称"在这种生死抉择的瞬间……其他人我不会管……间不容发之际，逃出一个是一个"。此文发出后掀起轩然大波，他被网友讥讽为"范跑跑"，并引发了一场关于"师德"的讨论。

思考 以上两个人物相同点是什么？不同点是什么？从他们身上，你受到了怎样的启发？

人都是社会关系中不可缺少的一分子，任何人的个人理想都是在一定社会条件下产生的，社会理想决定和制约着个人理想。从我们的飞天之梦的实现，可以看到是许许多多的航天人经过漫长的探索和实践才最终圆梦的。

4. 自觉将个人理想融入共同理想中

社会发展决定个人发展，个人发展受社会条件和发展规律的制约。只有顺应社会发展的个人理想才能得到实现。个人理想只有符合社会理想，个人的聪明才智才能得到完全、充分的发挥，个人的人生价值才能得到充分体现。个人理想只有同国家的前途、民族的命运相结合，个人的向往和追求只有同社会的需要和人民的利益相一致，才可能变成现实。青年学生只有把个人理想自觉融入中国特色社会主义的共同理想中，才能促进个人理想的实现。范仲淹“先天下之忧而忧，后天下之乐而乐”的志向，杜甫的茅屋为秋风所破，却志在“安得广厦千万间，大庇天下寒士俱欢颜”，正是因为他们的理想是为人民大众的，才被人们千古称颂。树立个人理想，要以国家的需要和人民的根本利益为基础。“得其大者可以兼其小。”个人只有把人生理想融入国家和民族的事业中，才能最终成就一番事业。坚持个人奋斗目标与国家、民族的奋斗目标相统一，在为实现社会理想而奋斗的过程中实现个人理想，是大学生成长成才的必由之路。大学生对自己未来生活的追求和向往，不能脱离当代中国的社会现实，必须根据社会发展规划个人发展，自觉将个人理想融入社会理想，使个人发展与社会发展同步。

树立中国特色社会主义的共同理想，坚持和发展中国特色社会主义，实现中华民族的伟大复兴，是当代中国最大的现实，也是全体中国人民共同的社会理想。实现中国梦的伟大实践是个人理想的基础和动力。我们大学生要在社会理想的指引下，珍惜韶华、奋发有为，勇于追求个人理想，在实现社会理想的过程中努力实现个人理想。

（五）理想的功能

理想对人生成长发展具有重要作用。人和动物不同，人是有理想的，人生在世，既离不开对物质的依赖，更离不开对精神的追求，理想，是人与动物的本质区别之一。人能在一定的理性支配下，朝着一定的目标自觉地进行创造性的活动。理想有如下三个方面的功能：

1. 指引着人生的前进方向（定力作用）

人生应该具有崇高的理想和坚定的信念，这既是国家和社会对个人的要求，同时也是个人发展进步的需要。理想是人生的指路明灯，是人生的指南，是人生奋斗的目标，它对人生起着重要的导向作用。在人的一生中，特别是在重大的转折关头，理想就像罗盘，给人们指明前进的方向，指引着我们前进的方向。只要我们始终不移地朝着这个方向前进，我们终将到达成功的彼岸。人们只要有了崇高的理想，就会在黑暗中看到光明，在平凡中看到伟大。没有崇高理想或缺乏理想就像一艘没有舵的航船在生活的海洋里随波逐流，很难到达胜利的彼岸。就国家而言，众多拥有崇高理想信念的个体，是国家和社会得以发展进步的基础；就个体而言，拥有理想信念的人生是充实而幸福的，而没有理想信念的人生则是空虚、痛苦和可悲的。

2. 提供人生的前进动力（提升作用）

理想信念提供人生前进的动力，是目标奋斗的动力、人生力量的源泉。火车轮船需要动力才能朝着既定目标前进，动力越大，跑得越快，人生发展更需要动力。理想在人生发展中发挥着重大动力作用，我们为了达到目标，就要以坚强的毅力、顽强的斗志、勇于拼搏的精神去奋斗，创造出不凡的业绩。一位思想家曾经用自然状态下的喷泉来比喻理想的作用：就像喷泉的高度不会超过它的最高高度一样，一个人的事业也是这样，他的成就绝不会超过自己的理想。理想有多高，成就便有可能多大。高尔基也说过：一个人追求的目标越高，他的才能才会发展得越好，对社会才越有益。古今中外，多少科学家、思想家、文学家、军事家胸怀远大理想，引领光辉的人生历程，成就千秋业绩，为人类的生存与发展做出了卓越的贡献，在人们心目中筑起了不朽的丰碑。理想是人生力量的源泉。理想来源于现实，又高于现实，比现实更美好。理想作为自我实现的崇高目标，是人的认识、预见、意志、感情、毅力的综合表现，包含着强烈的意志力量。人们为实现美好的未来，才以坚强的毅力、顽强的斗志，向着既定的目标拼搏奋斗，所以理想是力量的源泉。有理想信念的人会努力奋斗、锲而不舍、披荆斩棘、成就事业；没有理想信念的人将会浑浑噩噩、庸庸碌碌、虚度一生，甚至腐化堕落走上邪路。

3. 提高人生的精神境界（凝聚作用）

人生是物质生活和精神生活相辅相成的统一过程。人的精神世界犹如一座大厦，缺少支柱就会倒塌，而理想就是人生的精神支柱。理想信念作为人的精神生活的核心内容，一方面能使人的精神生活的各个方面统一起来，使人的内心世界成为一个有序健康的系统，保持心灵的充实和安宁，避免内心世界的空虚和迷茫，另一方面又引导人们不断地追求更高的人生目标，提升精神境界，塑造高尚的人格。一个人的理想信念越崇高，越坚定，精神境界和人格就会越高尚。一个人如果没有理想和信念，就不会有强大的精神支柱，因而势必会随波逐流，得过且过，难免会在挫折和困难面前沉沦下去。进取的人生还要有坚忍不拔的斗志和执着的奋斗精神，空有宏远的目标，但却不准备靠自己的艰苦奋斗去实现它，那么这个目标只能是“水中月、镜中花”。求知求学时，肯定会遇到各种各样的困难。面对困难要迎难而上，而不是消极退缩。学习生涯的跋涉，犹如逆水行舟，不进则退。唯有以恒心和毅力沿着布满荆棘的路勇敢地走下去，自豪而不自满，奋发而不懈怠，才能达到人生的理想境界。在现实人生中，当人们遇到特殊困难或重大打击，有时甚至陷入绝望境地的时候，如果没有一种力量来支撑着自己，人就会垮下来。而理想信念正是在这样的地方和时候起着精神支柱的作用，支撑着人们的精神和意志，不为巨大的困难所压倒，而且使人在困难和逆境中振作起来，战胜艰难险阻。崇高的理想，可以提高人生的精神境界，起到净化心灵的作用，理想本身就意味着人拥有高于现实境界的精神境界——超越现实的缺陷与局限的美好自由境界。胸中要有了崇高的理想，心灵自然纯朴与淡定，无论是精神追求还是物质追求都会符合理性道德的规则，才能做到富贵不能淫，贫贱不能移，威武不能屈，才能朝着既定的目标奋勇前进。

（六）如何树立崇高的人生理想

1. 认真学习马克思主义理论，掌握认识世界的思想武器

恩格斯指出："一个民族要想登上科学的最高峰，究竟是不能离开理论思维的。"崇高理想的树立是建立在正确的世界观、人生观和价值观的基础上的。青年的世界观、人生观和价值观正处在形成过程之中，要使自己的世界观、人生观和价值观树立起来，必须不断学习、实践和总结，而且这一过程中会受到各种思想的影响。要保证自己树立正确的世界观、人生观和价值观，就必须学习马克思主义理论，宣传、把握马克思主义中国化的最新理论成果，必须不断深化对党的理论创新成果的理解和把握，做到与时俱进，把握时代脉搏，增强历史使命感和社会责任感，提高建设和谐社会的自觉性，加快社会主义现代化建设的积极性和自觉性。只有这样才能正确认识社会科学领域内科学性和革命性的统一，掌握认识世界的思想武器，才能在根本上树立崇高的理想。

2. 正确认识和把握人类社会的发展规律

社会发展规律是社会发展过程中内在的本质联系和必然趋势。认识规律、把握规律，是做好各项工作的前提，也是提高工作能力的必然要求。正确认识和把握人类社会的发展规律的意义就在于帮助人类更好地认识客观世界和指导人类改造客观世界并造福人类。将个人的理想融入到社会发展之中，必须认识清楚并兼顾以下问题：人类社会发展与自身实际，资本主义经济、科技发展的现实与资本主义社会的基本矛盾和发展趋势，社会主义发展过程中出现的曲折及反复与社会主义制度的强大生命力和巨大优越性，自身发展中存在的困难和差距与良好的社会环境和自身的特长及优势。要担当起新时代的历史使命，必须运用科学思维方式，把握时代大势，回答实践新要求，顺应

人民新期待，逐步深化对客观规律的认识。

3. 客观分析自身条件，确立适合自己发展的人生理想

要让远大的理想转化为现实，需要制订合理的行动计划，以科学的态度分解目标，循序渐进，不能盲目蛮干。首先要对自己有一个全面的认识，知道自己的长处和短处，知道自己的兴趣在哪里；其次要从社会的角度出发，尽量把自己的长处和社会需求结合起来；最后还要多听听周围人的建议。天地很宽广，我们要找准定位，确立适合自己发展的人生理想。

确立理想后需要果敢行动，说一尺不如行一寸，行动是理想起飞的力量。只有行动才能缩短现实与目标之间的距离，才能把理想变为现实，再重新确立新的理想。

案例 世界著名撑竿跳高运动员布勃卡有个绰号"一厘米王"。因为在一些重大的国际比赛中，他几乎每次都能刷新自己保持的纪录，将成绩提高1厘米。当成功地跃过6.15米的高度后，他感慨地说："如果我当初就把训练目标定在6.15米，没准儿会被这个目标吓倒，甚至连原来跳过的高度现在也跳不过去了。"

思考 "一厘米王"的故事，对追求人生理想有什么样的启发?

万丈高楼平地起，再高远的理想都需要踏踏实实从细微处开始，通过努力逐渐到达理想的彼岸。

4. 理想的确立是一个逐渐深化的过程，不应随意改变

"志不立，天下无可成之事。"理想信念动摇是最危险的动摇，理想信念滑坡是最危险的滑坡。一个人只要坚持理想不放弃，不动摇，并为之不懈地努力，就一定能够实现理想。

二、什么是信念

（一）信念的概念

信念是人们在一定认识基础上确立的对某种思想和理想坚信不疑并身体力行的一种状态。理想和信念既密切联系，又相互区别。

1. 信念和理想的联系

理想和信念总是相互依存的。理想是信念所指的对象，是信念的根据和

前提；信念则是理想实现的保障。离开理想这个人们确信和追求的目标，信念无从产生；离开信念这种对奋斗目标的执着向往和追求，理想寸步难行。在此意义上，理想和信念难以分割地紧密联系在一起。追求一种理想，意味着坚信这种理想是正确可行的，而这种坚信本身就是一种信念。因此，很多情况下，理想亦是信念，信念亦是理想。“理想信念”把这两个单独概念各自侧重的方面辩证地统一为一体。如果说社会是大海，人生是小舟，那么理想就是引航的灯塔，信念就是推进的风帆，没有理想信念的人生，就像失去了方向和动力的小船，在生活的波浪中随处漂泊，甚至会沉没于激流险滩。在实现理想的征程中，信念是战胜各种困难的支撑力量、精力集中的凝聚力量、持之以恒的稳定力量和聚集各方的感召力量。

2. 信念和理想的区别

理想是人们对未来美好目标的向往和追求。（1）理想重在标志人与奋斗目标之间的关系；（2）理想主要是指向未来；（3）理想为人们的行动指明方向。

信念是人们在追求理想中表现出来的孜孜以求、不懈奋斗的意志力。（1）信念重在标志人对事物、观念的看法和态度；（2）信念主要是面对现在；（3）信念为人们的行动提供精神支持。

案例 苏武牧羊的故事：苏武在天汉元年（前100年）奉命以中郎将持节出使匈奴，后被匈奴扣留。匈奴贵族多次威胁利诱，欲使其投降，苏武不为所动。后将他迁到北海（一说今俄罗斯的贝加尔湖，一说在今甘肃白亭海）边牧羊。苏武手持汉朝符节没有屈服，匈奴扬言要公羊生子方可释放他回国。苏武历尽艰辛，留居匈奴十九年持节不屈，至始元六年（前81年）方获释回汉。

思考 支撑苏武历经万难回汉的力量是什么？

不管遇到什么样的困难都要保持一颗纯洁的爱国之心，拥有坚贞不屈的气节，而这种气节正是苏武不折不挠的信念所在。

（二）信念的特点

1. 复合性

信念是认知、情感和意志的有机统一体，为人们矢志不渝、百折不挠地追求理想目标提供了强大的精神动力。

2. 稳定性

信念是人们在一定认识基础上确立的对某种思想和理想坚信不疑并身体力行的一种长期状态，一旦形成就不会轻易改变，具有稳定性。然而信念的稳定性也不是绝对的，科学的信念必然会随着客观实际的改变而与时俱进，不断充实、调整和完善，在不断变化的现实考验中变得更加稳定、更加坚强。

3. 执着性

信念因其执着而为信念。信念一旦形成，就不会轻易改变。当一个人抱有坚定的信念时，他就会全身心投入到为实现目标而努力奋斗的事业中去，精神上高度集中，态度上充满热情，行为上坚定不移。坚定的信念使得人们具有强大的精神定力，不为利益所动，不为诱惑所扰，不为困难所惧。

4. 多样性

一方面，不同的人由于社会环境、思想观念、利益需要、人生经历和性格特征等方面的差异，会形成不同的信念；另一方面，同一个人也会形成不同类型和层次的信念，并由此构成其信念体系。在信念体系中，高层次的信念决定低层次的信念，低层次的信念服从高层次的信念。信仰是最高层次的信念，具有最大的统摄力。信仰有盲目和科学之分。盲目的信仰就是对虚幻的世界、不切实际的观念、荒谬的理论等的迷信和狂热崇拜，科学的信仰则来自人们对自然界和人类社会发展规律的正确认识。

信念的特点表明：人们对事物的认同和情感紧密相连，因而有信念行为就会更加坚决；信念与人格密切相关，因而有信念就可以坚定自己的观点和原则；信念体现人的精神状态和行为状态的稳定，因而有信念就可以使人充满热情、全神贯注、始终不渝地为理想奋斗；众人能够具有共同信念，因而信念可以形成巨大的社会力量。

三、实现理想与人生信念

（一）坚定信念以推动理想的实现

信念和理想从来就是不分开的，没有了坚定的信念，理想不过是转瞬即逝的彩虹；没有了理想，再好的信念也只能是在漆黑的夜里摸索。信念是实现理想必须具备的主观条件，信念是战胜各种困难的支撑力量，是精力集中的凝聚力量，是持之以恒的稳定力量，是聚集各方的感召力量。要实现理想，就要努力追求理想。坚定的信念、执着的追求、不懈的奋斗是通向理想彼岸的桥梁。

案例 信念之改变世界。乔布斯是改变世界的奇才，他凭敏锐的触觉和过人的智慧，勇于变革，不断创新，引领全球资讯科技和电子产品的潮流，把电脑和电子产品不断变得简约化、平民化，让曾经是昂贵稀罕的电子产品变为现代人生活的一部分。

案例 一壶沙子变成了一壶清冽的水。浩瀚的沙漠中，一支探险队在艰难地跋涉。头顶骄阳似火，探险队员们口干舌燥，汗如雨下。最糟糕的是，他们没有水了。一个个像散了架、丢了魂似的变得绝望起来，不约而同地将目光投向队长。这可怎么办？队长从腰间取出一个水壶，两手举起来，用力晃了晃，惊喜地喊道："哦，我这里还有一壶水！但穿越沙漠前，谁也不能喝。"沉甸甸的水壶从队员们的手中依次传递，原来那濒临绝望的脸上又显露出坚定的神色。一定要走出沙漠的信念，支撑他们跌跌撞撞，一步一步地向前挪动。看着那水壶，他们抿抿干裂的嘴唇，陡然增添了力量。终于，他们死里逃生，走出了茫茫无垠的沙漠，大家喜极而泣之时，久久凝视着那个给了他们信念支撑的水壶。队长小心翼翼地拧开水壶盖，缓缓流出的却是一缕缕沙子。他诚挚地说："只要心里有坚定的信念，干枯的沙子有时也可以变成清冽的泉水。"在沙漠里，干枯的沙子有时候可以是清冽的泉水，只要你的心里驻扎着拥有清泉的信念。

思考 信念与人的成长有何关系？

"这个世界上，没有人能够使你倒下。如果你自己的信念还站立着的话。"这是著名的黑人领袖马丁·路德·金的名言。即使在最困难的时候，也不要熄灭心中信念的火把，坚定信念是奠定实现理想的基础。

（二）如何坚定信念以推动理想的实现

坚定理想信念，磨练坚强意志，需要我们有恒心、从小事做起。理想信念、意志品质都不是一下子就培养起来的，需要在日常生活中从点滴小事做起，要有持久的恒心毅力。如平时要遵守纪律，要及时独立地完成作业，做事要有始有终等。培养意志，大多需要配合一项计划的实施，利用计划管理行动、提高效率、达成目标，每一次成功都会使意志力进一步增强。

坚强的意志、坚定的信念对人生成长有着重要作用。人生应该有崇高的理想、坚定的信念和坚强的意志，这既是国家和社会对个人的要求，同时也是个人发展进步的需要。拥有崇高理想信念和坚强意志的人生是充实而幸福的。

坚强的意志、坚定的信念不是与生俱来的，也不是自发形成的。它是在教育的影响下，经过长期的锻炼培养和多方面的打造，自觉磨砺形成的。它包括形成科学的世界观、人生观和价值观，有明确的奋斗目标，养成健康积极向上的性格，掌握必需的知识和技能，培养高尚的道德情感，参加各种必要的社会实践，学习各方面的知识和技能，在日常生活中加强自身修养等，从而逐步形成坚强的意志、坚定的信念。

坚定理想信念，磨练坚强意志，需要我们大学生坚持不懈地从各方面锻炼。“宝剑锋从磨砺出，梅花香自苦寒来。”我们要注意在日常学习和生活中提高个人修养，培养良好的学习和生活习惯。要在课堂学习、实训实习和社会实践中磨炼意志，不怕脏、不怕苦、不怕累，积极动手操作，努力掌握知识和技能。要积极参加体育锻炼，在各种体育活动中强身健体、强健体魄。要在参加学校和社会组织的各种活动中克服和战胜困难，磨练意志，锻炼自我，完善自我。

一个人的坚强意志往往是在克服困难的过程中磨砺而成的。只有在实现理想的道路上永不懈怠，持之以恒，才能实现目标。

1. 要树立正确的信念，就要刻苦学习马克思主义和科学知识，以形成正确的认知

第一，马克思主义理论是科学的世界观和方法论，青年大学生学习马克思主义和科学知识，有助于树立正确的世界观，提高其道德素质，可以把握方向、明辨是非。第二，青年大学生学习马克思主义，可以获得正确认识世界的思维方法，正确掌握和应用思维工具。第三，青年大学生学习马克思主义，可以获得为人民服务的思想素质。要通过学习，培养“以为人民服务为荣，以背离人民为耻”的思想政治素质。第四，青年大学生学习马克思主义，可以获得不断奋斗前行的动力。理想与信念是人不断前行的动力。现阶段，党把马克思主义基本原理同中国实际相结合所制定的党的最高纲领和最低纲领，激励和指引着全国人民为中国特色社会主义事业而奋斗。正确处理学习与工作中的各种矛盾，更能增强不断前行的动力。第五，青年大学生学习马克思主义，特别是学习马克思主义中国化的最新成果，可以了解形势，为将来指明努力的方向。

我国正处于改革开放和社会主义现代化建设的新时期，随着社会的发展，人们的物质生活日益改善，精神文化生活也越来越丰富。同时，受到全球化发展趋势影响，国际间的交流日益密切，为人们提供了开放的精神文化环境，但也给人们特别是当代大学生带来了一定的消极影响。马克思主义中的马克思主义哲学是科学的世界观，当代大学生在学习马克思主义理论后有助于自己正确地认识人类的发展，树立建设中国特色社会主义的信心以及理想信念，同时培养自己超脱的心境，塑造追求真理、关怀人类的伟大理想，培养高尚的道德品质。

2. 要有炽热的感情，主动地去身体力行

在中华民族的历史发展脉络中，新时代是全党全国各族人民勠力同心、砥砺奋进的时代。奋斗、圆梦，是新时代重要的主题词；奋斗者、追梦人，是新时代中国人民的荣耀身份。正如习近平总书记所指出的，中华民族是一个敢于构筑梦想，更是一个擅长圆梦，让梦想成真的民族，中国人自古就懂得理想不惮于远大，关键取决于行动。再远大的理想、再瑰丽的梦想，都需要一步一个脚印去实现。既有敢于梦想的理想主义、乐观主义精神，又有脚踏实地、笃实力行的自觉。正是这种现实的理想主义使中华民族具有极强的韧性、韧劲，能够任凭风吹浪打、黑云压城，无论多么险恶的环境，多么危急的形势，都能够始终心怀希望、满怀信心和勇气。有梦想，所以能心怀远大；有奋斗，所以能登高致远。青年学生必须保持热情，不轻易懈怠，积极创造条件，艰苦奋斗，在社会发展中实现自己的个人理想。实现理想必须立足现实，脚踏实地，踏实肯干，任何理想的实现都离不开与现实的统一，如果不从现实出发，或者对环境的要求过于理想化，这也看不惯，那也看不惯，或者好高骛远，追求一些不切实际的东西，不仅会使自己陷入无端的烦恼，降低实现理想的信心，而且会失去实现理想的依托。同样，如果没有实干精神，任何理想都将化为泡影。因此，我们为崇高理想而奋斗，就必须从现在做起，脚踏实地干好每一件事，防止眼高手低、光说不干的理想口头主义。因为，无论是共同理想还是个人理想，都需要通过脚踏实地的埋头苦干才能实现。

案例 一进入职业院校学习，李娟就立志成为一名优秀的储蓄员，坐在储蓄柜台后，为有各种需求的顾客服务成为她的梦想。为了实现这个梦想，李娟在校期间勤奋学习，刻苦练习储蓄员的基本功——点钞，每天坚持练点钞两三个小时，常常被练功券捆扎带割破手指，鲜血浸透了练功券和捆扎带，终于，她以优异的专业成绩被录用到某市邮政局储蓄科工作。李娟在储蓄员的岗位上虚心学习，刻苦钻研。她把在学校学到的现代礼仪和服务知识运用到储蓄服务工作中去，并把临柜服务作为一门学问来做，潜心研究客户心理和需求，逐步摸索出一套针对不同客户心理、性格而采取的个性化服务方法，力求达到客户“进门舒心，出门放心”的服务效果。李娟的努力工作吸引了一批批稳定的客户群，为企业创造了良好的经济效益和社会效益。

思考？ 从李娟身上，你学到了什么优良品质?

李娟就是这样立足平凡工作岗位，努力学习，锐意进取，在汗水中体味充实的快乐，实现着自己的梦想。

3. 要有良好的精神状态和行为状态，并保持相对的稳定

在实现理想的过程中，首先我们要保持良好的精神状态和行为状态，弘扬中华民族坚忍不拔、求真务实、乐观理性、脚踏实地等精神，坚定远大的理想信念、坚持正确的方向和道路。奋斗不是盲动、不是偏执，不是机会主义、风头主义，必须富于时代的精神、实际的精神，对时代、对历史发展脉络和方向有着深刻的认识和把握。

4. 要与时俱进，从而在现实不断变化的考验中变得更加完善、更加坚定

在中华文化里，人被认为应当自强不息、与时俱进、积极进取、刚健有为，所谓“天行健，君子以自强不息”“日新之谓盛德”。在古人看来，宇宙就是一个不断生成变化、生生不息、一往无前、永不停歇的过程，天地之间、宇宙万物无时无刻不在发生变易更新。生生不息，是宇宙的根本法则。人作为宇宙中的一个存在，必须服从、遵循宇宙的根本法则。所以人应当顺应时变，与时俱进，不断创新，不断发展，“苟日新，日日新，又日新”，不息不止。我们要在实现理想的过程中去开拓创造，积极面对圆梦路上的变化，探索新的追梦之路。

四、实现理想与坚强的意志

（一）什么是意志

意志是人自觉地确定目的，调节并支配行动，并通过克服困难和战胜挫

折，实现预定目的的心理状态和自决能力，即人的思维过程见之于行动的心理状态和自决能力。

（二）坚强的意志是实现理想的主观条件

在实现理想的道路上，坚强的意志发挥着重要的作用，意志是实现理想所必要的主观条件。人在实现理想的道路上不会一帆风顺，必然会遇到这样那样的许多困难，没有坚强的意志是无法前进的。例如运动员在参加竞赛前为了取得好的成绩，坚持不懈地训练等。意志是人的意识能动性的集中体现，是人类特有的心理现象，是在人类认识世界和改造世界的需要中产生的。意志总是和行动紧密相连，通常称之为意志行动。

科学研究和无数事实表明，意志对人的身心发展起着非常重要的调节作用。坚强意志是行动的强大动力，是克服困难、获得成功的必要条件。有坚强意志的人，能自觉地为达到预定目的而行动，不惧怕人生的逆境，敢于与艰难困苦斗争，努力去争取光明的前景。缺乏意志或意志不坚强，往往会使人陷入各种矛盾之中，怨天尤人、半途而废、悲观失望，甚至产生厌世情绪。

意志是人生发展的精神支柱。具有坚强意志的人才能到达理想的彼岸。凡有成就的人，都有坚强的意志，都有一种百折不回的精神，“锲而不舍，金石可镂”。人生发展离不开坚强的意志，实现理想离不开坚强的意志。

增强意志必须坚定理想信念，坚强意志和坚定信念是实现理想的重要保证。坚强的意志品质具体表现为有明确理想目标、坚持不懈、处事果断、不怕困难并勇于克服困难、善于自制等。具有坚强意志的人，有着追求既定目标的坚定性，能为实现目标而全身心地迎接各种挑战，顽强地与逆境作斗争。具有坚强意志的人，有着较强的自制力，能掌控自己的情绪，抵制各种诱惑，在复杂的情况下保持冷静。具有坚强意志的人，有敢作敢为的果断性，面对复杂情况仍沿着预定的目标，勇敢行动，直至成功。

案例 卧薪尝胆：春秋时候，越国被吴国打败，越王勾践做了俘虏，给吴王夫差养马三年。回国之后，勾践立志报仇雪恨。他唯恐舒服的日子消磨意志，就把软绵绵的褥子撤下去，拿柴草当褥子；在屋梁上挂一只苦胆，每逢吃饭的时候都要用舌头舔一舔，以示不忘苦难，激励自己的斗志。就这样，勾践东山再起，终于打败了吴国，报了国仇。

案例 独臂英雄丁晓兵：在一次重大军事行动中，身为侦察大队“第一捕俘手”的丁晓兵，在敌人阵地生擒一名俘虏。回撤途中，为掩护战友和俘虏，他抓起敌人投来的手雷向外扔。刹那间，手雷突然爆炸，他的右臂被炸得只存一点皮肉。为了把任务完成到底，他以惊人的毅力用匕首割下残臂，扛着俘虏，冒着炮火翻山越岭 4 个多小时才与接应分队碰上头。而就在此时，他一头栽倒在地，战友们以为他牺牲了，紧紧抱着他，路过的前线医疗分队历经万难把他救了过来，独臂英雄才与死亡擦肩而过。

丁晓兵常以“人可以有残缺之躯，但不可有残缺之志”自勉，始终以昂扬的斗志迎战军旅生活的每一次跨越。他从用左手拿筷子、系腰带、练写字开始，克服常人难以想象的困难，在较短的时间内具备了基本生活技能。为了练好打背包，他一个人躲在房间里，手、脚、嘴并用，练得手指磨破了皮，嘴角流出了血……凭着这股不甘平庸、永不服输的锐气和力量，丁晓兵走到哪里，就把红旗扛到哪里。从指导员到团政委，丁晓兵和他所带领的单位累计获得 80 多个奖牌、奖杯和证书，这些奖证真实地记录了他自强不息、奋斗不止的足迹。

思考 越王勾践和独臂英雄丁晓兵，他们的故事对你实现自己的理想有何启发?

从某种意义上说，意志力通常是指我们全部的精神生活，而正是这种精神生活在引导着我们的行为的方方面面。通俗地讲，意志力指引着我们所有的行为，从而影响着我们的人生。

在人生路上，出发时“装备精良”的人不少，他们中有的人有着过人的天资，有的人受过良好的教育，有的人家底殷实……这些优越的条件本该促使他们步入佳境，但现实是，很多这样的人被现实打败了。为什么会有这样的结果？不难揣测，个人的意志力起到了重要作用。

（三）增强意志为实现理想提供保证

1. 意志的作用

在实现理想的过程中，良好的意志品质可以使人认准目的、坚定不移，可以不惧压力、迎难而上，可以审时度势、积极应对，可以把握自己、调节情绪，从而为实现人生理想提供重要保证。

其一，意志对认识活动具有调控作用。意志首先是在认识的基础上进行的，认识指导意志，但意志又可以支配、调节认识。认识活动是一种艰难而复杂的脑力劳动。人在认识活动过程中，必然会遇到生理、心理、知识、能力以及客观环境和条件等方面的重重困难和障碍。只有具有坚强意志的人，才能克服这些困难和障碍，使认识活动深入持久地进行下去，才能最后品尝到成功的甘甜和喜悦。马克思在对资本主义社会进行经济解剖的过程中深有感触地写道："在科学的入口处，正像在地狱的入口处一样，必须提出这样的要求，这里必须根绝一切犹豫；这里任何怯懦都无济于事。"后来，他在《〈资本论〉法文版序言》中更是写下了这样的至理名言："在科学上没有平坦的大道，只有不畏劳苦沿着陡峭山路攀登的人，才有希望达到光辉的顶点。"由此可见，意志对于认识活动的重要作用与意义。

其二，意志对实践活动具有调控作用。人的实践是有目的的活动。而实践目的的实现，除了从事劳动的那些器官紧张外，"在整个劳动时间内还需要有作为注意力表现出来的有目的的意志"。一个人没有坚强的意志，他的活动就会缺乏抗御风险的力量，稍遇挫折就会心灰意冷，一蹶不振。反之，一个人有了"有目的的意志"，就能够按照目标去追求，矢志不渝，锲而不舍，不达目的誓不罢休。

毛泽东在《抗日游击战争的战略问题》中指出："往往有这种情形，有利的情况和主动的恢复，产生于'再坚持一下'的努力之中。"列宁更是认为，在解决历史重大任务的各种历史因素中，"工人阶级的决心，它实现自己'宁死不屈'口号的坚决意志，不但是历史的因素，而且是决定一切、战胜一切的因素"。

其三，意志对情感生活具有调控作用。人的情感生活既需要认识的指导，又需要意志的调控。生活经验和科学实验都表明：意志薄弱的人往往容易被消极情绪所压倒，使行动半途而废；而意志坚强的人则能够控制消极情绪，克服它的干扰，做到胜不骄、败不馁，把行动进行到底。意志对情感的调控是以认知为前提，在认知的指导下进行的。人们平时所说的"理智与情感的冲突"，其实也是意志与情感的冲突。所谓"理智对情感的驾驭"，其实是指意志遵循理智的要求而实现的对情感的驾驭。

理智本身并不具有控制情感的功能，控制是由意志来完成的。所谓"理智战胜情感"，是指意志的力量根据理智的要求克服了与理智相矛盾的情感；而"情感战胜理智"，则是指意志的力量不足以抑制情感的冲动而成了情感的俘虏，背离了理智的方向和要求。因此，意志对情感的调控必须与认知相结合，接受认知的指导。只有这样，才能避免情感和意志的盲目性，使意志调控沿着健康、正确的方向进行。

案例 下面是一个人的简历：

1809年，出生在寂静荒野上的一座简陋小木屋里。

1816年，七岁，全家被赶出居住地。经过长途跋涉，穿过茫茫荒野，找到个窝棚。

1818年，九岁，年仅三十四岁的母亲不幸去世。

1826年，十七岁，已经什么农活都能干了，经常帮人打零工。

1827年，十八岁，自己制作了一艘摆渡船。

1831年，二十二岁，竞选州议员，但落选了。想进法学院学法律，但进不去。

1833年，二十四岁，向朋友借钱经商，年底破产。在十六年后，才把这笔债还清。

1834年，二十五岁，再次竞选州议员，竟然赢了。

1835年，二十六岁，订婚后即将结婚时，未婚妻死了，因此心也碎了。

1836年，二十七岁，精神完全崩溃，卧病在床六个月。

1838年，二十九岁，努力争取成为州议员的发言人，没有成功。

1840年，三十一岁，争取成为被选举人，落选了。

1843年，三十四岁，参加国会大选，又落选了。

1846年，三十七岁，再次参加国会大选，这次当选了。

1848年，三十九岁，寻求国会议员连任，失败了。

1849年，四十岁，想在自己的州内担任土地局局长，被拒绝了。

1854年，四十五岁，竞选参议员，落选了。

1856年，四十七岁，在共和党的大会上争取副总统的提名，得票不到100张。

1858年，四十九岁，再度参选参议员，再度落选。

1860年，五十一岁，当选美国总统。

这个人就是林肯，美国第十六任总统，一个令世界都为之叹服的伟人。

思考? 林肯的简历给你带来哪些深思和启发?

林肯坎坷的一生说明了每一个人在奋斗中都会遇到各种困难、挫折和失败，不同的心态，是成功者与普通人的区别。许多人最终迈向成功，是在经历了无数次失败之后。不曾失败者不会成功。林肯的一生孤苦奋斗，厄运连连，屡败屡战，最终成就了辉煌。

2. 意志的主要品质

(1) 独立性

意志的独立性是指人对行动的目的及其社会意义有正确而深刻的认识，并能主动支配自己的行动以达到既定目的的品质。不屈服于周围人的压力，不随波逐流，独立自主，遵守纪律，执行准则，坚持真理，修正错误，胜不骄，败不馁，排除诱惑，抗拒干扰等，都是自觉性的具体表现。与自觉性相对立的意志品质是受暗示性和独断性。受暗示性表现为缺乏主见，人云亦云，行动易受他人影响，易发生动摇。独断性则表现为盲目地自作主张并一意孤行，对别人的建议和规劝无论合理与否都一概予以拒绝。

(2) 果断性

意志的果断性是指人在选择目的、采取决定和执行决定过程中善于辨明是非真伪，抓住机会，迅速而坚决地进行决断，或及时调整决策以适应不断变化着的外界环境的品质。具有果断性品质，懂得所做决定的重要性的人能全面而深刻地考虑行动的各种因素，因此，在斗争时能当机立断，迅速而坚决地作出决定，在需要行动时敢作敢为，在不需要立即行动或情况发生变化时又能根据需要立即停止已作出的决定。与果断性相对立的品质是优柔寡断和草率决定。优柔寡断的人在采取和执行决定时，总是前怕狼后怕虎，顾虑重重，犹豫不决。草率决定的人则是缺乏深思熟虑，不顾后果而鲁莽从事，这种人决断尽管迅速，但缺乏根据，有时甚至凭一时冲动而决定，因而往往导致失败。

(3) 自制性

意志的自制性是指善于克制自己的情绪并有意识地调节和支配自己的思想和行动的品质。它主要表现在两个方面：一是善于驱使自己去执行所采取的决定；二是善于抑制与自己的目的相违背的愿望。与自制力相对立的品质是任性和怯懦。任性表现为放纵自己、毫无约束，在顺利的情况下喜欢为所欲为、肆无忌惮，不顺利时容易冲动、感情用事。

(4) 坚持性

意志的坚持性是指一个人能长时间保持充沛的精力，坚持自己决定的合理性，战胜各种困难，不屈不挠地向既定目标前进的品质。坚持性是其他三个意志品质的综合体现。具有坚持性品质的人，在困难面前不退缩，在压力面前不屈服，在引诱面前不动摇。所谓“富贵不能淫，贫贱不能移，威武不能屈”，都是意志坚持性的表现。与坚持性相对立的品质是顽固和动摇。顽固表现为只承认自己的意见和论据，尽管有些论据是错误的，但是固执己见，我行我素，不能正视现实，不能接受别人正确的建议。具有动摇品质的人则见异思迁、虎头蛇尾，一遇到困难就动摇妥协，不断改变或放弃自己的决定，不能有始有终。

3. 要加强意志锻炼

意志不是自然形成的，必须经过长期的锻炼培养和多方面的打造。一个人的意志坚强与否，坚强程度如何，往往是在克服困难的过程中磨砺的。

（1）形成坚定的世界观、人生观和信念

加强和改进大学生思想政治工作的一个主要任务是以理想信念教育为核心，深入进行树立正确的世界观、人生观和价值观教育。信念是一种精神现象，能够增强学生行为的目的性，减少其行动的盲目性。

（2）学习理论，加强修养，培养自制能力

理论是行动的指南，思想是行动的先导。理论越透彻，认识越正确，加强修养的自觉性就越高，在修养实践中的盲目性就越少，就能及时地识别错误倾向，少走弯路，免遭挫折。必须认真学习思想政治教育课程和坚持党的路线、方针、政策，努力掌握与思想品德修养方面有关的知识，如伦理学、心理学、人才学、社会学以及现代管理科学等学科知识。只有理论上的坚定，才能有行动上的坚定，才不至于随波逐流，附和错误言行。

（3）培养深厚浓重的情感

情感培养是教育过程的一部分，它关注教育过程中学生的态度、情绪、情感以及信念，以促进学生的个体发展和整个社会的健康发展，即情感培养能够使学生身心感到愉快。情感培养是意志形成过程的一部分，通过尊重和培养学生的社会性情感品质，能发展他们的自我情感调控能力，促使他们对学习、生活和周围的一切产生积极的情感体验，形成独立健全的个性与人格特征，真正成为品德、智力、体质、美感及劳动态度和习惯都得到全面发展的社会主义建设者和接班人。

（4）参加社会实践，在困难环境中锻炼意志，取得意志锻炼的直接经验

马克思主义认识论是以实践为基础的能动的反映论。马克思主义认识论

认为，实践是认识的基础，实践出真知，人的正确思想最终只能从实践中来。人们在实践基础上形成的认识是一个辩证的发展过程，人的认识要经历实践的检验，并在实践、认识、再实践、再认识的过程中得到深化和发展。“读万卷书，行万里路”的古训，启示我们在人生发展中，必须注重理论与实践有机结合，既要广泛吸收书本知识，使自己具有广博、扎实的文化素养，又要在实践中磨练意志，使自己具有坚强的意志和坚定的信念。

（5）学习做人的榜样

思想品德修养的目的在于学会如何做人，培养高尚的情操。大学生正处在人生观、世界观、价值观的形成时期，以先进人物作为楷模，就会不断激励自己向更高的思想境界攀登。俗话说“榜样的力量是无穷的”，这是很有道理的。学习先进人物，可以向历史上的古圣先贤学习，也可以从现实中涌现出来的大量英雄人物身上汲取高尚的品质，还要注意学习身边先进典型的精华。学人之长，补己之短，特别是同龄人的先进业绩更催人奋进。因为其所处的时代、环境同自身差异不大，更容易引起共鸣，从而找到差距，明确努力方向。

（6）加强自身的修养

修养就是指人们在道德品质、思想情操、精神境界等方面进行的自我锻炼和自我培养。中华民族自古以来就注重个人修养，古人把“修身、齐家、治国、平天下”作为个人修养的最高境界。这句话最初出自被誉为“四书”之首的《大学》，两千多年来，中国古代知识分子一直把修身、养性作为求学、为人、做事的出发点和最终的归宿点。在不同的时代，不同的阶级，有不同的修养追求。中国古代儒家要求学生掌握六种基本才能，也即六艺：礼、乐、射、御、书、数。就现阶段而言，我们应重点加强“五大修养”，包括政治修养、道德修养、能力修养、作风修养、心理修养。加强自身修养的过程是一个永恒的、动态的、没有止境的过程，是一个与时俱进、艰辛探索、不断磨练的过程。加强自身修养要求我们在勤学中加强，在实践中锻炼，在总结中提高，在律己中升华。

案例 古希腊大哲学家苏格拉底，思想深邃，思维敏捷，关爱众生又为人谦和。许多青年慕名前来向他学习，听从他的教导，都期望成为像老师那样有智慧的人。他们当中的很多人天赋极高，天资聪颖者济济一堂。大家都希望自己能脱颖而出，成为苏格拉底的继承者。一次苏格拉底对学生说：“今天我们只学一件最简单也是最容易的事，每个人都把胳膊尽量往前甩，然后再尽量往后甩。”苏格拉底示范了一遍，说：“从今天起，每天做三百下，大家能做到吗?”学生们都笑了，这么简单的事有什么做不到的? 第二天，苏格拉底问学生：“谁昨天甩了三百下? 做到的人请举手!”几十名学生的手都哗哗地举了起来，一个不落。一周后，苏格拉底如前所问，有一大半的学生举手。过了一个月后，苏格拉底问学生：“哪些学生坚持了?”有部分学生骄傲地举起了手。一年后，苏格拉底再一次问大家：“请告诉我，最简单的甩手动作还有哪几位同学坚持了?”这时，只有一个学生举起了手，这个学生就是柏拉图。他继承了苏格拉底的哲学并创建了自己的哲学体系，培养出了堪称“西方孔子”的大哲学家亚里士多德。

思考? 以上故事给你什么启示?

与“每天甩手三百下”一样，学习有时候看似简单的事情，其实际的意义并不在于事情本身，而在于做这件事情的过程对人的意志品质的修炼。一如既往地做好简单的事情，是坚持，是积累，时间长了，便会内化成为人的一种韧性。

当然，柏拉图成为伟大的哲学家绝不是每天坚持甩手三百下的结果，而是他在无人监督与无人苛责之下一直不放弃学习、坚持到底的结果。

五、实现理想与人生责任

(一) 责任的含义

理想的实现与个人责任有着密切的联系。责任通常有三重含义：一是指使人担当起某种职务和职责；二是指分内应做之事，如家庭职责、岗位责任等；三是指做不好分内应做的事，因而应承担的不利后果或强制性义务。责任是外在义务要求和自我担当的结合，更侧重人的自觉意识。

(二) 人生责任的基本内容

责任产生于社会关系中的相互承诺，伴随着人类社会的出现而出现，有社会就有责任。在社会大舞台上，每个人都扮演着一定的角色，而不同的角色往往意味着不同的责任。作为子女，孝敬父母是我们的责任；作为学生，遵守学校纪律、完成学习任务是我们的责任；作为朋友，忠诚、互助、互谅是我们的责任；作为普通公民，爱国守法、诚实守信是我们的责任。要扮演好各种角色，必须尽到自己的责任。人们不仅要对自己负责，还要对家庭负责、对将来的职业负责，尤其要对国家和社会负责。只有这样，才能实现自己的人生理想，取得人生的成功。

1. 对自我和他人负责

大到“天下兴亡，匹夫有责”，小到“集体的荣誉就是我的荣誉”，都是责任的细化和具体要求。青年学生大都满怀理想，但同时也肩负着责任。青年学生要对自己负责，对自己的生命负责，尽可能地把时间用在学习和发展上；对自己的言行负责，做到言而有信；对自己的命运负责，树立奋斗目标，靠自己的努力实现理想。青年学生还要对他人负责，要对同学负责，对身边的人负责，同学之间要相互关心，相互帮助，团结友爱。

2. 对家庭和集体负责

青年学生要对家庭负责，听从家长和亲人的忠告，不辜负他们的期望，力所能及地为家庭分担一些责任。青年学生要对班级、学校等集体负责，要遵守校纪校规，积极参加班级和学校组织的爱国主义、公民道德素质和职业道德教育等各项活动，在高雅活泼、积极健康的校园文化中教育自己，在互助互爱、团结协作的班级集体中成长。

3. 对国家和社会负责

大学生要敢于对社会负责、对国家负责。要时刻关心国家的发展，树立“天下兴亡，匹夫有责”的责任意识，树立每个人都是国家主人的社会责任认知，积极履行法律要求的公民的责任和义务。通过参加实践活动培养社会责任感，以自己的实际行动为实现国家富强、民族复兴、人民幸福的中国梦作出贡献。

（三）实现人生理想要有强烈的社会责任感

责任感是一个人在社会生活中对自己和他人、家庭和集体、社会和国家负责的认识、情感和信念，与之相应的遵守规范、承担任务和履行义务的态度，以及对自己行为的后果所应有的承担。社会责任感是指在一个特定的社会里，每个人在心理和感觉上对其他人的伦理关怀和义务。敢于担当是人生的宝贵品质，也是实现理想的必备品质。大凡做出重大贡献的人，都有强烈的责任感。当我们有了责任时，就会自发地、尽心地履行自己的职责，当出现问题时敢于承担自己的责任。责任感是衡量一个人精神素质的重要指标。只有敢于担当责任的人，才能实现理想。

案例 黄志全是大连市的一名公共汽车驾驶员。一次行车途中，他突然心脏病发作，在生命的最后一分钟里，他用最后的力气做了三件事：把车停在路边拉下手动刹车闸；把车门打开，让乘客安全下车；将发动机熄灭。做完这三件事，他永远地停止了呼吸。如果不是这样，后果真是不堪设想！在生命最后一分钟里，他把对别人负责看得比自己的生命还重要！一名平凡的公共汽车驾驶员，却让许多人记住了他的名字，这就是人们对他的责任感的敬佩！

思考 你有社会责任感吗？你能为这个社会做些什么？

社会责任感就是在一个特定的社会里，每个人在心理和感觉上对其他人的伦理关怀和义务。具体点说就是，社会并不是无数个独立个体的集合，而是一个相辅相成不可分割的整体。尽管社会不可能脱离个人而存在，但是纯粹独立的个人却是一种不存在的抽象。简单点说就是，没有人可以在没有交流的情况下独自一人生活。所以我们一定要有对其他人负责、对社会负责的责任感，而不仅仅是为自己的欲望而生活，这样才能使社会变得更加美好。

1. 做一个有责任感的人

（1）学会分析事物的因果关系

世上万物都存在普遍联系，因果联系只是其中的一个表现形式，而科学研究中很重要的一点就是找准事物之间的因果联系，因为只有抓住了事物之间的因果联系，才能认清事物出现及发展的规律。善于运用因果联系的人，往往能将自己的事情看得更清楚。只有将遇到的事情看清楚并分析透彻，才能在处理问题时更加得心应手。运用因果逻辑进行推理，一定不要仅停留在单一的因果层次上，必须从多个角度去研究事物发生的原因以及推出的结果。比如，分析事物之间不同因果联系产生的不同结论。通常情况下，我们在进行因果关系推理时，必须重视因果分析，需要注意分析主要原因和次要原因，分析因果关系的差异性。明确了这种因果关系，自然就弄清了内蕴的道理，从而清晰地分辨出是与非。

（2）养成先思考后行动的习惯

我们的认知里，理性决策一直被我们奉为圭臬。在战场上，要知己知彼，才能百战百胜；在考场上，要认真审题，规划好时间。只有先思考再行动，才能做得更好。因为凡事只有了解清楚了，想明白了，才能按照我们之前的计划，一步一步实现我们的想法。

(3) 对自己行为的后果承担责任

对自己的行为负责，是一个自我认识、自我接纳、自我调节、自我引导与调控的过程。我们每个人都应对自己的行为负责，如果对自己的行为不承担责任，造成不良后果，会受到道德和良心的谴责，造成社会危害后果触犯我国法律的，还会受到法律的惩罚。我们要充分认识行为与后果的一致性，能够自省自律，预见自己行为可能带来的后果，尽量避免做错事，养成对自己行为负责的好品质。

2. 一个有社会责任感的人，应该具备三点品质

人生要有强烈的社会责任感。社会由个人组成，个人离不开社会，个人的发展离不开社会，个人应对社会履行责任。社会的发展离不开每个人对社会的责任，承担社会责任是作为公民应尽的义务。一个人的人生价值不仅取决于个人的发展，更取决于他为社会和他人尽了多少责任，做了多少贡献。作为一个有社会责任感的人，要做到以下三点：

(1) 树立正确的世界观、人生观、价值观

当代大学生要承担起社会责任，必须要加强自身修养，不断提高自身的政治素质、道德素质、法律素质和心理素质，树立正确的世界观、人生观、价值观，坚持正确的政治方向，热爱祖国，能够自觉践行社会主义核心价值观。

(2) 坚持实践正义原则

恩格斯认为，关于公平的理解，要从经济现实出发，而不是求助于永恒公平，正义的诉求不能停留于意识层面，而应成为一种现实的运动，成为一种有原则高度的实践。当代大学生应当学会辨析社会纷繁复杂的现实，正确判断正义和公平，并落实到行动上，实践公平和正义原则。

(3) 愿为他人奉献

追求进步、正直的人都会有自己的理想信念，而理想信念与责任相关联。责任有丰富的内涵，可以从不同层次、不同形式来区分，可以从不同领域、不同角度去认识。一切追求文明和进步的人们，应该基于自己的良知、信念、觉悟，自觉自愿地履行责任，为国家、为社会、为他人作出贡献。在社会大舞台上，只有人人都认识到自己所扮演的角色，尽到自己的责任，愿意为他人奉献，才能共同建设和谐美好的社会，共享美好的幸福生活。一个真正有

社会责任感的人是愿为他人奉献的人，我们必须需要深刻理解把握、处理好个人与他人、个人与社会、个人与国家整体的辩证关系。我们需要懂得这种牺牲和奉献精神跟个人的生命成就、个人的幸福并不矛盾。牺牲精神是克服、超越个人小我的私心杂念、私利、私欲，并不排斥个人生命的正当需要，它是对小我的克制与提升，并通过克制私利的追求、私欲的满足而在追求国家、民族、人民的公义公利、大义大利中实现个人生命的最大充实完善，通过在成就他人中成就自己、成就事业中成就自己，在奉献中成就、提升自己。

案例 从容指挥救灾的县长：经大忠，男，羌族人，44 岁，中共党员，曾任四川省绵阳市北川羌族自治县县委副书记、县人民政府县长。在汶川大地震中，北川县是受灾最严重的县。地震发生时，北川县县长经大忠正在开会，他果断地组织与会人员疏散，并用最快的速度将县城里的 8000 多幸存群众集中在安全区域。全面的救援工作展开以后，经大忠成为北川抗震救灾前线指挥部副指挥长，始终战斗在第一线。2008 年 5 月 14 日下午，经大忠带领工作人员在废墟中救起了一个小女孩。当经大忠抱着孩子往担架跑的时候，孩子一直在哭泣。经大忠摸着她的脸，安慰她："别怕，孩子，爸爸救你来了！"地震发生后，经大忠三天三夜没有合眼，他说："群众是我们的兄弟姐妹，只有我们舍命，被埋的人才有更大的希望获救。"震后，北川县城大部分被埋。经大忠家中的 6 个亲人全部遇难。——2009 感动中国人物颁奖词中说：千钧一发时，他振聋发聩，当机立断；四面危机时，他忍住悲伤，力挽狂澜！他和同志们双肩担起一城信心，万千生命。心系百姓、忠于职守，凸显共产党人的本色。

案例 2008 感动中国年度人物——男儿榜样李隆：在驰援四川抗震救灾战斗中，担任郑州市公安消防支队特勤大队副大队长的李隆和战友们在异常险恶的环境下，不怕牺牲，连续作战，在废墟下先后找到 57 名群众，其中包括被困 104 个小时的李青松和被困 124 个小时的卞刚芬，创造了一个又一个生命救援的奇迹。李隆 1995 年加入公安消防队伍后，他先后参加灭火救援战斗 3000 多次，抢救遇险群众 760 余人，为保卫人民群众安全做出了突出贡献。

思考 以上两个人物的事迹给你什么启迪？

大学生要承担起社会责任，必须从小事做起，提高勇于担当的意识。责任感的培养要从一点一滴做起，在具体活动中养成。平时要锻炼独立做事的能力，养成做事情有始有终的习惯。

本章小结

理想和信念既密切联系，又有区别。理想信念对人生成长有着重要作用。实现理想要有坚定的信念、坚强的意志和强烈的社会责任感。我们要加强意志锻炼，承担起对社会的责任，实现自己的人生理想，取得人生的成功。

经典名言

1. 理想信念是共产党人的精神之“钙”，必须加强思想政治建设，解决好世界观、人生观、价值观这个“总开关”的问题。——习近平

2. 青年的理想信念关乎国家未来。青年理想远大、信念坚定，是一个国家、一个民族无坚不摧的前进动力。——习近平

3. 最重要的是人的团结，要团结就要有共同的理想和坚定的信念。我们过去几十年艰苦奋斗，就是靠坚定的信念把人民团结起来，为人民自己的利益而奋斗。没有这样的信念，就没有一切。——邓小平

4. 吾志所向，一往无前，愈挫愈奋，再接再厉。——孙中山

5. 理想，能让所有不幸的人感到快乐。—— 高尔基

6. 理想是石，敲出星星之火；理想是火，点燃熄灭的灯；理想是灯，照亮夜行的路；理想是路，引你走向黎明。——流沙河

学习思考

1. 如何理解“中国梦既是民族的梦，又是每个中国人的梦”?

2. 谈谈理想信念对大学生成长成才的重要意义。

3. 结合自身实际，谈谈在实现中华民族伟大复兴历史进程中大学生肩负的责任。

第八讲　用发展的观点　走过人生的顺境与逆境

青年时代是富于激情与理想的时代，是思想活跃、勇于探索的时代，也是真正开始思考人生、面对人生的开始。而人生并不总是一帆风顺的，尤其在新的信息化时代之下，青年学生们不可避免地面临人生的很多新问题，如知识系统化与碎片化的矛盾与冲突，学业与职业甚至情感等各方面的困惑与压力。要解决这些问题，必须要站在时代大变局之下、站在一定的高度，脚踏实地又志存高远，理性客观地看待人生所遇到的种种问题，进而不断铸造优良的品质，不断成长，创造更好的未来。

一、用发展的观点看待人生

习近平2016年在知识分子、劳动模范、青年代表座谈会上强调："'看似寻常最奇崛，成如容易却艰辛。'青年的人生之路很长，前进途中，有平川也有高山，有缓流也有险滩，有丽日也有风雨，有喜悦也有哀伤。心中有阳光，脚下有力量，为了理想能坚持、不懈怠，才能创造无愧于时代的人生。"人生是一个曲折而又发展的过程，青年学生们探索自己的人生之路、追求自己的人生梦想，首先要学会用科学的思维看待人生的问题，唯有辩证看待人生，用科学的发展观思考人生，才能做出正确的人生选择，创造美丽人生。

人生路漫漫，每个人都是从对这个世界的未知，到懵懂，再到慢慢领悟。人人都有自己的人生之路，如何更好地把握这条必由之路，需要我们对事物的发展进行深刻的思考，除科学理解事物的普遍联系性之外，还要充分认识到事物发展是永恒的、长期的和曲折的。

（一）事物是永恒发展的

世界是普遍联系的，正是基于事物的相互联系、相互作用，才构成事物的运动、变化和发展，因为事物之间的相互联系和相互作用必然会引起事物原有状态和性质的改变，使事物发生运动和变化。无论是自然界还是人类社会，都是事物相互联系、相互作用的结果。

1. 事物的相互联系、相互作用构成运动、发展

联系和发展是不可分离的，离开联系就无从考察事物的运动和发展，离开运动和发展，也不能真正理解事物的内在联系。只有从事物内部矛盾，即对立统一双方的相互联系、相互制约、相互作用的观点看问题，才能理解事物的运动和变化；同样，也只有从发展的观点看问题，才能够揭示事物之间的真正联系。不管对于国家、社会的发展，还是对于个人的成长，都不能只孤立地看某一方面，都要用联系和发展的观点去分析问题。

运动、变化和发展既相互联系又相互区别，运动是一般的变化，运动的方向有三种：一是同级的运动，即同一等级运动形式间的转化；二是下降的运动，即从高级形式向低级形式的变化；三是上升的运动，即从低级形式向高级形式的变化。所以，并非任何的运动变化都是发展，只有上升的运动才是发展。发展不是同级的运动，更不是下降的运动，而是前进的、上升的。发展的实质是新事物的产生和旧事物的灭亡，新事物是指符合历史发展方向的东西，旧事物是指丧失历史必然性、日趋灭亡的东西。区分新旧事物的根本标志是看它是否同历史发展的必然趋势相符合。

2. 事物的发展是一个过程

任何事物都要经历一个产生、发展、灭亡的过程。过程就是指事物自身产生、发展和灭亡的历史。自然界、人类社会和思维领域中的一切现象都是作为一个过程而向前发展的，任何事物经产生、发展、变化，终要灭亡，无论是过去的事物还是现在的事物，无论是大的天体，还是小的基本粒子，全都处在这种由生到灭的过程中。一个过程的结束，又意味着另一个新过程的开始，如此生生灭灭，以至于无穷，正如恩格斯所指出的，唯物辩证法认为，“世界不是既成事物的集合体，而是过程的集合体”。

3. 发展的实质是新事物产生和旧事物灭亡的过程

在人类社会，这一过程就是推陈出新、破旧立新的创新过程。创新就是利用现有的知识和物质，在特定的环境中，本着理想化需要或为满足社会需求，而改进或创造新的事物，并能获得一定有益效果的行为。党的十九大报告指出，“发展是解决我国一切问题的基础和关键，发展必须是科学发展，必须坚定不移贯彻创新、协调、绿色、开放、共享的发展观念”。

2013 年 5 月 4 日，习近平在同各界优秀青年代表座谈时阐述了创新的重要性："创新是一个民族进步的灵魂，是一个国家兴旺发达的不竭源泉，也是中华民族最鲜明的民族禀赋"；"坚持创新发展，必须把创新摆在国家发展全局的核心位置，不断推进理论创新、制度创新、科技创新、文化创新等各方面创新，让创新贯穿党和国家一切工作，让创新在全社会蔚然成风"。

事物的发展是永恒的，青年学生们应该学会用发展的观点去看待事物以及自身的成长，主动培养创新性思维，让自己成为推动发展的主力军。

（二）事物发展是长期的和曲折的

马克思主义哲学认为，世界上没有一成不变的东西，一切事物都经历着产生、形成、发展和灭亡的过程。就物质世界的运动、变化的总体来说，它是无始无终、无穷无尽的，即事物的发展是一个长期的过程。

1. 事物的发展是长期的

事物的发展之所以是长期的，是由其内部矛盾变化消长状况决定的。在事物的发展过程中，有些矛盾解决了，有些矛盾缓和了，有些矛盾激化了，有些新矛盾又出现了，因此事物便呈现出不同的阶段来。事物发展的阶段性也是长期性的一个最主要的表现形式之一。在现实生活中，认识事物的不同阶段很重要，例如我们进入新时代之后，仍然处于社会主义初级阶段，对于这一国情的认知有助于我们更好地去认识社会的发展。

2. 事物的发展是曲折的

事物的发展过程不是笔直向前的，而是螺旋式的上升运动。世界上的事物都是对立的统一。由于事物内部肯定、否定两个方面复杂的矛盾斗争和曲折的矛盾转化，所以它的运动、发展便呈现出波浪式前进、螺旋式上升的趋势，因此，事物的发展过程便显现为前进性与曲折性的统一。在现实生活中，认识这种情形非常重要。青年学生们在人生的发展过程中，也面临着学业和来自其他各方面诱惑之间的矛盾，也会遇到一些困难和挫折。认清事物发展的曲折性，对未来充满信心，培养自己乐观主义态度，相信道路是曲折的、前途是光明的，能够帮助自己去应对种种问题，不断走向更美好的人生。

二、人生发展过程的两种境遇

（一）正确认识顺境与逆境

人生是短暂而又漫长的，在人生的旅途中，会有鲜花和掌声，也会有挫折和失败，任何人不可能总是一帆风顺，总会遇到矛盾、困难、挫折乃至坎坷。古人云：人生不如意十之八九。顺境是人之所求，但并非时时都能求来，逆境是人之所畏，但往往会不期而遇。人生的过程交织着顺境与逆境两种境遇，人生就是在顺境与逆境、成功与失败的交替中向前迈进的。大学生要走好人生之路，必须正确认识和处理人生的顺境和逆境。

顺境是指一个人所处的顺利而如意的境况或境地，也就是在人生旅途中，可以一帆风顺地到达成功的彼岸。古人曾用金榜题名时、洞房花烛夜和他乡遇知己来描述人生得意、顺利的境遇，顺境常与幸运相连，展示着人生富裕、幸福、成功、欢乐的一面。“春风得意马蹄疾，一朝看尽长安花”就是人生顺境的极佳写照。

逆境是指人在现实生活中感到不顺利的境况和遭遇，逆境可能是事业或生活的不顺，也可能是感情的挫折或人际交往的矛盾冲突等。正如托尔斯泰所言：“幸福的家庭是相似的，不幸的家庭各有各的不幸。”身处逆境的人各有各的苦衷。有的人承受着生理的痛苦，如身有残疾，病魔缠身；有的人承受着情感的痛苦，如家庭矛盾，人际冲突，爱情失意等；还有的人承受着思想的痛苦，如个人价值得不到社会肯定，前途事业处处受阻；等等。逆境展示着人生穷困、痛苦、失败、悲伤的一面，“屋漏偏逢连阴雨，船迟恰遇顶头风”就是对人生逆境的生动刻画。

在人生的旅途上，每个人的境遇各不相同，有的人终其一生历尽坎坷，受尽磨难，生不逢时；有的人屡逢良机，一帆风顺，功成名遂。而造成人生不同境遇的因素也不是单一的，而是由必然性、偶然性和主观因素共同作用的结果。必然性因素和偶然的机遇会影响人们的境遇，但是，主观因素对人生境遇的改变也非常重要。个体的主观因素，往往能使顺境变为逆境，抑或使逆境变为顺境。历代豪门贵子从奢华走向覆灭的事例，不胜枚举。而于逆境中奋起，同厄运抗争的，也不乏其人。

案例 扶不起的阿斗：比喻扶持不起来的人。阿斗，三国时期人物，原名刘禅，刘备的儿子。在《三国演义》小说的描写中，阿斗为人不思进取，只会整天玩乐，即使有诸葛亮这样的名臣辅助和教导也无济于事，最终导致江山落入他人手中，还落下了“乐不思蜀”这样的千古笑柄。

案例 贝多芬开始构思并动笔写《第五交响曲》是在1804年，那时，他已写过“海利根遗书”，他的耳聋已完全失去治愈的希望。他热恋的情人朱丽叶塔·齐亚蒂伯爵小姐也因为门第原因离他而去，成了加伦堡伯爵夫人。一连串的精神打击使贝多芬处于死亡的边缘。但是，贝多芬与命运展开了顽强的抗争。他在一封信里写道：“假使我什么都没有创作就离开这世界，这是不可想象的。”贝多芬在一生中最痛苦的时期，迎来了一次旺盛的创作高潮：《第三交响曲》尚未写完，《第五交响曲》已开始动笔。1807年《第五交响曲》完成并出版之前，活泼浪漫的《第四交响曲》已在一年前上演，同场首演的还有《第六交响曲》《第四钢琴协奏曲》和为钢琴、合唱与乐队写的幻想曲。在此期间，完成的著名作品还有：钢琴奏鸣曲《华尔斯坦》《热情》，俄罗斯弦乐四重奏三部，贝多芬自己钟爱的唯一一部歌剧《菲黛里奥》和三种《莱奥诺拉序曲》，贝多芬唯一的小提琴协奏曲（这也是世界小提琴经典作品）《C大调弥撒曲》，等等。所有这些作品都堪称是皇皇巨著，每一部后来都成为垂世之作。这是贝多芬留给世界的宝贵精神财富。

思考？ 以上两位人物给了你怎样的启示？

无论是顺境还是逆境，对人的影响都是双向的，既有有利的一面，也有不利的一面。顺境中得意忘形者，也可能会在良好的环境之下难以很好地发展，逆境中自强不息者，不断通过自己的努力以及良好的心态，往往也能开辟出一条康庄大道。

（二）顺境与逆境对人的影响

1. 顺境对人的影响

顺境在一定程度上有利于人的成长和发展。顺境为人的身心健康提供了有力的保障，也为人的发展提供了良好的成才氛围和较高的平台。一个人身心健康、人际关系和谐、工作条件优越，事业很容易进展顺利，就不会有什么烦恼，没有后顾之忧，就会心情舒畅，更加努力工作，进而取得更好的成绩。好的工作和生活环境，有利于人们更好地施展才华，创造人生的辉煌。

历史上有许多名人就是由于身处顺境获得成功的，居里夫人的两个女儿从小受到父母良好的教育和影响，大女儿伊雷娜成为著名的物理学家，与她丈夫一道获得诺贝尔化学奖，小女儿艾芙成为杰出的音乐教育家和传记作家。

顺境也可能对人产生不利影响。首先，条件优越容易使人耽于享乐，不思进取。如有些家庭条件较好的学生认为好好学习天天向上不如有个好爸爸，凭借父母亲的优越条件，贪图享受，不想学习，只想混个文凭。其次，顺境容易使人产生骄傲自大、目空一切、自以为是的不良心理。再次，顺境使有的人行为失控，甚至违法乱纪，走上犯罪道路。如当今的一些腐败分子就是在春风得意之时忘乎所以，最终走上了犯罪道路。

因此顺境究竟顺不顺，有时候并不在于境遇本身，而在于当事人如何在这样的环境下成长和发展。

2. 逆境对人的影响

逆境，从一般意义上来讲，不利于人们的发展。逆境容易使人消极认命，悲观失望。生活困难、工作不顺或其他方面的打击，容易使人产生痛苦、悲伤之感，特别是有些突如其来的沉重打击，使人难以承受，有人会因此一蹶不振，甚至失去生活的信心。如有人因生活的压力而出走；有人因家庭的变故而自杀；有人因受到委屈或不公的待遇去犯罪；等等。

然而，历史和现实中大量的事实却告诉人们："山高自有引路者，水深自有渡船人。"身处逆境，如果顽强奋争，永不气馁，困难的处境就不仅阻挡不了人们前进的脚步，反而使人的意志、品质、人格在逆境中得到锻炼和提升。如司马迁在遭受残酷的宫刑之后，完成了"史家之绝唱，无韵之《离骚》"的传世之作《史记》。革命战争年代，中国共产党人在血雨腥风、艰难困苦的环境中，为寻求解放的道路，百折不挠，孜孜以求，坚忍不拔，勇往直前，终于取得了中国革命的胜利。

逆境在某种程度上可以磨练人的意志，使人变得更加坚强，创造出更大的业绩。俗话说："宝剑锋从磨砺出，梅花香自苦寒来。""不经一番寒彻骨，怎得梅花扑鼻香？"有些家庭条件较差的同学，他们没有好的物质条件，但从小就锤炼了一种坚忍的精神、奋进的品质，最终成就了一番事业。

因此，逆境并非绝境，逆境只能使弱者沉沦，却阻挡不了强者的崛起，每个人的命运都掌握在自己手里。生活中，不论遭逢的境遇如何，若能始终以冷静、坦然、谦虚、乐观、坚忍的态度去看待，那么，生命中还有什么逆境过不去呢？

明朝洪应明在《菜根谭》中有言："居逆境中，周身皆针砭药石，砥节砺行而不觉；处顺境中，眼前尽兵刃戈矛，销膏靡骨而不知。"这段话的意思是：一个人如果处在逆境中，就好比全身扎着针、敷着药，在不知不觉中磨练了意志、培养了品行；如果处在顺境中，就像在你面前摆满了消磨意志的兵器，在不知不觉中使你意志消沉、精神颓废。顺境和逆境对人产生正面影响还是负面影响，全在于个人以什么样的人生态度对待它，态度不同，影响就不同，结果也就完全不同。正确对待顺境和逆境，是大学生成长过程中必然面临的重大人生课题。

（三）顺境与逆境的辩证关系

马克思主义认为事物是普遍联系的，顺境和逆境也如此，两者之间互相联系，在一定条件下可以互相转化。

逆境和顺境的关系是相互依存、相互包含、相互转化的辩证关系。所谓相互依存，是指逆境和顺境、厄运和幸运，都是相对而言，相比较而存在的，没有逆境就谈不上顺境，没有顺境也就没有逆境。做同样的工作，有的人成功了，有的人失败了；即使是同一个人，也会此时成功，彼时失败。可见逆境和顺境是相对而言，相比较而存在的。所谓相互包含，是指顺境中有逆境，逆境中也有顺境。老子说"祸兮福所倚，福兮祸所伏"，说明顺境和逆境是相互包含的。所谓相互转化，是指顺境和逆境在一定条件下可以相互转化。顺境可以转化为逆境，逆境也可以转化为顺境。顺境和逆境的存在都是有条件的，条件改变了，顺境或逆境就会改变。我们的任务就是要防止顺境向逆境转化，并努力创造条件促使逆境向顺境转化。

案例 "千手观音"邰丽华：她是位聋哑姑娘，靠着不懈的拼搏和奋斗，逐渐成长为中国舞坛上的一名新秀。她勤奋敬业、勇于攀登、从不言弃的拼搏精神，见证了残疾人敢于超越常人的奋斗轨迹。她在2005年的央视春晚上"千手观音"的舞姿至今仍感动着每一个中国人。2005年感动中国人物颁奖辞如此评价她：从不幸的谷底到艺术的巅峰，也许你的生命本身就是一次绝美的舞蹈，于无声处，展现生命的蓬勃，在手臂间勾勒人性的高洁，一个朴素女子为我们呈现华丽的奇迹，心灵的震撼不需要语言，你在我们眼中是最美。

思考? 邰丽华的故事对你有何启发?

顺境和逆境往往因人的态度不同、行动不同而发生转化，作为青年学生，在面对人生的各种境遇时应该保持良好的心态，积极去应对人生的逆境和顺境，让人生之路越走越宽。

三、以积极的心态对待顺境和逆境

人的一生往往是顺境和逆境交织而成的，这是人生历程中不可避免的两种境遇。在顺境中犹如顺水行舟，看似更易接近和实现目标，但是又容易使人放松警惕、自满自足，甚至狂妄自大、意志衰退。在逆境中犹如逆水行舟，不进则退，需要付出更大的努力和更多的艰辛才可能成功。逆境固然不被大家喜欢，也容易让人自暴自弃，但是在逆境中奋斗，会有顺境中难以得到的获得感和成就感。逆境对于挑战者而言，可以磨练意志、陶冶品格、积累战胜困难的经验、丰富人生阅历。顺势而快上，乘风而勇进，处低谷而力争，受磨难而奋进，是强者的追求。在人生旅途中没有永远的顺境，也没有永远的逆境。无论是顺境还是逆境，对人生的作用都是双重的，关键是怎样去认识和对待它。而一个人的人格品质在很大程度上影响了其在顺境或逆境中能否做出一番成绩，实现自己的人生价值。

（一）人格与境遇

以积极的心态对待顺境和逆境，首先要处理好人格与境遇的关系。顺境让人如鱼得水，也容易让人陷入舒适圈；逆境磨练人的意志，也考验人的品格。保持健康人格是以积极人生态度对待顺境和逆境的基本要求。

人格又称个性，是个人带有倾向性的、本质的、比较稳定的心理特征（兴趣、爱好、能力、气质、性格等）的总和。一般说来，人格是在一定社会历史条件下，通过社会实践活动形成和发展起来的。一个人的人格是他过去的整个生活历程的反映，同时也跟人的生物遗传因素有关。

人格与人生的境遇是密切相关的，人格会随着境遇而形成或发生改变，而人格的形成又直接影响了一个人对待境遇的态度，从而进一步影响所处境遇的发展状况。

案例 北宋伟大的文学家、思想家苏轼（号东坡）一生仕途坎坷，其作为和成就又十分伟大，他为中国知识分子树立了不朽的榜样，是古今处逆境而不馁，处顺境而积极有所作为的人生典范。出身文人世家的他，在良好的家庭熏陶和自我努力上进之下，铸就了优秀的人格品质，21 岁高中进士，可谓少年得志，豪气云天，但是进入仕途后，遭遇当时复杂的政治纷争和险恶的官场斗争，经历了人生境遇的低谷——九死一生，被贬黄州。面对突如其来的横祸，他慢慢调适心态，很快适应黄州的贬居生活，把苦难转化为历练成长的土壤。在黄州的几年里，他创作出了大量的优秀作品，如《念奴娇·赤壁怀古》等就是在黄州时所作，而被大家广为所知的“苏东坡”也源于在这一时期他所起的“东坡居士”别号。苏东坡在他特有的人生境遇中形成了新的人生观、世界观，由此上升到一种他独有的新的人格境界。人格让苏东坡自立于千古学林和文坛，人格伟大，境界阔大，成就了傲立千古的苏东坡。

思考 从苏东坡的人生经历中，你学到了什么？

苏东坡的人格境界高远阔大，深深地植根于他人生境遇的沃土，离开他独有的生活历程和人生境遇，其人格境界会不会得到千古文人学子的敬仰也未可知。因此，苏东坡的人生境遇和人格境界是紧密相连、互融互生的。他的人生境遇是其人格境界产生的基础和土壤，人格境界是从人生境遇中凝练和升华而来的，二者相辅相成，不可分割。

案例 2005 年感动中国人物之一洪战辉，以他逆境中的人格魅力，成为大众心中灼灼闪耀的一颗星。洪战辉 13 岁时，家庭突遭变故，他要伺候患有间歇精神障碍的父亲，抚养捡来的不到周岁的妹妹，照顾年幼的弟弟。小小年纪，他就成了这样一个极其困难家庭的一家之主，过早品尝了生活的艰辛。凭着自己的努力，他先后就读于怀化学院（专科）、中南大学（本硕连读），2005 年被评为“感动中国十大人物”，2006 年被评为“全国十大杰出青年”，2008 年作为奥运火炬手参加了湖南长沙段的火炬传递活动。他有情义，有志气，对亲人倾注了真情挚爱和责任；在逆境中坚忍自强，愈挫愈勇。

思考 洪战辉的事迹给你什么启示？

人格与境遇的相互关系告诉我们，培养优良的人格品质、打造积极的心态，能够帮助我们更好地应对人生的种种境遇，而当我们积极面对时，我们也会获得更好的成长机会。

（二）顺境中需要居安思危

“生于忧患，死于安乐”，“人无远虑，必有近忧”，这些耳熟能详的警句告诉我们：忧患可以激励人奋发有为，磨难可以促使人开拓进取。历史上这样的例子不胜枚举。比如，唐玄宗早年励精图治，开创了“开元盛世”，但在执政后期却耽于享乐，随之而来的便是重重危机，最终爆发“安史之乱”，大唐王朝从此由盛而衰。事实证明，不论国家、团体还是个人，任何时候都不能没有忧患之心，忘记忧思，必将生患。

青年学生正确对待人生的顺境的态度应该是自谦、自警、自励、自制。

1. 自谦

自谦，就是自抱谦逊态度，凡事谦虚谨慎、戒骄戒躁，不因自身的成就而狂傲自大，也不因身处顺境而得意忘形。古人云：“满招损，谦受益。”法国思想家孟德斯鸠曾说过：“我从不歌颂自己，我有财产、有家世，我花钱慷慨，朋友们说我风趣，可是我绝口不提这些。固然我有某些优点，而我自己最重视的优点，即是我谦虚。”美国科学家富兰克林说：“缺少谦虚就是缺少见识。”谦逊是影响个人进步与发展的重要品质，也是人类共同珍视的优良美德，唯有谦虚谨慎才能赢得人生真正的顺境。

案例 春秋时，晏婴在齐国历任三朝的宰相，他为人正直，生活俭朴，在齐国很有威望。有一天，齐景公派使者来看他，他正在吃饭，就把自己的饭菜分成两份，请使者一起吃。使者很感动，回去就把晏婴分食的事告诉了齐景公。齐景公想不到晏婴那么贫苦，就派使者送去一千两金子，可是连送了三次都被晏婴退回来了。齐景公特地召见他，说：“管仲对齐桓公的封赏不推辞，而你……”齐景公说到这里停顿了一下说：“为什么要推辞呢？”晏婴说：“圣人千虑，必有一失；愚人千虑，必有一得。”他自谦地说：“无论君臣，清廉为上，我这人愚钝，再三考虑也许有点道理。”

思考 晏婴为什么屡次拒绝齐景公？

古往今来，“谦”一直是中华民族的传统美德，自谦不仅是个人自身修养的美德、为人处世的基本道德要求，更能帮助人们在面临顺境时谦逊谨慎、不迷失自我。

2. 自警

自警，就是自我警醒、警觉，遇事保持理智冷静的头脑。马克思主义认为，世界是永恒发展的，而发展又具有长期性和曲折性，因此一个人的人生并非时时事事一帆风顺，一时之顺不等于一生无坎坷，对于个人来说，要做好随时应付意外事件的思想准备。居安思危，防患于未然，对于国家发展更是如此。昨天的成功并不代表着今后能够永远成功，过去的辉煌并不意味着未来可以永远辉煌，现在的中国，从站起来到富起来，从富起来到强起来，我们取得了很多辉煌的成就，但是，我们必须始终保持清醒的头脑，实现中华民族伟大复兴的梦想，还有不少困难要克服。行百里者半九十，越是在关键时刻，越需要居安思危，励精图治，一以贯之。习近平总书记曾经在讲话中指出："只有回看走过的路、比较别人的路、远眺前行的路，弄清楚我们从哪儿来、往哪儿去，很多问题才能看得深、把得准。"习近平总书记的谆谆教诲，启迪我们在自警中回看、比较、远眺，然后更好地前行。党的十八大以来，反腐败斗争不断加强，落马的大小官员纷纷验证了不论身份如何，不论职务高低，只要是触碰党纪国法高压线的人，最终都将自掘坟墓，受到严肃党纪惩处和严厉的法律追究。这些人落马的一个重要原因就是他们对自己的放纵，放松了对自己的要求，让自己的贪欲从萌芽到一发不可收拾，以至于演变成了"赌徒式"的疯狂，最后在权力的漩涡之中迷失了自我。"以铜为镜，可以正衣冠；以史为镜，可以知兴替；以人为镜，可以明得失。"只有懂得以这些反面案例去反思自己、警醒自己，才能够不断强化自己的责任担当，保持高度清醒。

3. 自励

自励，就是自我激励、自我勉励、自我鼓励。一个人要想有所作为，有所成就，就要不断自励。不仅在逆境中需要自我鼓励，在顺境中更需要如此。在顺境中要谦虚谨慎，戒骄戒躁。要懂得机会可能稍纵即逝，要激励自己充分把握和利用好当下的良好机缘，再接再厉，取得更大的进步。无产阶级的导师恩格斯出身于富裕家庭，完成学业后又获得一份高薪工作，但是他并没有就此停下追求伟大理想的脚步，而是与马克思共患难，成为马克思背后支撑其前行的不可或缺的精神力量。当然，在顺境中逐渐消沉、走向颓废的例子也不在少数。

案例 李自成是农民革命史中一位大人物，崇祯二年（1629 年）起义，后为闯王高迎祥部下的闯将，勇猛有胆略。荥阳大会时，他提出“分兵定向、四路攻战”的方案，受到各部首领的赞同。高迎祥被俘死亡后，他继称闯王。当时中原灾荒严重，社会阶级矛盾极度尖锐，李岩提出“均田免赋”等口号，获得广大人民的欢迎，军队发展到百万之众，成为起义军中的主力军。崇祯十六年（1643 年）在襄阳称新顺王，并在河南汝州歼灭明陕西总督孙传庭的主力，旋乘胜进占西安。崇祯十七年（1644 年）正月，建立大顺政权，年号“永昌”。不久攻克北京，推翻明王朝。四月，多尔衮率八旗军与明总兵吴三桂合兵，在山海关内外会战李自成。李自成战败，退出北京，率军在河南、陕西抗击清军。顺治二年（1645 年）三月，大顺军逼走南明将领左良玉，占领武昌，李自成计划乘舟东下，夺取东南作为抗清基地。但大顺军尚未准备充分，清军分水陆两路突然袭来，李自成仓促弃武昌向东南进发。顺治二年 5 月 17 日，在湖北通城县九宫山遭村民误杀。

思考？ 在通往成功的路上，李自成所欠缺的是什么？

李自成从陕北发动革命，以抗粮均田为号召，转战十余年，推翻了明朝的统治，但是却为眼前的胜利所陶醉，鼠目寸光、骄傲自满，忽视了关外的大敌，终遭失败。在顺境中自满，不懂得励精图治更进一步的人，往往把顺境转换成了逆境，因此，顺境中更应自我激励，始终如一，守住初心。

4. 自制

自制，就是自我克制、自我节制、自我控制。人要获得全面健康的成长，必须培养自己的自制力，既要善于激励自己勇敢地去执行所做的决定，又要善于抑制那些不符合既定目的的愿望、动机、行为和情绪。优越的境况容易使人耽于享乐，因此，条件越好，越要保持清醒的头脑。孟子曾告诫人们“富贵不能淫，贫贱不能移，威武不能屈”，富贵不能淫就是在顺境中不能骄奢淫逸，要自我节制。晚清著名的政治家、战略家、名臣曾国藩认为，顺境、钱财、奢华、富贵不利于长进、成器，因为身处顺境，优越的条件往往容易使上染上懒惰、骄逸之气，难成大器，顺境感悟不到艰辛和痛苦，不能催人奋发，难以长进。当然，不利于长进的不在于顺境本身，而在于人们对待顺境的态度，如果顺境中不懂得克制、满足现状、止步不前、贪图享乐，那么顺境终会转化为逆境。自制力体现了一个人的品格，任何一个有品格的人，都应该是一个有理智的人，任何一个有理智的人，都应该是一个能够控制自己言行的人，任何一个志向高远的人，都应该懂得自我克制、自我控制。在如今的时代，人们会面临着很多诱惑和选择，但是对于个人而言，在一个限定的时间和特定的环境内，欲有所成就，就必须专注，必须全力以赴，那些什么事都想做的人，最终什么事也做不好。一个人要想取得成功，必须培养自己的自制能力。

案例 鲁迅嚼辣椒驱寒：鲁迅先生从小认真学习，少年时，在江南水师学堂读书，第一学期成绩优异，学校奖给他一枚金质奖章。他立即拿到南京鼓楼街头卖掉，然后买了几本书，又买了一串红辣椒。每当晚上寒冷时，夜读难耐，他便摘下一颗辣椒，放在嘴里嚼着，直辣得额头冒汗。他就用这种办法驱寒读书。由于鲁迅刻苦勤奋，后来成为我国著名的文学家。

思考 从鲁迅身上，你看到了什么品质？

一个人的自制力和他的思想一样，都不是与生俱来的，也不是别人给予的，只能靠自己在社会实践中逐步培养和提高。要增强自己的自制力，就要从自己做起，从现在做起，从日常生活的一点一滴做起，有意识地加强磨练。要制定一些强制性措施，诸如在规定的时间内读完某一本书、完成某一件事情之类，这种硬坐下来、硬干完了的办法，开始做时可能会感到不习惯，但是只要你咬紧牙坚持一次、两次、三次，一直坚持下去，你的信心就会与日俱增，再也不会为“坐不住”“读不进”“干不完”等困扰，因为那种强制性的约束力量已经转化为你内心的自觉要求，你的自制力也在不知不觉中大大提高了。

青年学生应在顺境中学会自谦、自警、自励、自制，懂得居安思危，避免陷入顺境布下的迷雾，在顺境中保持一个理智清醒的头脑和冷静坦然的态度。身处顺境并非一劳永逸，境遇是变动的、相对的，处在顺境，就要做好迎接一种变化的准备，越是有所准备就越可能减少迷茫和盲目，越可能冷静客观地看待境遇的变化。环境变化时，要迅速寻找新的目标、新的动力、新的压力，做好迎接新困难、新障碍、新挑战的准备。

（三）逆境中需要百折不挠

谈到逆境，人们往往会联想到失败、贫穷、不得志等人生中不顺利的境况，没人愿意迎接逆境的到来，但是有时候它往往会不期而至，而“心想事成”“万事如意”“一帆风顺”只是人们单纯而美好的希望。其实人生没有真正意义的顺境和逆境，关键是“境由心生”。面对人生逆境，鲁迅先生曾说过一句非常精彩的话：“伟大的心胸，应该表现出这样的气概——用笑脸来迎接悲惨的厄运，用百倍的勇气来应付一切的不幸。”用笑脸来迎接厄运，这是一种多么了不起的处世之道！

很多人认为，逆境不利于人的发展，然而在现实生活中逆境成材、创造奇迹的例子比比皆是，现在最伟大的物理学家之一霍金先生便是在逆境中不断创造奇迹的典型例子。

案例 1963 年，21 岁的霍金不幸被诊断患有肌肉萎缩性侧索硬化症，也就是运动神经细胞病。当时，医生曾诊断身患绝症的他只能活两年，可他一直坚强地活了下来，直至 2018 年不幸逝世，享年 76 岁。他在全身瘫痪、不能言语、手部只有三根手指可以活动的重度残疾之下为人类做出了巨大贡献，于 1978 年获“爱因斯坦奖章”、1988 年获“沃尔夫物理奖”、2006 年获“科普利奖”、2009 年获“总统自由勋章”。因此，逆境不是绝境，生活中的逆境，我们更应该辩证地看待。一方面，逆境伴随着痛苦、不幸，容易使人厌世、沉沦，不利于人成长；另一方面，逆境给人宝贵的磨练机会，是培育人成长的特殊学校。

思考 支撑霍金一路前行、不断取得更大成就的是什么？

青年学生也可能遭遇逆境，逆境能打击甚至毁灭一个人，但也能锻炼和成就一个人。如果能够正确对待，逆境就能变成财富，挫折就能成为动力。正确对待人生的逆境必须做到：

1. 调整心态

列夫·托尔斯泰说：“人生的一切变化，一切魅力，一切美，都是由光明和阴影构成的。”人的一生不是一马平川，有时候会有曲折和坎坷，面对人生不得已的种种逆境，你可以选择奋起，也可以选择消沉，可以选择生存下去，也可以选择就此毁灭。在困难和挫折面前，采取什么样的态度，做出何种选择，对一个人的人生道路至关重要。实际上，每一种逆境都蕴藏着多种“可能性”的萌芽，都暗含着一种转折。而在态度的选择上，我们可以向鲁迅先生学习——“走‘人生’的长途，最易遇到的有两大难关：其一是‘歧路’，倘是墨翟先生，想是恸哭而返的，但我不哭也不返，先在歧路头坐下，歇一会儿，或者睡一觉，于是选条似乎可走的路再走。倘若遇见老实人，也许夺他食物来充饥，但是不问路，因为我料定他并不知道的。如果遇见老虎，我就爬上树去，等它饿得走去了再下来。倘它竟不走，我就自己饿死在树上，而且先用带子缚住，连死尸也绝不给它吃。但倘若没有树呢？那么，没有法子，只好请它吃了，但也不妨咬它一口。其二便是‘穷途’了，听说阮籍先生也是大哭而回，我却也像在歧路上的办法一样，还是跨进去，在棘丛姑且走走。但我也并未遇到全是荆棘毫无可走的地方过，不知道是否世上本无所谓穷途，还是我幸而没遇着。”事实上，绝大多数时候，穷途末路是不存在的，而人们往往先画地为牢，被自己这个最大的敌人所打败。因此，面对逆境时，首先要调整好心态，不要在心理上先败下阵来，正如法国大哲学家蒙田说的那样：“外在的事物不会伤害到我们，只有自己，自己的心理障碍才是我们最迫切需要克服的敌人。”

面对逆境，我们既不能怨天尤人，也不能消极逃避，要正视现实，积极面对，保持乐观向上的良好心态，克难奋进，奋发有为，微笑从容应对人生的种种不顺。命运掌握在自己手中，唯有勇敢面对，才能迎来最后最甜最美的释怀一笑。

2. 理性应对

哲学家威廉·詹姆斯说过：“坦然接受已发生的事情吧，接受是克服不幸结果的第一步。”已故的美国小说家塔金顿常说：“我可以忍受一切变故，除了失明。我绝不能忍受失明。”可是在他 60 岁的时候，他的双眼相继失明，对这个他曾经视为最不愿意接受的遭遇，他并未悲观失望，反倒说：“我发现自己对于丧失视力，也能如其他事情一样坦然接受。我知道，即使五官都失灵了，我还有内在的心灵世界，可以感知外在的万象，可以支持我的生命。”面对不可改变的逆境，与其被痛苦烦恼纠缠，不如放开心胸坦然接受；与其怀抱着一颗破碎的心自怨自艾，不如拿出足够的勇气去奋战到底。一旦我们坦然接受了那不可改变的逆厄之后，反而可以助推我们不断去改变境遇，甚至创造出一个意外的惊喜与收获。

当然，很多时候，我们所面对的逆境是可以被改造甚至改变的，此时要冷静分析逆境产生的原因，找出战胜逆境的方法，努力将损失降到最低程度。比如：面对学习上的不顺，要认真思考学习方法和效率，狠下功夫，迎难而上；面对人际关系问题，应积极主动沟通，退一步海阔天空，做到精诚所至，金石为开；面对自身的不足或缺憾，要坦然面对，改进可改变的，接纳不可改变的，用心打造自己高尚的人格，努力积累人生的资本；面对人和人之间的生离死别，要学会自我调适、自我安慰甚至自我控制，用积极的情绪去面对。

案例 80后励志演说家、歌手陈州，6岁父母离异，8岁流浪四方，13岁从火车上摔下失去双腿，18岁学会唱歌。他以木盒为腿，从四处乞讨到流浪卖唱，他用歌声行走中国，走过全国700多个城市。他娶妻生子，过上了幸福小康生活，从无腿乞丐成长为激励大师。2012年，陈州仅靠双手登五岳，成为全球“双手登五岳第一人”，更成了大众眼中不可思议的传奇人物。

思考 和陈州相比，你认为你缺了什么？

面对逆境，如果我们坦然接受不可逆转的事实，尽最大的努力去改变可改变的，人生或许会从此与众不同，反之，如果在逆境面前过早地举手投降，那么我们也只能在原地痛苦徘徊、纠结不前甚至不断倒退，从此与我们相伴的只有这惨淡的一生。

3. 自强不息

法国大文豪雨果说过：“可喜可怕的考验，通过它，意志薄弱的人能变得卑鄙无耻，坚强的人能转为卓越非凡。每当命运需要一个坏蛋或是一个英雄的时候，它便把一个人丢在这试验杯里。”我国古代思想家孟子也说过：“天将降大任于斯人也，必先苦其心志，劳其筋骨，饿其体肤，空乏其身，行拂乱其所为，所以动心忍性，曾益其所不能。”事实上，逆境是人人都想避而远之的，但是它却又如影随形，常伴随在你我左右。逆境有一张善变的脸，它既可怕，又可贵，既折磨人，又锻炼人，关键是看人们的情感与理智能否经得起逆境的锤炼和考验，正如欧洲一句古老的谚语所说：“当命运向你掷来一把刀的时候，你要抓住它的两个地方：刀口或刀柄。”面对这把刀，勇敢的人会握紧刀柄，看清楚自己的缺陷，积极行动，或把它们改正过来，或加以妥善利用，用命运掷给我们的刀，披荆斩棘，冲出一条出路。而懦弱的人，会抓着刀口，然后埋怨命运不公，哀叹自己不幸。其实，命运只掌握在自己的手里，就看你是抓住刀口、软弱无能，还是紧握刀柄、自强不息。

案例 弥尔顿的力量——因失明而光明：约翰·弥尔顿，英国诗人、政论家，民主斗士。在任外交事务拉丁文秘书期间，他除了负责翻译外国政府的拉丁文书信以外，还必须用拉丁文进行回答，他还负责对反对克伦威尔政府的攻击和言论进行批判。由于任务繁重，他不得不日夜工作，不久，视力开始下降，医生警告他必须停止用眼，否则他将会失明。他拒绝了医生要他放弃繁重的阅读和写作工作的劝告，继续勤奋工作。最终，到了1652年，他双目完全失明。即使如此，他也没有停止工作，他采用他念别人写的方式夜以继日地继续工作。他花了七年的时间写下了诗歌《失乐园》。因双目失明，只好由他念，有时候让他女儿代写，有时候由来访的朋友代写。《失乐园》为他赢得了极高的声誉，许多学者和政治家不顾路途遥远前来拜访他。完成这篇大作之后，他又写下了《复乐园》，和一部关于力士参孙（参孙是以色列大力士，晚年像弥尔顿一样双目失明）的戏剧。

思考 支撑弥尔顿的力量是什么？

英国生物学家、进化论的奠基人达尔文说："如果当时我不是那么病弱的话，必定无法完成那么庞大的工作。"正是因为拥有自强不息的品质，这些在不同逆境中的人成为家喻户晓的伟大人物，他们没有在困境中倒下，反倒扼住了命运的咽喉，成就了伟大的事业。

在困境面前，我们要自尊自信，自强不息，在逆境中善待自己并努力有所作为。不管道路多么曲折，打击多么沉重，都要尊重自己的人格和尊严，在任何情况下都不能自暴自弃，更不能拿自己的身体和生命开玩笑，要有正视逆境的勇气，战胜挫折的决心。

4. 永不言弃

人的一生中，很多时候，成功距离我们仅仅一步之遥，而此时，或许我们踏入了一时的困境，或许我们在原地迷失了方向，此时，有的人过早地选择了放弃，永远站在失望的彼岸，而有的人却永不放弃，最终拥抱胜利的果实。过早放弃目标是对生命的一种消耗，人们往往在做了90%的努力后，放弃了最后可以让他们成功的10%，不但耗费了时间和精力，更遗憾的是丧失了经由最后的努力而发现宝藏的喜悦。世界重量级拳击冠军詹姆斯·柯比说："碰上困难，你要再战一回合。再战一回合，你才能获胜。"对于逆境和厄运的考验，俄国作家陀思妥耶夫斯基作了简短精辟的论断："全部秘诀只有两句话：不屈不挠，坚持到底。"

案例 爱迪生曾花了整整十年去研制蓄电池，其间不断遭受失败的他一直咬牙坚持，助手们灰心丧气，对继续实验心存疑虑，他们问爱迪生："这么多失败，难道没有告诉你什么吗？"爱迪生极富哲理地回答他们：

"是的，我发现了五万种无法适用、不起作用的东西。"最终，经过了五万次左右的试验，爱迪生取得了成功，发明了蓄电池，被人们称为"发明大王"。

案例 海伦·凯勒双目失明、两耳失聪，却努力地从一个让人同情的默默无闻的小女孩变成让全世界尊敬的女强人。如果生活真的不公平，那么，生活对她的不公平可谓到了极致。她完全可以放弃她的梦想，躲在阴暗的角落里放声痛哭，没有人会责怪她，她也完全可以躺在床上或坐在轮椅上，像一个植物人一样由人服侍，可是这一切，她都没有做。她只是吃力地在老师的帮助下学习盲语，触摸着事物，仅仅凭着她永不言弃的信念和坚持不懈的意志，她把她理想的天空涂上了人生最亮的色彩。

思考 爱迪生和海伦的故事给你什么启发？

没有"踏破铁鞋无觅处"的孜孜不倦追求，就没有"得来全不费功夫"的喜悦和兴奋。《荀子·劝学》中说："锲而舍之，朽木不折；锲而不舍，金石可镂。""滴水穿石""绳锯木断""铁杵磨针"等都是不轻易放弃才创造的奇迹。美国企业巨子阿曼·哈默正是如此，他常常在别人认为毫无希望的地方创造奇迹。

案例 1956年，已经58岁的哈默投身于石油业，当时有一家叫德士古的石油公司，曾在旧金山以东的河谷里寻找天然气，钻头一直钻到5600英尺，仍然不见天然气的踪影。这个公司的决策者认为，再钻下去也是徒劳无益，而哈默却并不认同，他立即带着有关专家和公司的董事们来到这里，在枯井上又架起了钻机，结果在原有的基础上又钻进3000英尺，天然气喷薄而出。后来，哈默又听说举世闻名的埃索石油公司和壳牌石油公司在非洲的利比亚由于探油未果而扔下不少废井，便带人前往非洲，很快又打出了9口自喷油井。

思考 哈默为什么能坚持到底？

最耗费生命的一件事就是太早放弃目标。如同我们学习一门语言，从中学到大学，我们为了应付一次次的考试拿起，而后又放下，总是半途而废，但是，假如我们能够在学习了几个月之后再坚持下去，坚持几年甚至一辈子，我们就绝不仅仅是能够应付考试，而是能够看书、读报、交谈，在各方面都能运用自如。

成功的真谛就是不轻言放弃，在我们面临失败的痛苦时，要学会与之作斗争，只要我们不轻易放弃，坚持不懈，努力拼搏，一切就皆有可能。

（四）用拼搏铸就精彩人生

1. 以梦想为伴

每一个梦想都是星空舞台上闪烁的明星，它是一颗璀璨的启明星，所有大大小小的追求都是从青年时期的梦想起航的。美国著名的洛杉矶水晶大教堂的创始人、被称为是“可能思想之父”的罗伯特·舒乐博士曾经说过：“不是每个人都应该像我这样去建造一座水晶大教堂，但是每个人都应该拥有自己的梦想，设计自己的梦想，追求自己的梦想，实现自己的梦想。梦想是生命的灵魂，是心灵的灯塔，是引导人走向成功的信仰。有了崇高的梦想，只要矢志不渝地追求，梦想就会成为现实，奋斗就会变成壮举，生命就会创造奇迹。”

案例 2018年度感动中国人物张玉滚大学毕业后，放弃在城市工作的机会，回到家乡，从一名每月拿30元钱补助、年底再分100斤粮食的民办教师干起，一干就是17年。学校地处偏僻，路没修好时，他靠一根扁担，一挑就是5年，把学生的课本、文具挑进了大山。他是这里的全能教师，手执教鞭能上课，掂起勺子能做饭，握起剪刀能裁缝，打开药箱能治病。由于常年操劳，“80后”的他鬓角斑白，脸上布满皱纹，在他心中，支撑他前行的便是永不磨灭的梦想——教育梦、读书梦，正如颁奖辞所言：“扁担窄窄，挑起山乡的未来；板凳宽宽，稳住孩子们的心。前一秒劈柴生火，下一秒执鞭上课。艰难斑驳了岁月，风霜刻深了皱纹，有人看到你的沧桑，更多人看到你年轻的心。”

思考 从张玉滚身上你学到了什么？

正如《隐形的翅膀》中所唱的：“我知道，我一直有双隐形的翅膀，带我飞，飞过绝望……我知道，我一直有双隐形的翅膀，带我飞，给我希望……我终于看到所有梦想都开花，追逐的年轻，歌声多嘹亮，我终于翱翔……”

生活中，不论我们置身平静的港湾，还是身处波涛汹涌的海洋，千万不要忘记“隐形的翅膀”，这双翅膀就是一种面对生命的积极态度，是一种不断激励自己战胜困难，向上向高处攀登的生活勇气，是一种虽身处逆境，但仍积极努力的乐观精神。

2. 与拼搏同行

人生犹如一片充满希望的土地，每个都是自己播种下的种子，经过阳光雨露，终于有一天破土而出，长成一株健壮的幼苗，历经风吹雨打，最终成长为一棵参天大树。人应当成为一颗有顽强生命力的种子，不论遭逢的境遇如何，都应向种子学习，表现出崇高的生命意志，以失败和不幸为养料，超越生命的种种障碍，以顽强的韧性，绽放出生命的光芒。

案例 二十世纪八十年代，中国女排以拼搏精神赢得五连冠，成为当时中国人的模范和骄傲，三十多年来，女排魅力不衰，粉丝遍中华，纵跨几代人。2019 年国庆前夕，中国女排以十一连胜的骄人战绩赢得 2019 年女排世界杯，这也是中国女排第十次荣膺世界大赛冠军。女排姑娘的成就，显露出祖国至上、顽强拼搏、胜不骄败不馁的勇者风范，也成为中华民族屹立于世界民族之林的生动见证。正如感动中国颁奖辞所言："几十年拼搏不息，几代人热泪盈眶。在低谷中奋起，从不放弃，面对强敌出手，永不言败。你们的身影是民族性格的缩影，你们的脚步是一个国家成长的历程。奏国歌，升国旗，你们超越了体育，是国家的英雄。"

思考? 女排的精神有哪些?

拼搏精神是一种无往不胜的奋斗精神，是中华民族的宝贵财富。习近平总书记指出，"我们的国家，我们的民族，从积贫积弱一步一步走到今天的发展繁荣，靠的就是一代又一代人的顽强拼搏，靠的就是中华民族自强不息的奋斗精神"。奋斗精神很早就存在于中华民族的基因之中，正如《易经》所讲的"天行健，君子以自强不息；地势坤，君子以厚德载物"。"自强不息、厚德载物"，这种表述就是中华民族奋斗精神的基因和底色，体现着中华民族的历史行动与美德涵养之间相互促进的统一性。中华民族的奋斗精神不仅是自然生命力的勃发，而且是文明和德性价值的弘扬，有着高远的价值定位和深沉的美德取向。正是基于这种精神，才有了震惊中外的跨海大桥——港珠澳大桥，从港珠澳大桥的建设中可以感知中华民族一贯传承的那种"逢山开路、遇水架桥"的奋斗精神。例如，沉管隧道在大桥建设中是一个很小的工程领域，美国、荷兰和日本掌握了核心技术，在大桥建设之前，中国建设外海沉管隧道是从零起步，整个攻关过程非常艰难，但就是在这些挑战中，我们实现了外海沉管安装技术从落后到领先的跨越。我们深刻地领悟到，当我们没有掌握核心技术时，即便是“朋友”也会来“卡”我们，世界资源的大门对我们是关闭的。当我们掌握核心技术时，即便是陌生人也会来找我们，因为合作成了他们的机遇。这启示我们：实现伟大梦想的道路一定不会铺满鲜花等着我们，只有自力更生不断奋斗，才能无往不胜。

唯有拼搏和奋斗才能浇灌梦想之花，这是古今中外无数的事实所证明了的真理。

案例 王羲之是我国晋朝的一位大书法家，被人们誉为“书圣”。王羲之7岁练习书法，勤奋好学。王羲之练字专心致志，达到废寝忘食的地步。他吃饭、走路也在揣摩字的结构，不断地用手在身上划字默写，久而久之，衣襟也磨破了。17岁时，他把父亲秘藏的前代书法论著偷来阅读，看熟了就练写，他每天坐在池子边练字，送走黄昏，迎来黎明，每天练完字就在池水里洗笔，不知用了多少墨水，写烂了多少笔头，天长日久竟将一池水都洗成了墨色，这就是传说中墨池的由来。

思考 王羲之成才的原因是什么？

在逆境中的拼搏奋发，更令人感动。伤残、厄运，生命中的种种不幸，像顽石、瓦砾一样重重地压在一颗有生命力的种子上，但不论背负的压力有多么巨大，生存的缝隙如何狭窄，顽强的种子总要曲曲折折、顽强不屈地钻出地面，承受阳光雨露的爱抚，体味生命勃发的欢欣。古今中外，有多少人以他们坚忍不拔、顽强拼搏的精神和意志，谱写出一曲曲令世人惊叹、振奋、钦佩的生命之歌！司马迁、高士其、张海迪、史光柱、海伦·凯勒、奥斯特洛夫斯基……每每想到这些人，总让人心潮澎湃，思绪万千，总有一种力量让人奋勇前行。

案例 有一所位于偏远地区的小学校由于设备不足，每到冬季便要利用老式的烧煤锅炉来取暖。有个小男孩天天提早来到学校，将锅炉打开，好让老师和同学一进教室就能享受到暖气。但有一天老师和同学到达学校时，发现有火舌从教室冒出，他们急忙将这个小男孩救出，但他的下半身已被严重烧伤，整个人完全失去意识，只剩了一口气。被送到医院急救后，小男孩稍微恢复了知觉，医生对妈妈断言他活下去的希望渺茫。这位勇敢的小男孩不愿就这样被死神带走，下定决心要活下去，果然，出乎医生的意料，他熬过了最关键的一刻。危险期过了之后，医生断言他下半生注定是个残疾人，这个男孩在心中暗暗发誓，不要做个残疾人，一定要站起来走路！但不幸的是，他的下半身毫无行动能力，没有任何知觉。出院之后，妈妈每天为他按摩双脚，不曾间断，但仍没有任何好转的迹象。即使如此，他要走路的决心也未曾动摇。平时他都以轮椅代步，有一天天气十分晴朗，妈妈推着他到院子里呼吸新鲜空气，他望着灿烂阳光照耀的草地，心中突然有了一个想法，他奋力将身体移开轮椅，然后拖着无力的双脚在草地上匍匐前进，他费尽全身力气，扶着篱笆努力地站了起来。抱着坚定的决心，他每天都扶着篱笆练习走路，一直走到篱笆墙边出现了一条小路，而他心中只有一个目标：努力锻炼双脚。凭着钢铁般的意志，以及每日持续的按摩，他终于能用自己的双腿站起来走路甚至跑步了。他后来不但能走路上学，还能和同学们一起享受跑步的乐趣，到了大学，他还被选入了田径队。一个被火烧伤下半身的孩子，原本一辈子都无法走路，但他凭着坚强的意志，跑出了世界纪录。他就是葛林·康宁汉博士。

思考? 从葛林·康宁汉博士身上你学到了怎样的精神品质?

新时代下的青年学生要想闯出自己的一片新天地，无疑要跨越横亘在前进道路上的一道道沟坎、一个个险滩，要以压不垮的拼搏精神，去迎接人生的机遇和挑战，如今，中华民族的伟大复兴正处于爬坡过坎的关键阶段，在当今世界风云际会的变局之中，面对正在经历和可能遇到的种种风雨，新时代的青年正以担当作为在为实现中国人民美好生活的追求与梦想中不屈不挠、砥砺前行。

本章小结

人生是一个漫长的成长过程，青年学生正处在世界观、人生观、价值观不断成熟的阶段，要学会科学地思考自己的人生之路，认清人生发展过程的长期性、曲折性，以良好的态度面对人生的顺境和逆境，在新的时代之下，勇敢追逐自己的梦想，用行动让梦想开出现实之花。

经典名言

1. 人的生命，似洪水奔流，不遇着岛屿和暗礁，难以激起美丽的浪花。——奥斯特洛夫斯基

2. 生活真像这杯浓酒，不经三番五次的提炼呵，就不会这样可口！——郭小川

3. 辛勤的蜜蜂永没有时间悲哀。——布莱克

4. 希望是厄运的忠实的姐妹。——普希金

5. 在命运的颠沛中，最可以看出人们的气节。——莎士比亚

6. 人间没有永恒的夜晚，世界没有永恒的冬天。——艾青

7. 冬天已经到来，春天还会远吗？——雪莱

8. 假如生活欺骗了你，不要忧郁，不要心急！忧郁的日子里须要镇静，相信吧，快乐的日子将会来临。——普希金

9. 生活的情况越艰难，我越感到自己更坚强，甚而也更聪明。——高尔基

10. 人生有两出悲剧。一是万念俱灰；另一是踌躇满志。——萧伯纳

11. 现实是此岸，理想是彼岸，中间隔着湍急的河流，行动则是架在河上的桥梁。——克雷洛夫

12. 人生的道路虽然漫长，但紧要处常常只有几步，特别是当人年轻的时候。——柳青

学习思考

1. 如何理解人生发展过程的长期性和曲折性？

2.《菜根谭》有言："耳中常闻逆耳之言，心中常有拂心之事，才是进德修行的砥石。若言言悦耳，事事快心，便把此生埋在鸩毒中矣。"你如何理解这句话？

3. 鲁迅先生说："我每看运动会时，常常这样想：优胜者固然可敬，但那虽然落后而仍非跑至终点不止的竞技者，和见了这样的竞技者而肃然不笑的看客，乃正是中国将来的脊梁。"谈一谈你对这句话的理解。

4. 请结合自身的经历，思考如何铸造自己精彩的人生。

第九讲　在知行统一中追求美好人生

作为新时代的青年学生，如何正确认识社会的发展和人生的道路，把认知和行动结合起来，准确把握正确的人生方向，是一个重大的人生课题。知是对社会与人生的认识，主要是指正确的理性认知，然而将知付诸行动，则又受到个体情感、意志等多种因素的影响。因而从知到行，达到知行统一是一个需要不断完善自我的漫长过程，青年学生在自己人生的道路上，要努力做到知行统一，唯有如此，才能不断获得成长。

一、坚持实践和认识的统一

中国古代著名思想家荀子指出："口能言之，身能行之，国宝也。口不能言，身能行之，国器也。口能言之，身不能行，国用也。口言善，身行恶，国妖也。治国者，敬其宝，爱其器，任其用，除其妖。"荀子在这儿区分了四种人：第一种人，口言身行，是国宝；第二种人，身行口不能言，是国器；第三种人，口言身不能行，是国用；第四种人，口言善而身行恶，是国妖。荀子高度赞扬了口言身行者，同时也抨击了口言善而身行恶者，字里行间，不难窥见荀子强调言行一致、行高于言的思想。马克思在《〈政治经济学批判〉导言》中曾把人类把握世界的方式分为四种，即科学理论的、艺术的、宗教和实践精神的。道德作为社会意识，是一种以指导行为为目的、以形成人们正确的行为方式为内容的精神。实践精神是道德区别于其他社会意识的根本特征。当代美国著名伦理学家麦金太尔指出："构成人类的善的是人的最好时期的全部人类生活，德性的践行是这种生活的必要的和中心的部分。"从一定意义上说，道德的本质是实践精神，"德性的践行"是道德生活的"中心的部分"。

（一）实践出真知，实践是认识的基础

马克思主义认为，实践是人类能动地改造世界的活动，"社会生活在本质

上是实践的”，哲学的重要使命在于指导实践、改造世界，因此，实践性成为马克思主义认识论的最显著的特点。

1. 实践的含义

列宁指出，实践的观点，是认识论首要的和基本的观点。要深入地理解认识的本质，就必须要掌握实践的含义、特点和形式。

“实践”一词并非马克思主义首次使用，许多哲学家都曾讲过实践，中国古代一些唯心主义哲学家常常提到“践履笃行”，是指做学问的功夫，个人的修身养性，是实现某种先验的理性原则或道德原则的一种手段。黑格尔认为实践是人的有目的的活动，是达到真理的整个认识过程的一个环节，但是，他所说的实践是抽象的精神活动。费尔巴哈在批评唯心主义时，曾用实践来证明物质世界的客观实在性，但他所理解的实践主要是饮食起居之类的生活实践。只有马克思主义才对实践作出了科学的规定，指出实践是人类为了生存和发展而能动地改造和探索现实世界的一切社会性的有目的客观物质活动。

马克思主义从主体与客体、主观与客观的关系中把握实践。马克思说：“环境的改变和人的活动的一致，只能被看作是并合理地理解为变革的实践。”毛泽东把实践规定为“主观见之于客观的东西”。这些论述对实践都作出了科学的规定。实践就是主体能动地改造和探索客体的社会性的客观物质活动。

马克思主义哲学汲取了哲学史上关于实践概念的合理因素，并克服了旧唯物主义和唯心主义的缺陷，从物质第一性、意识第二性的基本前提出发，从主观和客观的关系中给予实践以科学的定义。它把实践看作主观与客观对立统一的基础：一方面，是劳动的实践使人同自然界区分开来，使主观和客观对立起来；另一方面，人们又通过实践认识客观世界和改造客观世界，使主观和客观统一起来。这就是说，实践是主观见之于客观的东西，是联系主观与客观的唯一的桥梁，它既不是纯客观的活动，也不是纯主观的活动。由于它是改造客观世界的活动，所以它是一种客观的活动；又由于它是人所进行的有目的有意识的活动，所以它又是一种具有能动性的活动。作为这种主客观统一的实践，主要是指导人们改造客观物质世界的活动，同时也包括以改造世界为目的探索现实的活动，如天文观测、地质勘探、社会调查等。因此，人类有目的地能动地认识和改造现实世界的客观物质活动，就是马克思主义所理解的实践。

2. 实践的特点

实践具有三个基本特点：

第一，客观性。实践的主体是有血有肉的客观存在的人，作为实践主体的人，既不是黑格尔所说的抽象观念形态的人，也不是费尔巴哈所说的脱离了现实的纯粹生物学意义的人，而是在一定社会关系中从事实际活动的现实的人，他的精神属性是社会生活所赋予的，他的自然属性也不再具有纯粹的生物学的意义，而是包含着社会历史的内涵。实践客体是实践主体面对的客观世界，它的存在是不以主体的意志为转移的。人所使用的工具是客观存在的工具，实践工具是实践主体作用于实践客体以实现自身目的的手段，是主客体之间交互作用的媒介物，它虽然是实践主体活动的结果，其中凝结着人的意志和目的，但它本身的存在却具有客观物质性。实践就是现实的人运用一定的物质媒介作用于客观对象的物质的动态过程，这个过程并非是随意进行的，而是按照一定规律展开的，只有服从实践过程的内在规律性，才能把人的实践目的对象化为实践活动的结果。因此，实践是人的现实的活动，实践活动的要素及其交互作用的过程和结果都是客观的，实践过程导致的结果的产生，不论是作为实物状态存在，还是作为事实状态的存在，都是客观的。

第二，能动性。实践是人有意识、有目的的自觉活动，实践的目的性使它必然受主体意识的制约和影响，体现了人区别于动物的自觉能动性。人们为了生存的需要，通过实践，使主观见之于客观，能动地改造外部世界，使之打上人们意志的印记。这是一种不同于自然界一般的物质运动过程，而是把人的自觉的目的性贯彻于其中的能动的过程，动物的活动虽然也能引起外部环境某种程度的变化，但由于它是无意识、无目的的，因而并不具有积极能动地改造环境的意义。马克思指出："蜘蛛的活动与织工的活动相似，蜜蜂建筑蜂房的本领使人间的许多建筑师感到惭愧。但是，最蹩脚的建筑师，从开始就比最灵巧的蜜蜂高明的地方，是他在用蜂蜡建筑蜂房以前，已经在自己的头脑中把它建成了。劳动过程结束时得到的结果，在这个过程开始时就已经在劳动者的表象中存在着，即已经观念地存在着。"动物只能在自身肉体的直接需要的支配下从事活动，而人则按照事物内在的固有尺度和美的规律来塑造世界，他能使自身的活动超越直接的需要，同时还能在活动中不断创造自己的需要。在实践活动中，人把"物"的内容映射到自身中，同时又把自身的需要以目的的形式贯注到"物"的内容中去，使观念的东西转化为物质的东西，从而使"物"变成从属于人的需要的存在，在人与物之间建立起一种新的更高的统一关系。因此，人的实践是以满足自身物质和精神的双重性的多层次的需要为基点和归宿的主观见之于客观的活动。人在自己的活动中不仅使自然物发生形态的变化，他还能在自然物中实现自己的目的。实践活动是人的对象化的过程，是人自觉地改造物质世界的创造性活动。实践活动的目的性、意识性、创造性表明了实践具有自觉能动性。

第三，历史性。人们的实践都是在一定的社会关系中进行的，所以具有社会历史性。实践的这种社会历史性，可以从实践主体、实践条件和结果以及实践目的的社会历史性中明显地看出来。因为，在不同的社会历史条件下的实践，无论从它的内容和性质，还是从规律和方式，都是很不相同的。这些，归根到底都是由社会生产力发展水平、社会生产方式的类型决定的。实践一开始就是社会的实践，是历史地发展着的实践。实践的社会历史性，一是指实践活动是社会性的群体活动，它离不开人与人之间的交往活动和社会关系。人总是在一定的社会关系中进行实践活动。尽管实践可以表现为单个人的个体活动，人却总是凭借社会总体力量同自然发生关系、从事实践活动的。人的劳动实践，也就是人与自然之间的物质交换活动，这种活动绝不是单个人的活动，它必须借助人们一定的交往形式来进行，它总是与一定的人与人的社会关系相联系。劳动实践的活动表明：人们的交往形式、社会关系，既是劳动实践的产物，又是劳动实践借助的形式，没有这种形式，人与自然之间的物质交换活动就不能实现。二是指实践活动具有历史的继承性和历史的局限性。每个时代人类的实践都是在前人实践基础上进行的，具有历史的继承性；同时，每一时代人类的实践又是在特定的时代条件下进行的，必然受到特定时代条件的种种制约，既包括人们得到的既成的物质生活条件的制约，也包括人们自己的活动所创造出来的物质生活条件的制约，使每一时代人类的实践只能达到相应的水平，具有历史的局限性。

3. 实践的形式

具有多方面特征的社会实践，其形式也是多种多样的。随着社会的发展，实践形式也越来越复杂化，但总体上可归结为三种基本形式：生产实践、处理社会关系的实践和科学实践。

（1）生产实践，即处理人类与自然关系的实践活动。它是人类社会生产和发展的基础，是决定其他一切活动的最基本的实践活动。生产实践之所以是人类最基本的活动，是因为它是人类向自然界索取物质和能量以解决衣、食、住、行等生存问题的唯一途径。物质资料的生产是人类生存的第一个前提，没有这个前提，人类就会死亡，社会就不能存在，其他一切活动都无从谈起，人类只有首先通过生产实践解决物质生活资料问题，才可能从事政治、科学、艺术等其他活动。因此，改造自然的生产活动既是人类最早的实践活动，也是人类最根本的、决定其他一切活动的活动。同时，生产活动是决定其他一切活动的基础，正是在生产过程中人们结成一定的生产关系并形成其他社会关系，引起种种社会分工，它是推动人类社会形态由低级向高级发展的最终决定力量。

（2）处理社会关系的实践，即人类的社会交往以及组织、管理和变革社会关系的活动。它是实践活动的又一种基本形式，既然生产实践离不开一定的社会关系，总是在一定社会关系中发展的，那么就必须维持和巩固那些适合于生产发展的社会关系，调整或改变那些不适合生产发展的社会关系，因此，处理社会关系的活动也是人类的一项基本的实践活动。在阶级社会中，由于社会关系主要是通过阶级关系表现出来的，因此，处理社会关系的活动主要表现为阶级斗争的实践。在阶级社会中，人与人之间的最基本的社会关系是阶级关系，除此之外，还存在着家庭关系、亲属关系、朋友关系、工作关系等，各种非阶级的社会关系活动不可避免地受到阶级关系的影响。阶级斗争的实践具有历史性，它将随着生产的高度发展和阶级的完全消灭而不复存在。在社会主义社会，处理和变革社会关系的实践主要表现为改革，现常指改变旧制度、旧事物。对旧有的生产关系、上层建筑做局部或根本性的调整，改革是社会发展的强大动力，改革一般包括对政治、社会、文化、经济做出的改良革新，相较于革命以极端的方式推翻原有政权以达成改变现状的目的，改革是指在现有的政治体制之内实行变革，这也是社会主义制度的自我完善和自我发展。总之，处理和变革社会关系的实践是在生产实践基础上进行的，反过来又给生产实践以巨大影响。

（3）科学实践，即从生产实践中分化出来的一项相对独立的实践活动，它是以认识世界为直接目的的活动，是为成功地改造世界而进行的一种探索性活动。它是社会生活中不可缺少的并且日益显示出其重要性的社会实践，是探索事物规律、获取科学知识的重要来源。在现代实践活动中，科学实践与生产实践紧密相连，生产实践在很大程度上依赖于科学实践活动。科学实践在社会实践中的地位日显重要，尤其是在现代科学技术和现代大生产中，其作用举足轻重。

生产实践、处理社会关系的实践和科学实践，这三种形式既相互独立，又相互联系，这只是实践的三种基本的、主要的形式。除此之外，实践还有很多不同的形式，遍布于社会各个领域和各行各业，如教育、管理、艺术等一切同客观世界相接触的人的有目的的感性活动，都属于实践范畴，都是社会实践总体中不可缺少的组成部分，它们受制于基本社会实践但又对其产生不同程度的影响。

2. 实践对认识的决定作用

实践的观点之所以是认识论的首先的和基本的观点，就在于实践对认识起着决定性作用。实践是整个认识过程的基础，离开实践的认识，便是无源之水、无本之木。每个人在生活中都会对某些问题和事物发表意见、进行计划、采取方法、作出评价或结论，那么，这些思想是从哪里来的呢？为什么会有那么多想法呢？为什么不同的人又会有不同的想法呢？在被问到这些问题的时候，很多人都回答不上来，有的即使作出回答也是不得要领。实际上，这种情况归根到底就是对辩证唯物主义的基本常识缺乏了解，不懂得实践对认识的决定作用。辩证唯物主义认为，实践决定认识，实践是认识的基础，因为认识的来源、动力、检验标准、归宿和目的都离不开实践。

第一，实践是认识的来源。人们只有在改造世界的过程中才能认识世界，离开实践的认识是不可能的。一个人的知识，不外乎直接经验和间接经验两部分，直接经验是指亲身参加变革现实的实践而获得的知识，间接经验是指从书本或别人那里得来的知识，一切真知都来源于实践，但对某一个体来说，不可能事事都去实践，不可能事事都靠直接经验，接受间接经验也是获得知识的重要途径。事实上，一个人的多数知识是来自间接经验，而间接经验也是源于别人的实践，是通过前人或他人的社会实践获得的，同时，个人要真正掌握间接经验，使之转化为自己知识的构成部分，也往往需要经过实践的磨砺。正是从这个意义上说，一切真知都发源于社会实践，直接经验与间接经验的关系是源和流的关系。

人的认识是以客观事物为对象的，但是只有那些被人的实践活动所指向的事物，才与人发生相互作用，才能成为人们认识的对象。也就是说，认识产生于实践的需要，哪些事物成为人们的认识对象，取决于人们社会实践的需要和水平，那些与人的需要无关的事物，不会成为认识对象。而且，只有在实践中人们才能认识事物的本质和规律，毛泽东指出："你要有知识，你就得参加变革现实的实践。你要知道梨子的滋味，你就得变革梨子，亲口吃一吃。你要知道原子的组织同性质，你就得实行物理学和化学的实验，变革原子的情况。你要知道革命的理论和方法，你就得参加革命。"单凭直观，人们在一定程度上虽然能认识客体，但只能使人接触到事物少量的表面现象，不能揭示事物的本质和规律，只有在变革客体的实践中，使客体中隐匿的现象暴露出来，人们才能通过对大量的现象分析，揭示事物的本质和规律。

因此，一个人要想获得更多知识，不仅要潜心实践，也要努力学习，不断深化认识，从而获取知识。

第二，实践是认识发展的动力。实践的需要推动认识的产生和发展，推动人类的科学发现和技术发明，推动人类的思想进步和理论创新。在实践的推动之下，人们不断提出认识的新课题，又在实践中不断解决新课题，从而使认识不断向广度和深度进军。恩格斯说："社会一旦有技术上的需要，这种需要就会比十所大学更能把科学推向前进。"历史上由于需要水利工程、建筑、航海、战争等，才催生了古代的天文学、数学、力学等自然科学，同样，由于有了这些科学技术，就能更进一步把实践推向前进，在进一步改造客观世界的过程中，也进一步改造人的主观世界，锻炼和提高了人的认识能力。人们正是在实践的推动下，不断打破认识的局限，突破思维的旧框框，推进认识上的新飞跃，从而推进社会不断前进。实践不仅推动着人们认识的发展，而且推动着人的认识能力的提高。在实践的推动下，人们的认识能力和人们对世界的认识，相互作用向前发展。因此，人的认识的发展，不论是对自然界的认识，还是对社会的认识，都是由社会实践的发展决定的。

第三，实践是认识的目的和归宿。认识的最终目的，不在于懂得客观世界的本质和规律，能够科学地说明世界，而在于用对客观世界规律的认识，去能动地改造世界，否则，既无产生认识的可能，也无发展认识的必要。一切科学知识的真正的生命力就在于用它来指导实践、改造世界，离开了实践，再好的理论也是没有任何现实意义的。人们通过实践获得认识，并不只是为了满足自己的兴趣或猎奇，也不是为了科学而科学，为了认识而认识，其最终目的是为了服务实践、指导实践，化作实践改造客观世界的力量，满足人们生活和生产的需要。再好的认识，如果不与实践相结合，只是空谈一阵，束之高阁，并不实行，那这种理论再好也是没有任何意义的，理论脱离实践是空洞无益的。

认识从实践中来，最终还要回到实践中去。实践是成长进步的阶梯，也是认识的目的和归宿。习近平总书记在与青年谈话时曾这样说道："青年人正处于学习的黄金时期，应该把学习作为首要任务，让勤奋学习成为青春远航的动力，让增长本领成为青春搏击的能量。"总之，实践是认识的起点，也是认识的归宿，是全部认识的基础。实践的观点是马克思主义认识论的第一的和基本的观点。我们学习马克思主义认识论，首先就要坚持实践第一的观点，树立实践的应有权威，尊重实践，一切从实际出发。尊重实践，就能从根本上保证我们的思想和行动符合客观世界的规律，有效地改造世界。只有尊重实践，才能有力地反对各种形式的唯心主义，克服主观主义，防止用空想代替现实，用抽象的原则裁剪实际生活。

第四，实践是检验真理的唯一标准。在实践中产生的认识反映了客观世界，然而这种认识是否符合客观世界的本来面目，是否具有真理性，既不能在意识本身的纯主观范围内解决，也不能由客观的外界对象本身来解决，只有把这种认识重新拿到实践中去检验才能证明。

1845 年，马克思就提出了检验真理的标准问题："人的思维是否具有客观的真理性，这不是一个理论的问题，而是一个实践的问题。人应该在实践中证明自己思维的真理性，即自己思维的现实性和力量，亦即自己思维的此岸性。关于思维——离开实践的思维——的现实性或非现实性的争论，是一个纯粹经院哲学的问题。"这就非常清楚地告诉我们，一个理论，是否正确反映了客观实际，是不是真理，只能靠社会实践来检验。这是马克思主义认识论的一个基本原理。实践不仅是检验真理的标准，而且是唯一的标准。毛泽东在《新民主主义论》中说："真理只有一个，而究竟谁发现了真理，不依靠主观的夸张，而依靠客观的实践。只有千百万人民的革命实践，才是检验真理的尺度。"他在《实践论》中也提出："真理的标准只能是社会的实践。"这里说"只能""才是"，就是说，标准只有一个，没有第二个，这是因为，辩证唯物主义所说的真理是客观真理，是人的思想对于客观世界及其规律的正确反映，因此，作为检验真理的标准，就不能到主观领域内去寻找，不能到理论领域内去寻找，思想、理论、自身不能成为检验自身是否符合客观实际的标准，正如在法律上原告是否属实，不能依他自己的起诉为标准一样。作为检验真理的标准，必须具有把人的思想和客观世界联系起来的特性，否则就无法检验。人的社会实践是改造客观世界的活动，是主观见之于客观的东西。实践具有把思想和客观实际联系起来的特性。因此，正是实践，也只有实践，才能够完成检验真理的任务。科学史上的无数事实，充分地说明了这个问题。

当然，我们也要看到实践标准的确定性与不确定性。实践标准的确定性，即指实践标准的绝对性和唯一性。其一，唯有实践是检验认识真理性的根本标准，除此以外，别无其他检验标准。承认实践标准的客观性、根本性、最终性和唯一性，也就肯定了实践标准的确定性。其二，无限发展着的实践最终能够对一切认识的真理性做出明确检验。实践标准的不确定性，即指实践标准的相对性和有条件性。因为任何实践都是具体的历史的，都有一定的局限性。仅凭一次或几次实践、某个人或某部分人的实践，不足以检验一切认识的真理性，而实践检验真理是一个过程，即便已经被某些实践证实了的理论，还要不断地接受发展了的实践的继续检验。坚持实践标准的确定性与不确定性的统一，要防止和反对否认真理标准的唯心主义、怀疑主义和相对主义，也要防止和反对教条主义和独断论的错误。

总之，人的认识来源于实践，服务于实践，并在实践中接受检验，随实践的发展而发展，实践决定认识，实践是认识的基础。

（二）真知指导实践，真知是实践的结果

实践和认识是相辅相成的，承认实践是认识的基础，绝不意味着认识无足轻重，恰恰相反，认识具有特殊的能动作用，它在人的活动中占有重要的地位。

1. 认识对实践具有反作用

首先，认识是人类实践活动的内在要素。人的实践活动同动物的活动不同，人的实践活动是在认识的指导下进行的，因而是自觉的；而动物的活动却是本能的、适应性的、盲目的。正因为人具有认识能力，才能够有意识地在自然界中去实现自己的目的，所以，没有人的认识，就没有人的实践活动。

其次，认识是主体改造客体的前提。认识具有能动性，这种能动性主要表现在认识可以在主体改造客体之前，事先在观念上对客体有改造的模型，并且以这种观念的模型去指导对客体实行实际改造。可见，主体改造客体的活动不仅离不开认识，而且是它的前提条件。

最后，认识是实现主体和客体统一的关键。认识是主体和客体之间一切关系所包含的主观和客观矛盾的表现形式，是人类主体活动的本质特征，是发挥人的主观能动性的重要依据。因此，认识在主体和客体关系中占有重要的地位，它虽然由实践所决定，但反过来对实践具有重要的反作用。

2. 真知指导实践

理论是认识的最高形式，反映客观事物本质和规律的认识对实践有着巨大的指导作用。随着实践的发展和水平的提高，理论的指导作用日益明显，它往往走在实践的前面，指导着实践活动的进程。原子物理学及核物理学的出现，先于核动力技术的应用；物质的化学结构理论的出现，先于化学合成

工业的建立；分子遗传学的出现，先于基因工程的广泛应用。这些都说明了理论对实践的作用。在社会历史运动中，科学理论对实践的指导作用更为显著。列宁说："没有革命的理论，就不会有革命的运动。"共产主义运动从开始到不断取得胜利，都是科学共产主义理论指导的结果。理论水平的高低，制约着实践活动成效的大小，对政党、群众、个人都是如此。

当然，理论有正确的，也有错误的。正确的理论，即真知，对实践活动起促进作用，而错误的理论的作用则相反。在我国社会主义现代化建设和改革开放的实践中，自觉地坚持马克思主义理论的指导，排除形形色色的错误思想的干扰，始终是使我们的事业沿着有中国特色社会主义道路前进的根本保证。

3. 真知是实践的结果

随着时间向前运动，物质世界在不断变化，同时，人的实践随着物质世界的变化也相应地变化着，那么人的认知也应是无限的，只要人能够不断地实践，那么人就能够不断地认识。因此即使是真知，也不是一成不变的，真知也并非是要全部、没有遗漏地全部知晓，而是代表一种能够知晓的可能性。真知和真理并非永恒，一旦产生它的条件、它的物质基础、它的实践发生改变，那么也应当随之改进，即对任何认识肯定的理解中包含着对其否定的理解，即其必然灭亡的理解。

真知是实践的结果，表现在真知的客观性。真知的客观性有两层含义：一是指真知内容的客观性，即真知作为对客观事物及其规律的正确反映，本身包含着不以人的意志为转移的客观内容；二是指真知检验标准的客观性，即真知之所以是真知并不是因为某位天才人物的决断，而是实践检验的结果，而实践本身是一种客观的物质性活动。真知内容的客观性，决定了在同一时间、地点、条件下，对同一事物的真理性认识只有一个。面对同一事物，不同的人可能有不同的认识，但与客观事物及其规律相符合的认识只能有一个，因为客观事物及其规律的本来状况只有一个，它正确地揭示了真理的客观本质。

总之，实践出真知，真知促实践。认识来源于实践，我们要勇于实践，获取真知；在当今的信息时代，要勇于实践，善于检验认识的真理性；在快速变化的当今社会，要勇于实践，更新认识，以更好地指导实践。

（三）实践与认识的辩证统一

认识来源于实践，但并非一成不变，而是在实践基础上不断深化发展的，它呈现出两种基本的形式：感性认识和理性认识，这也是认识辩证运动过程中的两个基本阶段。列宁指出："从生动的直观到抽象的思维，并从抽象的思维到实践，这就是认识真理、认识客观实在的辩证途径。"这是列宁对认识过程的高度概括。毛泽东进一步阐发了认识在实践基础上由感性认识到理性认识，又由理性认识到实践的能动飞跃过程，即实践、认识、再实践、再认识，这一循环往复以至无穷的辩证发展过程，从而科学地揭示了认识运动的基本规律。

1. 从实践到认识

认识运动的辩证发展过程，首先是从实践到认识的过程。在这一过程中，首先是由实践到认识，即从实践中产生感性认识，然后能动地发展到理性认识，这是认识过程中的第一次飞跃。感性认识和理性认识是认识过程中两个不可缺少的阶段，二者互相联系、互相贯通，必须使它们在实践的基础上统一起来。

第一，感性认识与理性认识相对，是客观事物直接作用于人的感觉器官并在大脑中产生的反映形式。它是认识的初级阶段，包括感觉、知觉和表象等，其特点是直接性、生动性和具体性。要获得感性认识，必须亲自参加社会实践，直接接触客观事物。感性认识是认识的来源，是理性认识的基础，但它只认识事物的表面现象和外部联系，尚未达到对事物的内部联系和本质的认识，因此有待于发展提高到理性认识阶段。

第二，理性认识是指人以抽象思维把握到的关于事物的内部联系、本质和规律的认识，理性认识是认识的高级形式和高级阶段。理性认识有三种形式：概念（对事物本质属性的概括），判断（在概念的基础上对事物的各种关系进行区分、识别），推理（由一个已知的判断推出下一个判断）。理性认识的这三种形式是认识的不断深化，具有递进性。理性认识靠的是人类的逻辑思维，其特点是：间接性、抽象性、深刻性。

第三，感性认识和理性认识的辩证关系在于：首先，理性认识依赖于感性认识；其次，感性认识有待于发展为理性认识；再次，感性认识和理性认识互相渗透、互相包含。在人们的现实认识活动中，感性认识和理性认识是错综复杂地交织在一起的，既没有纯粹的感性认识，也没有纯粹的理性认识。

2. 从认识到实践

从认识到实践，是认识过程的第二个阶段，即由精神到物质的阶段，由思想到存在的阶段，这是认识过程的第二次能动的飞跃，具有比第一次认识飞跃更重要的意义。

第一，认识世界的目的是为了改造世界。从感性认识上升到理性认识的第一次飞跃，认识的结果仍然是观念的存在，把观念的存在转变成现实的存在，必须经过从认识到实践的飞跃。在马克思主义看来，理论是重要的，理论是行动的指南，没有革命的理论就没有革命的运动，没有正确的理论就没有正确的行动。理论的终极意义在于能够指导行动，如果把正确的理论束之高阁，或夸夸其谈而不加以实行和运用，那么，再好的理论也是没有意义的。对此，习近平总书记形象地指出："要按照已经认识到的规律来办，在实践中再加深对规律的认识，而不是脚踩西瓜皮，滑到哪里算哪里。"理性认识回到实践的过程，既是理论指导实践的过程，又是理论实现自身的过程。

第二，认识的真理性只有在实践中才能得到检验和发展。只有将已经获得的理论运用到实践中去，通过实践的检验，错误的理论才能被发现、纠正或推翻，正确的理论才能得到证实，并在指导实践、实现自身的过程中得到发展和完善。这就是检验理论和发展理论的过程。如果没有这个阶段，对事物的认识就还没有完成。

实现由认识向实践的飞跃，需要经过一定的中介环节，包括确定实践目的，即为了什么而实践；形成实践理念，即实践的理想蓝图是什么；制定实践方案，即把实践理念具体化的计划、措施和手段；进行中间实验，即先在小范围内进行试点，取得经验后再逐步推广，以及运用科学的实践方法等。除此之外，从认识到实践的最后一个环节，是对人民群众进行组织和宣传，让理论为群众所掌握，并转化为改造世界的物质力量。只有这样，理论才能真正发挥指导作用，并随着实践的发展而发展。

3. 认识和实践的辩证统一与无限发展

认识与实践是辩证统一过程。对于人的认识来说，单有实践与认识的一次循环，即认识过程的两次飞跃，是远远不够的。毛泽东指出："一个正确的认识，往往需要经过由物质到精神，由精神到物质，即由实践到认识，由认识到实践这样多次的反复，才能够完成。"实践、认识、再实践、再认识，这种形式，循环往复，以至无穷，即两次飞跃的无限循环，使认识进一步地深化和提高，这才是认识发展的全过程，也是认识运动的基本规律。

首先，认识过程的反复性的主要原因有三个：一是认识受客体（事物）的复杂性及其他条件的限制和影响；二是认识受社会历史条件、实践水平和科技水平的限制；三是认识受主体人的知识水平、思维能力和立场、观点、方法等的限制。

其次，认识过程的无限性的主要原因有两个：一是客观事物的联系和发展是无限的，人类实践的发展也是无限的，因此认识的发展也是无限的；二是认识过程的无限性体现为认识发展的总过程和规律，即马克思主义认识论路线——实践、认识、再实践、再认识，循环往复，以至无穷，使认识不断由简单到复杂、由低级到高级向前发展。

4. 认识与实践是具体的历史的统一

认识和实践的统一是具体的，是指认识要同一定时间、地点条件下的客观、实践相符合。实践是具体的，在实践中产生的理论也必然是具体的。认识和实践的统一是历史的，是指实践总是发展的，认识要同不断发展变化的实践相符合。认识与实践的具体的历史的统一要求人们，当实践的具体过程已经向前推移的时候，理论就应当随之而转变，否则就会犯思想落后于实际的错误；当实践的具体过程尚未结束，向另一具体过程推移转变的条件还不具备的时候，如果人们硬要强制推移，把将来才能做的事情勉强拿到现在来做，企图超越历史阶段，就会犯冒险主义的错误。

毛泽东在《实践论》中指出："我们的结论是主观和客观、理论和实践、知和行的具体的历史的统一，反对一切离开具体历史的，左的或右的错误思想。"这一重要结论具有丰富的理论内涵，集中体现了毛泽东对主观和客观、理论和实践辩证关系的深刻理解。毛泽东认为，主观和客观、理论和实践的统一不是抽象的而是具体的。任何正确的认识都是同具体时间、地点、条件下的实践及其探索和改造的客观对象的符合、一致，都是一定历史条件的产物。

认识的任务就是不断地解决主观和客观、认识和实践的矛盾与对立，以求得它们之间的统一。但这种统一不是抽象的、僵死不变的统一，而是具体的、历史的统一。

二、成功与失败伴随着人生的发展

每个人在人生的道路上，都会面对许许多多的成功与失败，成功是人人渴望得到的，也是人人羡慕的，人们总爱用鲜花、掌声迎接成功者，但须知成功的路上充满坎坷、荆棘、崎岖。有人爱用责怪、嘲笑对待失败者，但失败中也包藏着希望、孕育着胜利，只有经历失败，才能真正品尝到成功的甘甜。

（一）正确对待人生发展道路上的成功和失败

人人都渴望成功，不想失败，然而现实往往不会总是一帆风顺。其实，失败并不可怕，关键是对待失败的态度是否正确。面对失败，应当有坦然接受的勇气。换个角度想一下，失败对我们来说未尝不是一种历练、一笔宝贵的人生财富。失败能让人警醒，懂得居安思危，明白什么东西值得珍惜，知道成功来之不易。人生因为有失败、有成功才显得更加精彩，更富有挑战性，一个人偶尔的失败，并不代表真的失败了，只有当你不能正确面对失败、自我放弃时，才是真正的失败。积极进取的人生不是永不失败，而是在失败后能够正视失败、战胜失败，最终走向成功。

1. 树立正确面对成功的态度

成功是一种结果，它是实现了某个或某些令人满意的事实的一种状态。对于成功的评价是多元化的，有时候不一定非要实现了梦想、目标或者计划等才算作是成功。一个人在追求既定目标的过程中，为人类社会做出了很大的贡献，那么在他人或社会的评价中就是成功的；还有些人执着地追寻自己的理想很多年，在别人看来还没有成功甚至根本不可能成功，但是在他自己看来却取得了成功。比如用十多年的时间来思考生命的意义，别人都认为这就是在浪费时间，但是对于本人而言，即使没有找到答案，却发现和认清了生活中很多有趣并且有价值的东西，有很多不一样的收获，并且也确定了自己的人生目标，这也是另外一种成功。

因此，对于成功的认识不应该过于古板，也不要过分地执着于成功本身，因为它只是期望结果的一种状态，一旦实现，就意味着理想或目标不复存在，在庆祝过后极有可能会让一个人陷入迷茫而不知所措，最终可能会带来很多消极的影响。因此，相比于成功，我们应该更加注重实现理想或者目标的过程，这个过程伴随我们的时间更长，留给我们的价值和意义更大，虽然伴随着很多艰难困苦，但是留给我们值得学习和怀念的东西也很多。

对于成功，最难能可贵的是戒骄戒躁，再接再厉，更上一层楼，走向新的成功，这对于成功者而言，是一种更高层次的要求。尽管大部分成功者都具有较高的品质，也积累了一定的成功经验，为进一步取得成功奠定了一定的基础，但是，目前的成功却极有可能是个更严峻的挑战，因为人们往往会面临更复杂的矛盾，而暂时处在成功状态之下的人往往会因麻痹大意或自满自得而放松警惕，从而在应对新的矛盾和冲突时会面临更大的困难，此时就可能会出现“成功是失败之母”的情况。为了避免这种情况的发生，需要注意以下几个方面：

第一，成功者要避免居功自傲，志得意满。骄傲是很多成功者可能会出现的情绪，这种情绪一旦产生，就极易陶醉于已有的成功，满足眼前，对于新形势和新问题视而不见，不能与时俱进，最后落后于时代，也极易自以为是，刚愎自用，独断专行，狂妄自大，听不得不同意见。成功者要谋求可持续性发展必须要做到稳步前进，谦虚谨慎，宠辱不惊。

第二，成功者要避免贪图享乐、腐化堕落。“历览前贤国与家，成由勤俭败由奢。”古今中外的大量事实表明，艰苦创业、励精图治，才能长治久安；贪图享乐、骄奢淫逸，必然走向衰亡。中国历史上封建王朝的覆灭，世界历史上大帝国的崩溃，都与骄傲自满、贪图享乐、腐化堕落，导致失去民心有很大的关系。在今天，少数领导干部腐化堕落，往往也是从贪图享受、吃喝玩乐、铺张奢靡而一步步走上违法犯罪的道路。

案例 曾任江西省食品药品监督管理局局长、党组书记，国家食品药品监督管理总局副局长兼国家卫计委副主任等职的吴某，因涉长春长生公司问题疫苗案落马，其“利用职权与监管对象大搞利益输送、权钱交易，贪图享乐、腐化堕落”。2019 年 11 月 15 日，成都市中院对此案作出一审判决：被告人吴某犯受贿罪判处有期徒刑 11 年，并处罚金人民币 100 万元，犯滥用职权罪判处有期徒刑 9 年，数罪并罚，决定执行有期徒刑 16 年，并处罚金人民币 100 万元。

案例 2020 年四川眉山某高校财会专业大学生王某因贪图享乐、迷恋金钱诈骗 80 余名同学而获刑。在校期间，王某家里每个月给他 1500 元的基本生活费，除此之外，如有聚餐、请客之类的活动，家里还会另外给钱。他原本是不愁吃喝的，但上大学后，贪图享乐，交朋友、玩游戏，开销越来越大，家里拿的钱不够花了，他就开始动歪脑筋。为了弄到钱，王某开始行骗，他虚构了可以为同学代课、代考、修改补考和重修成绩、消除学校处分、办理专升本毕业证等名目，通过 QQ 群方式在同学间进行宣传。由于他能说会道，不到半年时间，就先后有 80 多名大学生上当受骗，少则被骗数十元，多则数千元，共计骗取金额 2 万余元。王某将诈骗的赃款全部用于挥霍，最终法庭结合其坦白自首等从轻情节，判决王某有期徒刑一年二个月。

思考 阅读以上两则案例后，作为青年学生，该如何摒弃贪图享乐、腐化堕落的不良思想？

青年学生正处于三观形成的阶段，在面临社会的种种诱惑之下，更需要警惕享乐主义的侵蚀。青年人要树立正确的世界观、人生观、价值观，要树立正确的金钱观，对金钱有客观理性的认知。君子爱财，取之有道，我们需要做的是通过在校期间的努力学习不断提升自我，同时学法、知法、懂法，敬畏并遵守法律，不能为了满足自己一时的欲望而走上犯罪的道路。

第三，警惕成功后陷入失败的陷阱。成功后的优越条件，最容易诱发失败。伴随成功光环而至的往往是荣誉、地位、权力和财富，有了这些东西干好事容易，干坏事也容易。一位西方先哲说："一切有权力的人都容易滥用权力，这是万古不易的一条经验。"现实中的众多现象也让我们看到了同样的真理：不受制约的权力必然走向腐败。仅凭有权一条，成功者就会成为糖衣炮弹集中攻击的目标，稍有不慎，就会步入歧途，铸成大错，越陷越深，不能自拔。

青年学生需要理性认识成功，成功只是阶段性的，而可持续的发展则需要不断地努力和积累。

2. 树立正确面对失败的态度

在我们的传统观中，尽管有着"胜败乃兵家常事""不以成败论英雄"等说法，但在很多古人的观念中，更牢固的还是"胜者为王，败者为寇"。时至今日，很多时候，鲜花、掌声和笑脸依旧包围着胜利者，有时失败者只落得无奈而孤独的结局。其实失败并不可怕，不能从失败中走出来才更可怕，真正有能力的人不会纠结于失败的种种，而是从中学习、升华，为了将来的成功而不懈努力。爱迪生曾说，失败也是我需要的，它和成功对我一样有价值。人生的路途中，失败并不能代表你的真实能力，一次失败，也不能说明你永远失败，因为成功本身就受多种因素的制约。也许是你的准备不够，也许是机遇还没到来，人的一生有很多机会，也许这次失败就是下次成功的前奏。俗话说，不经风雨，怎能见彩虹，失败并不可怕，可怕的是我们的自信心被失败击垮了，从此一蹶不振。在经受过失败的洗礼之后，我们才能够更清醒地正视现实，成就未来。

案例 近年来频频被央视点名表扬的李子柒，成了最受瞩目的网红主播之一，她拍的每一条古风美食文化视频，几乎都有着极高的播放量，鲜亮剔透的兰州拉面，古朴清雅的文房四宝……每一条精彩的视频都让人叹为观止。殊不知，每一条视频的背后是多少次失败的累加。令她大火的《兰州拉面》视频，就是经过多次的拍摄失败成就的，拉面从选粉、加水、加盐、和面、揉面、醒发、加灰、室温都有很多门道，一个步骤错了或者时间没卡好，就要重来。

正如李子柒在微博里所写：不管结果怎么样，我都会努力去做。或许会失败，但至少我不会有遗憾。终有一天，她所受过的苦或走过的路，通过时间累积的复利，以意想不到的收获加倍回馈给了她。

思考 李子柒成名的背后付出和承受了什么？

苹果公司联合创始人史蒂夫·乔布斯曾经说过："有勇气追随你的内心和直觉……知道自己真正想要成为什么。其他一切都是次要的。"所以，未来人生能取得多大的成就，达到什么样的高度，都藏在你对待失败的态度上。

1. 允许失败

"一定要成功，绝不能失败！""只许成功，不许失败！"我们经常听到这样振奋人心的话，觉得特别带劲，特别鼓舞人心。但是，这种话现实吗？成功和失败是一对孪生子，任何事情的结果可能成功，也可能失败，概率差不多，基本上是各占一半，这是天地运行的自然法则决定的，就像地球不管怎么转，我们这一半现在是白天，地球另一半就绝对是黑夜。既然知道事物有两面性，为什么一到事情的结果上，我们就只能成功不能失败呢？既然失败也是事物发展的一种结果，那么允许失败出现，我们对结果的要求才算公平客观，我们的心态才能回归平常。"只许成功，不许失败"的想法只会加重我们的心理负担，让人变得紧张，更容易导致失败。

案例 3M公司之所以能够取得骄人业绩和成果，是因为在3M公司，有一个容忍失败、允许失败的创新环境。3M公司认为，在研制、开发新产品时，总会出现失误，这种风险难以避免。公司总裁德西蒙要求管理层给雇员最大的自由空间去实验新点子，把"失败当作是学习的过程"，让雇员在没有后顾之忧的情况下发展自己的新构想。3M公司有一条

“15%规则”，即允许员工抽出15%的工作时间做研究，实验新构想，直到成功为止。同时，该公司鼓励员工暗自进行科研活动，3M公司推出的热销产品几乎都出自员工的业余创造发明。1969年，公司的一名研究人员无意中发现一种低黏度的化学物质，当时没有看出这种物质会有什么用途。直到1981年，另一名研究员想到这种粘剂可用来制作易撕纸条。这项叫作“便利贴”的产品，如今已是必备的文具，以超过20种颜色、56种形状、20种香味等多品种出现在写字楼和教研室，成为全球知名的品牌。

思考 3M公司成功的原因是什么？

一个人所处的工作、生活、学习环境，对他事业的发展有着极大的影响。而一个鼓励冒险、允许失败的环境，可以使一个人不被失败所吓倒和左右，继而从失败之中学习到可以加以运用的东西，并激发出巨大的工作热情和创造力，去为事业的成功而努力奋斗。

无论是对企业，还是对人，怎样对待失败，都是成长过程中回避不了的问题。把失败当成一笔不可多得的财富，是完全正确的，因为失败起码可以告诉你原先走的路无法通行，引导你去开辟新的通往成功的途径。

2. 看清失败

应从失败中学习，从经验中吸取教训，从实践中成长。从失败经验中吸取教训可以让你学得更快、更多，失败并不是一个问题，只有当你无法从失败中吸取教训时，它才会变成一个问题。面对失败，如果你不能从失败中吸取教训，那么这次的失败经验对你来说就毫无价值。只要你能从失败中学习，就不算是真正的失败。

人生像攀登一座山，而找寻出路，就是一种学习的过程，我们应当在这一过程中，学习沉着、冷静，学习如何从慌乱中找到生机。生命的本质是考验和学习，我们要勇敢面对失败，不失去明天的希望，用信念改变命运，把每一刻当成最后一分钟，把抱怨的力气化为动力，坚持你的信念斗志，直到最后一刻。

3. 不断坚持

坚持是成功必不可少的一个过程，在通往成功的路上，遇到困难和挫折，不要灰心丧气，坚持到底才能取得最终的胜利。

案例 肯德基创始人山德士在30岁之前，做过电工、售票员、铁路工人、保险经纪人、律师等工作，但是每一次的工作都没能长久。已过而立之年的山德士，一无所成。35 岁时，他开车路过一座大桥时，大桥钢绳断裂，他连人带车坠入河中，差点丧命。好不容易康复，他却又失业了。他坚信，持久的积累，终究会换来一个更高的职位。56 岁那年，山德士收到一张支票，105 美金，这是政府给他的救济金。那一刻他意识到，自己已经老了，到了该退休的时候了。可是，他并没有放弃，他带着一只压力锅，一个 50 磅的作料桶，开着他的老福特，毅然决然地上路，去兜售他的炸鸡秘方。经过无数次的失败，山德士的炸鸡终于被越来越多的人接受了。他逐步创办了自己的餐厅，并在短短 5 年内，在美国及加拿大发展了 400 家连锁店。于是，全世界都认识了这位笑容可爱的肯德基创始人。山德士用他的坚持，在 60 岁以后，给自己的人生写下了一个传奇。

思考 请结合自身经历，谈一谈你所坚持的、让你受益的最深刻的一件事。

坚持是一种人生智慧，更是一种处世态度，一种通向成功的必由之路。成功人士获得成功，不是他人给予的，而是在每一次失败的背后，包含着太多的艰辛、智慧、胆识和坚持。

（二）成功与失败是相互依存、相互转化的

失败与成功是辩证的统一体，有成功就必然有失败，它们是矛盾的统一体，是辩证的双方。

根据对立统一规律，矛盾的双方具有斗争性，所以成功绝不等于失败，失败也不可能是成功，但同时，矛盾的双方又具有同一性，它们相互依存、相互贯通、相互渗透、相互转化。“失败是成功之母”，“塞翁失马焉知非福”，“失之东隅收之桑榆”，这些话就说明了矛盾双方是相互依存，相互转化的关系。

根据否定之否定规律，任何事物内部都包含着肯定方面和否定方面，二者互为前提，相互渗透，并在一定条件下相互转化。由于这一规律，事物的发展总是呈现出前进性与曲折性的统一。任何事物的发展都不是一次能完成的，一般都要经过两次否定：否定—肯定—否定之否定。而失败与成功也是一样，当经过失败，取得成功后，这时的成功还不完善，只有对现今的成功

进行再一次否定，才能取得更高层次的成功，即：失败—成功—否定成功—新的成功。因此，在面对失败时，不要气馁，不要灰心，要坚信“道路是曲折的，前途是光明的”。走出山重水复的困境，必然迎来柳暗花明。

当然，失败与成功可以相互转化，并不是说失败了必然就会成功，或者说成功了就肯定要失败。失败后总结经验，勇敢面对，把握机会，创造条件就会成功。反之，成功后沾沾自喜，不思进取，有可能等待你的就会是失败。

（三）学会让失败变为成功之母

法国作家巴尔扎克说过：“世界上的事情永远不是绝对的，结果完全因人而异，苦难对于天才是一块垫脚石，对于能干的人是一笔财富……对于弱者是一个万丈深渊。”这句话说得很好，失败对于有心人而言，反倒更能成就一番事业，经历了风风雨雨，方能见到绚丽的彩虹。

案例 司马迁早年间就在全国各地游历，收集各地的风土人情，从当地百姓口中去了解古事旧闻，早早就开始写作。但是谁的人生都不会是一帆风顺的，司马迁也是。公元前98年，意外出现了，当时李陵自请五千兵马出击匈奴，战败被俘，汉武帝对此非常生气。汉武帝问司马迁对这件事情怎么看，司马迁说李陵孝敬父母，又忠君爱国，投降是无奈之举，汉武帝大怒，把司马迁打入天牢，后来处以宫刑。受此大辱的司马迁并没有一蹶不振，而是更加奋发图强，将自己的全部精力都投入到《史记》的创作中去，前后经历十余年，呕心沥血，最终完成了这部史学著作《史记》，也给后世留下了一份无价的文化瑰宝。

案例 命运对苏联伟大的文学家奥斯特洛夫斯基同样也是残酷的：他只念过三年小学，青春消逝在疾驰的战马与枪林弹雨中。16岁时，他腹部与头部严重负伤，右眼失明。20岁时，他又因关节硬化而卧床不起。面对命运的严峻挑战，他深切地感到：“在生活中没比掉队更可怕的事情了。”奥斯特洛夫斯基与命运进行了英勇的抗争：他不想躺在残废荣誉军人的功劳簿上向祖国和人民伸手，他用全部的精力读完了函授大学的全部课程，如饥似渴地阅读俄罗斯与世界文学名著。书籍召唤他前进，书籍陪伴他披荆斩棘。当奥斯特洛夫斯基的文化和文学素养达到一定水平后，他写了一本描述柯托夫斯基部队中英雄战士的中篇小说，寄给一家杂志社，却未被采用。可他并未灰心丧气，他深深地懂得：平步青云的事是少有的。奥斯特洛夫斯基忍受着病痛的折磨，默默地向认准的目标攀登。1932 年，他终于完成了《钢铁是怎样炼成的》一书。

思考 根据以上两个案例，谈谈大学生如何面对人生中的失败。

一个人遇上了挫折，失败也是不足为怪的，例如，家庭变故、身体残疾、升学考试落榜等等。事事幸运，从来没有遇到过任何挫折的人是不存在的。伟大人物是这样，初涉人世的青少年也不例外，只不过挫折有大有小，有长久的，有短暂的，多一些或少一些罢了。面对失败，不应该懦弱退缩，应该爬起来，吸取教训，总结经验，努力把事情做得更好。失败可以给人带来痛苦，磨损人的锐气，甚至摧毁一个人的精神支柱，但是对于不屈服于挫折的人来说，挫折是对自己的考验和磨砺，只要认真总结经验教训，奋起迎接挫折带来的挑战，就能争取新的成功，这就是所谓的“失败是成功之母”。

三、在知行统一中提高人生发展能力

“实践出真知”，“纸上得来终觉浅，绝知此事要躬行”，对于青年学生来说，知行统一是我们立身行事成就事业的一大要领，我们要学会在学习和实践中、在每一段经历中、在每一次成功与失败中吸取经验教训，不断提高人生发展能力。

（一）提高人生发展能力对实现美好人生具有重要作用

在人生发展的道路上，每个人只要在实践中不断反思、不断提升自己的发展能力，勇于实践，踏实肯干，持之以恒，最终都会取得令自己满意的成就。

案例 齐白石是我国现代书画家和篆刻家，但他原是一位雕花木工，只在余暇学画和篆刻。27 岁那年，他的人生出现了重大转折。1889 年春节的一天，当地书画家给齐白石出了个画题让他完成。作完后，附近会琴棋书画、诗词歌赋又喜结交朋友的秀才胡沁园先生十分惊喜，遂收齐白石为徒。他教齐白石读唐宋诗，并引导他看书。齐白石非常珍惜这个机会，常常读到深夜。经过苦读，齐白石背熟了唐诗三百首，还研读了不少古文，浏览了许多古典名著。他作的诗也别具一格，具有唐风宋骨的韵味。胡沁园从“立意”“用笔”等基本功入手教授齐白石，还把自己珍藏的古今名画借给他观摩。齐白石眼界大开，他揣摩“八大山人”的作品，临摹、领会其用笔之妙，吸取百家之长，绘画技艺突飞猛进，不足一年就掌握了山、水、人、物、花、鸟的基本画法和技巧。在老师的言传身教下，他苦练书法和刻印。短短几年时间，齐白石在绘画、篆刻、吟诗、书法、装裱等方面都取得了惊人的成就，成为名满天下的书画家。由于齐白石的不懈努力，不断提升了自己的发展能力，最终使自己从一位普通的雕花木匠转变成名满天下的书画家。

思考 齐白石的故事对你有什么启发？

要想获得成功，必须提升个人的能力，正如卡耐基所说："人在身处逆境时，适应环境的能力实在惊人。人可以忍受不幸，也可以战胜不幸，因为人有着惊人的潜力，只要立志发挥它，就一定能渡过难关。"

（二）人生发展能力是在实践和认识循环往复过程中不断锻炼与提高的

人们正确认识和处理问题，不断提高人生发展的各种能力，不仅是一个学习的过程，也是一个实践的过程。学习能力是当今社会一个优秀员工必备的素质，青年学生们要对自己的能力有正确的认识，要不断提升自己的学习能力。

提高人生发展能力，需要漫长的积累，没有人能随随便便成功，每个人光鲜亮丽的背后都付出了别人想象不到的努力。有能力的人若不能坚持下去，也徒劳无功，一个人一直坚持，但没有能力照样于事无补。唯有坚持提高自己，让自己能够有独当一面的能力，才能不断进步并成就未来。

（三）不断提高人生发展能力

1. 做到知行统一

首先要强调正确地认识世界，即从行到知；其次要强调积极地改造世界，即从知到行。"知行统一"中，"知"指人的知识水平和思想道德观念，"行"指人的行为行动，"知行统一"就是劝诫人们要保持言行一致。在青年学生中，比较容易出现"知行错位"，知行错位是指大学生的思想道德认知与实践行为相矛盾。在现实生活中，大学生在没有外部监督和制约的情况下，很难按照道德的要求去做，导致大学生的道德行为存在不稳定性，甚至出现高知低行，也就是有很高的思想道德认知，但在思想道德行为方面表现较差，在实际生活中缺乏自律性，具体表现为考试作弊、乱扔垃圾等。只有做到知行统一，才能获得持续的健康成长。

2. 在成败中吸取经验和教训

我们每个人都有可能犯错，但是面对自己的错误如何处理，不仅直接关系到个人修养的高低，更关系到事业的成败。如果一个人在发现自己的错误后置若罔闻，只能在错误的道路上越滑越远；若是能够在内心进行自我批评，积极地去改正自己的错误，则能使事业转危为安。真正伟大的人对自己都有清醒的认识，并能对自己犯下的错误加以检讨和改正。古人云：人非圣贤，孰能无过。这个道理可能人人都懂，但在现实中却有一个知易行难的问题，也许有些人从发现自己的错误，到承认错误，再到说出来都比较容易，可是若想让他改正却很困难。正确的做法是听从孔子的指导，如果发现自己犯错，首先就得承认自己走错了道，其次是在内心深刻检讨，设法改正错误。若是没有这种自我批评的勇气，只会一错再错下去，很难再走回正途。自我批评是一个反省自己、解剖自己、检讨自己的过程，人们只有从这些错误中吸取到足够的经验和教训，才能不断地完善自己、提高自己，实现自我的价值。

案例　2008 年 8 月 9 日，北京奥运会正式开赛首日，国人把摘取本届奥运会及中国队首金的期望寄托在了雅典奥运会射击冠军杜丽的身上。然而，在女子 10 米气步枪比赛中，杜丽让国人“大失所望”，仅名列第五。事隔 5 天之后，在女子 50 米步枪三种姿势决赛中，杜丽技压群芳，为中国军团获得第 19 枚金牌，并刷新了该项目的奥运会纪录。从难以忘怀的失败到重回最高领奖台，从悲伤的泪滴到胜利的泪花，短短 5 天，杜丽完成了这一超越。

思考　从杜丽身上你学到了什么？

青年学生要在知行统一中，在成功与失败的磨砺中积累经验、吸取教训，提高人生发展能力，把自己塑造成才。

四、发展人生能力，追求美好人生

（一）努力提升学习能力

学习能力是所有能力的元能力。“元”可以说是一切事物的根本，在我们的工作和生活当中，需要有各种各样的能力——既要有应对工作的专业能力，也要有通用的沟通能力、情绪管理能力、时间管理能力、合作能力、与长辈和谐相处的能力，等等。此外，人们还常关注外显性较强的能力，比如演讲能力、英语能力、创新能力，但外显性能力通常需要其他能力来支撑，否则就会像一盘色香俱全但味同嚼蜡的菜肴一样。真正决定一个人能走多远的其实是相对内蕴的、起支撑作用的能力，无论能力的系谱多么复杂，有一项能力是最特殊的，那就是学习能力，因为学习能力是所有能力的基础，是元能力。如果拥有了它，你就可以更快更好更多地拥有其他各种能力，可以说它是一切能力的元能力。

学习是一项终生的事业，而学习能力的养成越早越好，那么如何培养学习能力呢？可从如下几个方面着手：

第一，确定方向。选择不对，努力白费。人生成就，无论做人做事，方向总是最重要的。你的生命有限，如何把你的时间、精力和才华配置在最合适的地方，最终决定了你的人生格局。人生的命运主要是要善择。我们极度渴望成功时，就难免目光短浅，把时间、精力等资源用到能马上带来成绩的行动上，这样的回报立马可见。但是，在那些真正重要的事情上，我们的投入是远远不足的，如坚持自己的内心、跟随自己的志趣等。

青年学生在学习上也如此，要结合自己的性格、兴趣、爱好、专业及特长等，寻找自己的努力方向，学习不能泛泛而学，要有方向、有重点。习近平总书记深刻地指出："没有正确方向，不仅学不到有益的知识，还很容易被一些天花乱坠、脱离实际甚至荒唐可笑、极其错误的东西所迷惑、所俘虏。"知识的海洋是浩瀚无边的，任何人穷其一生也不可能学尽所有的知识。在有限的时间里，学什么、怎么学，一定要"抓住中心，宁精勿杂，宁专勿多"。

当然，方向的确定同样需要一个学习和探索的过程，并且在确定自己学习方向的时候，个人的实际情况也是很重要的，一定要在不断地学习和探索中，根据自己当时的实际情况进行调整，这样才不会出现脱离现实的情况。

第二，主动学习。学习可分为两种，主动学习和被动学习。主动学习的人都很低调，都很谦虚，他们的学习方式也很特别，不需要别人去喊着学习，他们学习更多是来源于观察。他们向别人请教之前，一般是已经做好了功课，不会问一些低级的问题，问的都是很核心的关键性问题，高人只需要点拨几句，他们就学会了。学习能力强的人，更会高效利用时间，会利用碎片化的时间来学习，比如搭乘公交和地铁的时候，虽然也是抱着手机，但是看的不是小说，而是可以增加见闻的一些内容，这些人就是主动学习的人。而被动学习的人一般不会自己想学，比如上学时候，总是被老师惩罚之后才肯学习。被动学习的人，很难学到真本事。要做到主动学习，可以从以下几个方面做起：

首先，保持热情和兴趣。我们提高学习能力，需要时常保持热情和兴趣，这一点很重要。热情和兴趣能够使得我们始终对学习有浓厚的兴趣，这种兴趣的保持，可以活跃我们的大脑和思维。培养兴趣往往是不容易的，但是兴趣是在做的过程中被激发的，而不是想出来的。比如学习中，因为解出了难题，获得的激动、成就感；或者读书中，精彩的情节打动、吸引了你，实用的内容帮到了你……这些往往都是激发学习兴趣的关键所在。所以，不要想着如何激发学习兴趣，而是要去尝试，在这个做的过程中，兴趣往往就自然而然地产生了。

其次，专注地坚持。专注与坚持贵在锻炼自己的心境，控制自己的情绪，提升自己的各方面的修养。长此以往，必将有质的提高。正所谓“知止而后有定，定而后能静，静而后能安，安而后能虑”。

案例 焊接技术千变万化，为火箭发动机焊接，就更不是一般人能胜任的了，高凤林就是一个为火箭焊接“心脏”的人。

高凤林，中国航天科技集团公司第一研究院国营二一一厂特种熔融焊接工，发动机零部件焊接车间班组长，特级技师。30 多年来，高凤林先后参与北斗导航、嫦娥探月、载人航天等国家重点工程以及长征五号新一代运载火箭的研制工作，一次次攻克发动机喷管焊接技术世界级难关，出色完成亚洲最大的全箭振动试验塔的焊接攻关、修复苏制图 154 飞机发动机，还被丁肇中教授亲点，成功解决反物质探测器项目难题。高凤林先后荣获国家科技进步二等奖、全军科技进步二等奖等 20 多个奖项。

绝活不是凭空得，功夫还得练出来。高凤林吃饭时拿筷子练送丝，喝水时端着盛满水的缸子练稳定性，休息时举着铁块练耐力，冒着高温观察铁水的流动规律。为了完成一次大型科学实验，他的双手至今还留有被严重烫伤的疤痕；为了攻克国家某重点攻关项目，近半年的时间，他天天趴在冰冷的产品上，关节麻木了、青紫了，甚至被戏称为“和产品结婚的人”。2015 年，高凤林获得全国劳动模范称号。

高凤林以卓尔不群的技艺和劳模特有的人格魅力、优良品质，成为新时代高技能工人的时代坐标。

思考 如何理解工匠精神？

成功就是把大量的时间用在做同一件事上，用工匠精神专注地、始终如一地做好一件事，正如有人所说，专注和坚持才是一个人真正的天赋。而对于专注和坚持而言，专注的作用显得尤为重要。专注不但是做事情成功的关键，也是健康心理的一个特质。专注就是将注意力全部集中到某事物上面，与你所关注的事物融为一体，不被其他外物所吸引。不能专注的人，也就不能放松，专注与放松，实际上是同一枚硬币的两面而已。专注也是幸福人生的一个关键特质。一个人对一件事只有专注地投入，才会体会到乐趣。对于一件事情，无论你过去对它有什么成见，觉得它多么枯燥，一旦你专注投入进去，它立刻就变得活生生起来，而一个人最美丽的状态，就是进入那个活生生的状态。

专注地坚持，有助于帮助青年学生们在学习的道路上不断发现新的兴趣，从而成为督促自己不断探索和进步的新的动力，这也是在信息化时代里亟待培养的重要能力。

第三，学以致用。学习知识就是为了应用，如果都不会用，那学了也是白学，就像是个书呆子，只会考试，别的一概不会。知识的消化也是一种学习能力的体现，很多人都是会学不会用，而会用的才是真正的高手。所以在学习的过程中，不要总是纠结于看了多少，而是要看学会了多少，有多少可以应用，这才是真正的能力。那么，我们如何做到学以致用呢?

首先，学会理论联系实际。学习理论在某种程度上也是为了帮助解决实际问题，学习的过程中，要有意识地把学到的理论与实际的问题相结合，做到学以致用，学会边学习，边运用。很多知识在学习的时候，我们会记得很清楚，但是过了一段时间以后，就慢慢地忘记了，为什么会这样呢？主要原因就是自己只是机械地学习，完全不懂得学以致用，因此，要学会边学习，边运用。

其次，学会重复运用所学的知识。俗话说熟能生巧，很多时候，一件事情做得多了，就能够变得熟练起来，同时还会拥有很多巧妙的方法。因此，在学习知识的时候，为了避免忘记，同时能够让自己掌握方法，就需要不断地重复练习，这样才能记牢，才能更好地做到学以致用。

（二）服务人民、奉献社会

服务人民、奉献社会的思想以其科学而高尚的品质，代表了人类社会迄今为止最先进的人生追求。人民群众是社会历史的主体，是社会物质财富和精神财富的创造者，是社会变革的决定力量，如毛泽东所讲，“人民，只有人民，才是创造世界历史的动力”。服务人民、奉献社会的人生追求，以历史唯物主义关于人民群众是历史的创造者的基本观点为理论基础，指明了人在成长和发展过程中应确立的人生目标和方向。在不同的历史时期，中国共产党人将马克思主义与中国革命、建设、改革的具体实际相结合，阐述了倡导服务人民和奉献社会的人生观的深刻道理。不论在革命战争年代，还是在和平建设时期，服务人民、奉献社会这一高尚的人生追求，熏陶、感染了一代代革命者和建设者，对中国革命、建设、改革事业产生了重要的推动作用。大学生要把为国家和人民事业无私奉献作为人生的最高追求，在服务他人、奉献社会中收获成长和进步。

一个人确立了服务人民、奉献社会的人生追求，才能清楚地把握人的生命历程和奋斗目标，深刻理解人为什么而活、应走什么样的人生之路等道理。一个人的能力有大小、职业有不同、职位有高低，但只要自觉把个人之小我融入社会之大我，不为狭隘私心所扰，不为浮华名利所累，不为低俗物欲所惑，就能够在推动社会进步中做出自己应有的贡献。一个人确立了服务人民、奉献社会的人生追求，才能以正确的人生态度对待人生、解决实际生活中的各种问题，以人民利益为重，始终对祖国和人民具有高度的责任感，在服务人民、奉献社会中实现自己的人生价值。一个人确立了服务人民、奉献社会的人生追求，才能掌握正确的人生价值标准，才能懂得人生的价值首先在于奉献，自觉用真善美来塑造自己，不断培养高洁的操行和纯朴的情感，努力使自己成为一个高尚的人。

（三）积极投身于社会实践

社会实践是科学理论、创新思维的源泉，是检验真理的试金石，也是青年锻炼成长的有效途径。美好的人生目标要靠社会实践才能转化为现实。人生之所以有价值，是因为人能够自觉地、有意识地认识和改造客观世界与主观世界，创造物质财富和精神财富，通过创造性的社会实践把人生提升到一个更高的境界。因此，社会实践是实现人生价值的必由之路，同时，人生价值终究要通过自己所从事的事业展现出来。不是每个人都能成为杰出人物，但是只要每个人都能在自己的岗位上脚踏实地、埋头苦干，发挥聪明才智，为社会做出贡献，就可以实现自己的人生价值。好高骛远，畏惧劳苦，贪图安逸，最终只能虚度年华，抱憾终身。

青年学生要做到知行统一，应当积极参加社会实践，了解社会，认识国情，增长知识，锻炼毅力，这是实现人生成功的必经之路。社会实践活动有利于扩大理论教育与实践教育的结合，积极参加社会实践可以从不同角度、不同层次受到教育，在不同方面得到提高。社会实践活动的开展，可以使青年学生深入基层、了解国情、体察民情、分析社会的现实需要、发现自身的不足，通过理论与实践的结合进一步掌握理论，提高认识水平。

青年学生参加社会实践活动，可以走出校园，下农村、下厂矿、访军营、进商店，以社会为课堂，以实践为教材，全身心投入到社会实践中去接受教育和锻炼，不断提高自己的认识和解决实际问题的能力，这样才能形成振兴中华民族的共同理想和信念，增强历史使命感和社会责任感，成为中国特色社会主义事业的合格建设者和可靠接班人。

青年是标志时代的最灵敏的晴雨表，时代的责任赋予青年，时代的光荣属于青年。在当今中国，最重要的社会实践，就是全面建成小康社会、加快推进社会主义现代化强国、实现中华民族伟大复兴的实践。大学生要坚持理论联系实际，积极投身于社会实践，在基层一线磨砺品质，在同人民群众的密切联系中锤炼作风，在实践中发现新知、运用真知，在解决实际问题的过程中增长才干，不断提高实践能力、创新能力，实现最大的人生价值，创造无悔的青春。

本章小结

作为新时代的青年学生，如何正确认识社会的发展和人生的道路，把认知和行动结合起来，准确把握正确的人生方向，是一个重大的人生课题。从知到行，达到知行统一是一个需要不断完善自我的漫长过程。青年学生在自己人生的道路上，要努力坚持实践和认识的统一，正确认识人生道路上的成功与失败，在知行统一中提升个人能力，培养终身学习的习惯和能力，把个人的命运同国家命运和民族命运相联系，积极投身于社会实践，唯有如此，才能获得人生的不断发展。

经典名言

1. 九层之台，起于磊土；千里之行，始于足下。——老子

2. 纸上得来终觉浅，绝知此事要躬行。——陆游

3. 一种学理，究竟是对与不对，一定要做成事实，能够实行，才可以说是真学理。——孙中山

4. 行是知之始，知是行之成。——陶行知

5. 空谈之类，是谈不久，也谈不出什么来的，它始终被事实的镜子照出原形，拖出尾巴而去。—— 鲁迅

6. 我们对自己学习到的东西，归根到底，只有能在实践中运用得上的那一部分才记得住。——歌德

7. 即使跌倒一百次，也要一百次地站起来。——张海迪

学习思考

1. 结合个人经历，谈一谈你将如何面对人生中所遇到的成功和失败。

2. 如何做到知行统一？请举个人实例进行阐述。

3. 谈一谈如何提升个人发展能力。

参考文献

1. 吴振坤，崔自铎，张式谷. 马克思主义基本原理简明教程［M］. 北京：中共中央党校出版社，1988.

2. 顾海良. 马克思主义原理新编［M］. 北京：国防大学出版社，1997.

3. 王莉莉. 顺境与逆境［M］. 北京：西苑出版社，1999.

4. 周中之，胡涵锦. 知行论［M］. 北京：中国青年出版社，2001.

5. 桑玉成. 马克思主义基础理论［M］. 上海：复旦大学出版社，2005.

6. 陶德麟，石云霞. 马克思主义基本原理概论［M］. 武汉：武汉大学出版社、湖北人民出版社，2006.

7. 程新英. 发展的意蕴［M］. 北京：中国社会科学出版社，2006.

8. 施保国. 马克思主义基本原理概论［M］. 广州：中山大学出版社，2017.

9. 吴家庆. 马克思主义基本原理概论［M］. 长沙：湖南师范大学出版社，2018.

10. 陈岸涛，刘同舫. 马克思主义基本原理概论［M］. 北京：高等教育出版社，2011.

11. 本书编写组. 思想道德修养与法律基础［M］. 北京：高等教育出版社，2006.

12. 本书编写组. 马克思主义基本原理概论［M］. 北京：高等教育出版社，2007.

13. 王霁. 哲学与人生［M］. 3版. 北京：高等教育出版社，2009.

14. 傅佩荣. 哲学与人生［M］. 2版. 上海：东方出版社，2012.

15. 蔡禛. 哲学与人生［M］. 2版. 北京：北京理工大学出版社，2016.

16. 梁文侠. 哲学与人生［M］. 2版. 北京：中国劳动社会保障出版社，2018.

17. 王艳春. 哲学与人生［M］. 北京：科学出版社，2016.

18. 路成志，阳桂桃. 哲学与人生［M］. 合肥：合肥工业大学出版社，2015.

19. 文学禹，郭华，陈桂芬. 哲学与人生简明教程［M］. 西安：西安电子科技大学出版社，2016.

20. 杨耕，程光泉. 哲学与人生教学参考［M］. 北京：北京师范大学出版社，2009.